KB218290

교원을 위한 든든한 법률지침서

교권보호
이야기

교원을 위한 든든한 법률지침서

교권보호
이야기

초판 1쇄 발행 2025. 4. 24.

지은이 김민석
펴낸이 김병호
펴낸곳 주식회사 바른북스

편집진행 황금주
디자인 김민지

등록 2019년 4월 3일 제2019-000040호
주소 서울시 성동구 연무장5길 9-16, 301호 (성수동2가, 블루스톤타워)
대표전화 070-7857-9719 | **경영지원** 02-3409-9719 | **팩스** 070-7610-9820

•바른북스는 여러분의 다양한 아이디어와 원고 투고를 설레는 마음으로 기다리고 있습니다.

이메일 barunbooks21@naver.com | **원고투고** barunbooks21@naver.com
홈페이지 www.barunbooks.com | **공식 블로그** blog.naver.com/barunbooks7
공식 포스트 post.naver.com/barunbooks7 | **페이스북** facebook.com/barunbooks7

ⓒ 김민석, 2025
ISBN 979-11-7263-326-4 03360

교원을 위한 든든한 법률지침서

교권보호 이야기

김민석 지음

교사 김수형
세종특별자치시교육청

———————— 학교현장의 어려움을 홀로 감당하고 있는 교사들에게 꼭 필요한 책입니다. 다양한 사례를 통해 교권보호 관련 법률을 알기 쉽게 설명한 점이 제 마음을 사로잡았습니다. 교사들이 학교현장에서 겪을 수 있는 사안들에 대하여 구체적인 해결책을 안내하고 있습니다. 이 책은 교사들에게 든든한 무기와 방패가 되어줄 것입니다.

교사 김장훈
경기도교육청

———————— 지금까지 이런 책은 없었습니다. 학교현장에서 고군분투하고 있는 교사들에게 한 줄기 빛과 소금 같은 책입니다. 교육현장에 대한 이해력이 뛰어나 교사에게 안성맞춤입니다. 교사, 업무 담당자 그리고 교권보호에 관심이 있는 모든 분께 추천합니다.

교사 김지현
경상남도교육청

──────── 이 책은 교권보호와 교육활동 침해 문제를 다룬 실용적인 안내서입니다. 특히 교육현장에서 발생하는 법률적 문제를 명확하게 설명하고 대응 전략을 소개하여 교사들에게 실질적인 도움을 줍니다. 교권보호에 대한 저자의 진심이 느껴지는 냉철하지만 따뜻한 책입니다. 교사뿐만 아니라 교육 관계자라면 일독을 추천드립니다.

교사 한누리
울산광역시교육청

──────── 대한민국의 모든 선생님이 이 책을 읽었으면 좋겠습니다. 법이라는 것은 어렵고 멀게만 느껴져 법조인만의 전문영역이라고 생각했습니다. 그러나 이 책을 읽고 나면 더 이상 그런 생각은 들지 않을 것입니다. 교육청에서 오래 근무한 저자는 여러 가지 교육활동 침해 사안과 그에 대한 법적 대응 전략을 사례로 쉽고 재미있게 설명하고 있습니다. 단언컨대, 열정 가득한 선생님들의 교육활동 보호를 위해 이보다 더 도움이 되는 책은 없을 것입니다.

머리말

   변호사가 된 후, 교육청에서 오랜 기간 동안 근무를 해왔습니다. 법무법인에서 소송과 법률자문 업무를 수행하다가 경상남도교육청으로 자리를 옮겨 감사관에서 감사, 징계, 소청 등의 업무를 하였으며, 현재는 경상북도교육청 교육활동보호센터에서 교권보호 변호사로 임용되어 근무하고 있습니다.

   「교원의 지위 향상 및 교육활동 보호를 위한 특별법」 제24조에 따라 각급학교에서는 교육활동 침해행위 예방교육을 매년 1회 이상 실시하여야 합니다. 교육활동 침해 예방 연수는 교육활동보호센터의 역할 중 하나로, 유치원, 초 · 중 · 고등학교, 교육지원청, 교육청연수원, 대학교 사범대학 등에서 꾸준히 연수를 하다 보니 나만의 강의자료가 완성되었고, 책 한 권으로 정리된 내용을 많은 교원분이 읽어보셨으면 좋겠다는 생각에 용기를 내어 이 책을 펴내게 되었습니다. 어려운 법 규정만 나열하기보다는 사례 이야기를 중심으로 최대한 쉽고 재밌게 내용을 풀어나가려고 노력하였습니다.

교육활동 침해의 정의, 대처방법, 절차, 아동학대에 대한 대응, 교육현장에서 발생할 수 있는 법률문제, 판결로 보는 교육활동 침해, 최근 시행된 교권보호 5법 주요 개정 내용, 사례문제 풀이, 현행 법령에 대한 진솔한 의견을 Part 1(교권보호 첫걸음)~4(교권보호 완성)의 순서로 구성하였습니다. 각각의 정의나 개념 등을 차례로 설명하였고 앞에서 설명한 내용을 제대로 이해하고 있는지 확인하는 차원에서 15개의 사례문제를 준비하였습니다. 답을 보지 마시고, 문제를 먼저 풀어 15개를 다 맞히신다면 이 책을 정확히 이해한 것입니다. 이 책 발행 이후 법령 개정이나 새로운 판례의 등장에 따라, 내용을 수정하거나 추가할 필요가 있는 경우에는 개정판을 통해 꾸준히 업데이트해 나갈 계획입니다.

평화로웠던 학교가 학생 1명이 입학·전학을 오게 됨에 따라 현장의 분위기가 바뀌는 경우를 자주 지켜봐 왔습니다. 《손자병법》에 '지피지기(知彼知己)면 백전불태(百戰不殆)'라는 말이 있습니다. 상대방을 알고 나를 알면, 전혀 위태롭지 않다는 의미입니다. 이 말은 교육현장에서도 적용되는 구절입니다. 교육현장에서 홀로 고군분투하고 있는 교원분들에게 든든한 지침서를 드리고자 이 책을 발간하게 되었습니다. 법령과 절차를 완벽히 숙지하고 체득한다면, 매우 큰 자산이 될 뿐만 아니라 자기 자신을 보호하고 침해상황에 대해서 적절히 대응할 수 있을 것이며, 위기에 처하더라도 쉽게 빠져나올 수 있을 것입니다.

이 책은 먼저 꼼꼼하게 1회독을 하여 전체적인 내용을 이해하고, 책장에 꽂아놓았다가 필요할 때마다 꺼내서 보는 용도로 제작된 것입니다. 꼭 알아야 하는, 필요한 부분만 컴팩트하게 담으려고 노력하였습니다. 교권보호 5법, 대법원 판결과 헌법재판소 결정 등으로 교권보호와 관련하여 많은 부분이 변화하였는데, 이를 전부 반영하였습니다.

이뿐만 아니라 2024. 8. 30. 개정되고 시행된 침해학생 조치 기준에 관한 「교육활동 침해 행위 및 조치 기준에 관한 고시」 개정 내용, 2024. 9. 12. 선고된 교사의 정서적 아동학대 관련 대법원 판례, 학교 내 훈육과 아동학대의 경계를 명확히 하기 위하여 경찰청에서 2024. 10. 발행한 《가정 · 학교 내 아동학대 및 훈육 판단 지침서》 내용, 10년 만에 결론이 뒤바뀐 2024. 10. 7. 국가인권위원회의 "학생의 휴대전화를 수거하는 것은 인권침해가 아니다."는 결정, 대법원에서 2024. 10. 8. 선고한 교사가 교육활동 중 한 행위가 아동학대에 해당하는지에 관한 판례, 2024. 10. 16. 시행된 「성폭력범죄의 처벌 등에 관한 특례법」 딥페이크 관련 개정 규정, 얼굴 합성으로도 모욕죄 성립이 가능하다는 2024. 10. 31.자 대법원 판결, 2024. 12. 20. 개정되어 2025. 6. 21. 시행을 앞두고 있는 "학생에 대한 학교안전사고 예방 및 안전조치의무를 다한 경우에는 민 · 형사상 책임을 지지 아니한다."는 「학

교안전사고 예방 및 보상에 관한 법률」 신설 규정, 2025. 2. 12. 선고
된 학부모 비밀녹음 아동학대 사건 파기환송심 무죄판결 등 최신 내용
까지 다루고 있어 시의성까지 갖추었습니다.

이 책이 여러분에게 필독서이자, 없어서는 안 될 교권보호의 등대
역할을 할 것입니다. 현직 교원(교사, 교감, 교장선생님)뿐만 아니라, 교육
(지원)청 장학관, 장학사, 교권 업무 담당자, 교권보호위원회 위원, 예
비교원을 위한 책이기도 합니다. 이 책을 읽으시는 모든 분이 법률전
문가가 될 것으로 확신합니다.

현직 교사인 아내와, 친누나로부터 많은 도움을 받았습니다. 덕분에
학교현장에 대한 이해도가 한층 더 높아졌습니다. 가족들 모두 고맙습
니다. 또한 전 근무지인 법무법인 하늘, 경상남도교육청과 현 근무지
인 경상북도교육청 구성원 모두에게 감사의 말씀을 전합니다.

이 책에 대해서 의견, 질문이 있으시거나 교권보호 연수 요청 등 문
의사항이 있으면 이메일로 연락주시기 바랍니다. 가능한 범위 내에서
성심성의껏 답변드릴 것을 약속드립니다. 지금부터 저의 교권보호 이
야기를 하나씩 풀어보고자 합니다.

2025. 3.
변호사 김민석

법령 약칭

「교원의 지위 향상 및 교육활동 보호를 위한 특별법」

→ **「교원지위법」**

「아동학대범죄의 처벌 등에 관한 특례법」

→ **「아동학대처벌법」**

「교육활동 침해 행위 및 조치 기준에 관한 고시」

→ **「교육활동 침해 고시」**

「학교폭력예방 및 대책에 관한 법률」

→ **「학교폭력예방법」**

「성폭력범죄의 처벌 등에 관한 특례법」

→ **「성폭력처벌법」**

「정보통신망 이용촉진 및 정보보호 등에 관한 법률」

→ **「정보통신망법」**

「교원의 학생생활지도에 관한 고시」

→ **「학생생활지도 고시」**

「유치원 교원의 교육활동 보호를 위한 고시」

→ **「유치원 교원 고시」**

「가정폭력범죄의 처벌 등에 관한 특례법」

→ **「가정폭력처벌법」**

「학교안전사고 예방 및 보상에 관한 법률」

→ **「학교안전법」**

「스토킹범죄의 처벌 등에 관한 법률」

→ **「스토킹처벌법」**

일러두기

· 각종 법령, 조문 및 용어의 맞춤법과 띄어쓰기는 '법제처 국가법령 정보센터'의 기재례를 따랐다.

· 대법원 판결이 있는 경우, 이를 우선 기재하되, 동일한 · 유사한 내용의 대법원 판결이 없는 경우에는 하급심 판례를 기재하여 법원의 해석 기준을 알아보고자 하였다. 다만, 대법원 판결이 아닌 하급심 판결의 경우에는 제한적으로 받아들여질 필요는 있다.

· 형사법에 관한 법리나 법원의 해석기준을 알아보기 위하여 교육활동 침해사례가 존재하지 않는 경우에는 다른 일반 형사사건의 예를 차용하였다.

· 본문에서 인용하는 법리나 판례 등은 독자의 이해를 돕기 위한 것이고, 사실관계가 완전히 같을 수는 없으므로 이를 일반화하거나 일률적으로 단정하여 적용할 수는 없다. 개개의 사안마다 사건에 이르게 된 경위, 행위 태양, 가해자와 피해자와의 관계, 전체적인 맥락 등 개개인이 처한 상황에 따라 결론이 다를 수 있음을 유의하며 여러 사정 등을 종합적으로 고려하여 개별적 · 구체적으로 해석 · 판단하여야 한다. 만약 자신이 처한 상황과 이 책의 수록된 사례가 유사하다고 하더라도 구체적인 사실관계에 따라 결론이 상반될 수 있으므로 의문이 있다면 소속 교육청의 교권보호 변호사와 상담하는 것을 권한다.

· 법령, 법원 판결, 헌법재판소 결정례 등은 원문 그대로 인용하는 것을 원칙으로 하되, 그 이해의 필요성, 표현의 간결성 등을 고려하여

원문의 취지를 벗어나지 않는 범위 내에서 일부 문구를 생략, 수정
및 요약하였다.

- 판례의 사실관계를 명확히 이해하기 위하여 부득이하게 원문의 욕
  설, 비속어 등을 그대로 가져왔으므로 주의를 요한다.

- 본문의 판례 원문은 복잡한 사실관계로 얽혀 있으나, 독자의 이해
  를 돕기 위해 쟁점 사항 위주로 사실관계를 단순화하였다.

- 사례에서 등장하는 지명이나 인명 등은 이해를 돕기 위해 예시로
  사용한 것에 불과하고 실존하는 것들을 기반으로 하지 않았다.

- 당사자 관계를 더 명확히 인식하기 위해, 당사자별로 구분이 필요한
  사례에서는 교사는 T, 교감은 G, 교장은 J, 학생은 S, 학부모는 P(아
  버지는 F, 어머니는 M)로 약자를 표시하고, 필요한 경우 일련번호를
  붙였다[*].

---

[*] 가령, 교사가 여러 명이라면 교사 1은 T_1, 교사 2는 T_2로 표시.

CONTENTS

Part 1
교권보호 첫걸음

제1장 교육활동 침해는 무엇인가?

제2장 사례로 알아보는 교육활동 침해의 유형

제3장 교육활동 침해에 대한 조치 및 절차

Part 2
교권보호 실전 전략

제1장 아동학대 신고에 대한 대응

제2장 교육현장에서 발생할 수 있는 법률문제 해결

제3장 사례로 보는 교육활동 침해 대응방법

Part 3
교권보호 실제

제1장 형사판결로 보는 교육활동 침해

제2장 교권보호 법원 판결례

제3장 교권보호 5법 주요 개정 내용

Part 4
교권보호 완성

제1장 문제로 풀어보는 교권보호 사례

제2장 교권보호 법령

제3장 입법론적 제언

에필로그 **이 책이 내 손안의 든든한 변호사가 되기를 소망하며**

Part 1

교권보호
첫걸음

"

제1장

교육활동 침해는 무엇인가?

1

교육활동 침해 통계

교육활동 침해 발생 건수 연도별 추이

(단위: 건)

	2016년	2017년	2018년	2019년	2020년	2021년	2022년	2023년	2024년 (상반기)
교육 활동 침해 발생 건수	2,616	2,566	2,454	2,662	1,197	2,269	3,035	5,050	1,364

(자료 출처: 교육부)

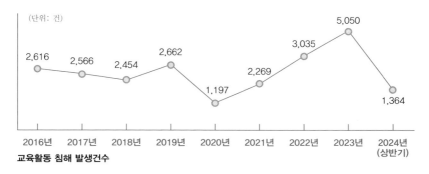

(단위: 건)

2,616 2,566 2,454 2,662 1,197 2,269 3,035 5,050 1,364

2016년 2017년 2018년 2019년 2020년 2021년 2022년 2023년 2024년
(상반기)

교육활동 침해 발생건수

17개 시·도별 교육활동 침해 통계

(단위: 건)

지역	2020년	2021년	2022년	2023년	2024년 (상반기)
서울	154	278	403	673	172
부산	72	97	84	251	78
대구	76	134	172	255	49
인천	44	72	172	311	99
광주	35	67	97	188	55
대전	39	93	85	162	54
울산	36	89	114	129	35
세종	16	33	48	68	21
경기	277	539	799	1,330	356
강원	64	160	142	203	53
충북	32	61	114	195	79
충남	74	158	188	252	61
전북	62	108	111	251	48
전남	60	99	108	180	30
경북	81	143	134	185	50
경남	58	98	203	347	96
제주	17	40	61	70	28
합계	1,197	2,269	3,035	5,050	1,364

(자료 출처: 교육부)

교육활동 침해는 1년에 몇 건 정도 발생할까? 교육부 통계를 보면 전국적으로 2016년~2019년은 한 해에 약 2,400~2,600건 정도가 발생하였고, 2020년도는 전 세계적인 코로나19 팬데믹 상황으로 원격수업 등으로 등교일수가 적어지자 자연스럽게 1,197건으로 줄어들었다가 엔데믹으로 정상 등교가 시작되자 2021년도 2,269건, 2022년도 3,035건, 2023년 5,050건으로 폭발적으로 증가하였다. 2024년도 상반기까지는 1,364건이 발생하였다. 2023년 5,050건을 1년 최소 수업일수인 190일로 나누어 계산해 보면, 전국적으로 하루에 약 26건씩 교육활동 침해가 벌어지고 있는 셈이다.

학교급별(유 · 초 · 중 · 고등학교 등)로 보면 교육활동 침해가 가장 많이 발생한 곳은 어디일까? 각종 언론보도에서 초등학교 교사에 대한 학부모의 침해사례를 많이 접하다 보니 초등학교라고 생각하기 쉽다. 그러나 통계수치로만 보았을 때는 중학교가 거의 절반 이상(2022학년도 61.3%, 2023학년도 61.5%, 2024학년도 상반기 56.5%)을 차지할 정도로 가장 높은 비중을 보이고 있고, 그다음으로는 약 25%의 비율을 기록하고 있는 고등학교(2022학년도 27.8%, 2023학년도 25.2%, 2024학년도 상반기 25.5%), 약 10% 비율의 초등학교가(2022학년도 9.5%, 2023학년도 11.6%, 2024학년도 상반기 16.4%) 그 뒤를 이었다. 물론 2020년도에는 초등 · 중학교의 원격수업일수가 증가함에 따라 고등학교의 등교일수가 비교적 많다 보니 일시적으로 가장 많은 침해건수를 보이기도 했지만, 일반적으로는 중학교가 침해건수가 가장 많다고 보면 된다. 특이할 만한 점으로는 중학교와 고등학교는 학생에 의한 침해가 학부모 등에 의한 침해보다 월등히 많았으나(학생에 의한 침해: 약 95%, 학부모 등에 의한 침해: 약 5%), 초등학교는 학부모 등에 의한 침해 비율이 중학교나 고등학교에 비해 비교적 높은 편이었다(학생에 의한 침해: 약 70%, 학부모 등에 의한 침해: 약 30%).

해당 통계에서 유의할 점은 여기에 나와 있는 수치는 모두 교육활동 침해로 신고되어 처리된 건수를 의미하는 것이기 때문에 실제 교육활동 침해를 겪었음에도 수치심이나, 교육활동 침해로 신고하면 상대방

측에서 아동학대로 고소할지 모른다는 두려움, 2차 피해 우려, 신고를 하더라도 현실적으로 문제해결이 될 것 같지 않다는 무력감과 실효성 문제 등으로 신고를 포기하거나 학생과 학부모 등의 진심 어린 사과 등의 이유로 신고하지 않는 경우도 있다고 본다면, 통계에서 잡히지 않는, 교원이 현실적으로 느끼는 교육활동 침해는 이보다 훨씬 많을 것으로 추정할 수 있다. 형사범죄가 발생하였으나 신고가 되지 않아 공식적인 범죄 통계에 집계되지 않은 범죄를 이른바 '암수범죄(暗數犯罪, Hidden crime)'라고 하는데, 이러한 암수범죄처럼 교육활동 침해가 실제로는 발생하였으나, 신고가 되지 않아 통계에 잡히지 않는 교육활동 침해를 '암수 교육활동 침해'라고 부를 수 있을 것이다.

학교급별 교육활동 침해 현황

(단위: 건)

학년도	유	초	중	고	특수	각종	기타	합계
2019		287 (10.8%)	1,471 (55.2%)	904 (34.0%)				2,662
2020		94 (7.8%)	524 (43.8%)	579 (48.4%)				1,197
2021		216 (9.5%)	1,222 (53.9%)	803 (35.4%)		28 (1.2%)		2,269
2022	5 (0.2%)	287 (9.5%)	1,862 (61.3%)	845 (27.8%)		36 (1.2%)		3,035
2023	5 (0.1%)	583 (11.6%)	3,108 (61.5%)	1,272 (25.2%)	73 (1.5%)	7 (0.1%)	2 (0%)	5,050
2024 (상반기)	7 (0.5%)	224 (16.4%)	770 (56.5%)	348 (25.5%)	14 (1.0%)	1 (0.1%)	0 (0%)	1,364

(자료 출처: 교육부)

학교급별 및 침해 주체별 교육활동 침해 현황

(단위: 건)

학년도	초			중			고			특수·각종·기타			합계		
	학생	학부모 등	계	학생	학부모 등	계	학생	학부모 등	계	학생	학부모 등	계	학생	학부모 등	계
2019	185 (64.5%)	102 (35.5%)	287	1,394 (94.8%)	77 (5.2%)	1,471	856 (94.7%)	48 (5.3%)	904				2,435 (91.5%)	227 (8.5%)	2,662
2020	50 (53.2%)	44 (46.8%)	94	488 (93.1%)	36 (6.9%)	524	543 (93.8%)	36 (6.2%)	579				1,081 (90.3%)	116 (9.7%)	1,197
2021	149 (69.0)	67 (31.0%)	216	1,158 (94.8%)	64 (5.2%)	1,222	767 (95.5%)	36 (4.5%)	803	24 (85.7%)	4 (14.3%)	28	2,098 (92.5%)	171 (7.5%)	2,269
2022	202 (70.4%)	85 (29.6%)	287	1,791 (96.2%)	71 (3.8%)	1,862	807 (95.5%)	38 (4.5%)	845	33 (91.7%)	3 (8.3%)	36	2,833 (93.3%)	202 (6.7%)	3,035*

(자료 출처: 교육부)

* 2022년 유치원 교육활동 침해 학부모 5명 포함.

정의: 교육활동
침해행위의 개념

그렇다면 '교육활동 침해행위'는 무엇일까? 이에 대한 정의는 「교원지위법」에 규정되어 있다. 제19조에 따르면, "교육활동 침해행위"란 고등학교 이하 각급학교에 소속된 학생 또는 보호자 등이 교육활동 중인 교원에 대하여 다음 각 호의 어느 하나에 해당하는 행위를 말한다. 결국 교육활동 침해행위는 소속 학교의 학생 또는 보호자 등(① 교육활동 침해행위의 주체)이, 교육활동 중인 교원(② 침해행위의 객체)을 상대로 각 호에 규정된 상해, 폭행 등의 행위(③ 침해행위의 유형)를 하는 것을 의미한다.

교육활동 침해와 학교폭력의 정의를 비교해 보면 교육활동 침해에 대해서 더 쉽게 이해할 수 있다. 「학교폭력예방법」 제2조 제1호에서 정의하는 "학교폭력"에 따르면, 학교폭력의 주체에는 제한을 별도로 두고 있지 않고, 객체는 (학교 내외에서) 학생을 대상으로, 그 유형은 상해, 폭행 등에 의하여 신체·정신 또는 재산상의 피해를 수반하는 행위를 말한다.

이를 아래의 표를 통해 살펴보면, 교육활동 침해의 성립 요건이 학교폭력보다 더 까다롭다는 것을 알 수 있다. 학교폭력은 주체가 누구이든지 간에(또래 학생, 교사, 기타 제3자 등) 학생에 대하여 폭력이 있는 경우 학교폭력에 해당하겠지만, 교육활동 침해행위는 학생 또는 그 보호자 등으로 주체를 한정하고 있으므로 그 외 제3자가 교육활동 중인 교원에 대하여 침해 유형에 해당하는 행위를 하였더라도, 주체 요건을 충족하지 못해 교육활동 침해행위가 아니라고 판단할 가능성도 있다. 즉, 침해 주체에 대한 불분명한 문구로 인하여 가해자에게 빠져나갈 빌미를 제공하는 것이다. 이에 대해서는 항을 바꾸어 자세히 설명하겠다.

교육활동 침해행위와 학교폭력의 비교

	교육활동 침해행위	학교폭력
주체 (가해자)	소속 학교의 학생 또는 그 보호자 등	제한 없음
객체 (대상, 피해자)	교육활동 중인 교원	(학교 내외에서) 학생
유형	공무방해, 무고, 상해, 폭행의 죄 등에 해당하는 행위	상해, 폭행 등에 의하여 신체·정신 또는 재산상의 피해를 수반하는 행위

「교원지위법」
제19조[교육활동 침해행위] 이 법에서 "교육활동 침해행위"란 고등학교 이하 각급학교에 소속된 학생 또는 그 보호자(친권자, 후견인 및 그 밖에 법률에 따라 학생을 부양할 의무가 있는 자를 말한다. 이하 같다) 등이 교육활동 중인 교원에 대하여 다음 각 호의 어느 하나에 해당하는 행위를 하는 것을 말한다.

1. 다음 각 목의 어느 하나에 해당하는 범죄행위
    가. 「형법」 제2편 제8장(공무방해에 관한 죄), 제11장(무고의 죄), 제25장(상해와 폭행의 죄), 제30장(협박의 죄), 제33장(명예에 관한 죄), 제314조(업무방해) 또는 제42장(손괴의 죄)에 해당하는 범죄 행위
    나. 「성폭력처벌법」 제2조 제1항에 따른 성폭력범죄 행위
    다. 「정보통신망법」 제44조의7 제1항에 따른 불법정보 유통행위
    라. 그 밖에 다른 법률에서 형사처벌 대상으로 규정한 범죄행위로서 교원의 교육활동을 침해하는 행위

2. 교원의 교육활동을 부당하게 간섭하거나 제한하는 행위로서 다음 각 목의 어느 하나에 해당하는 행위
    가. 목적이 정당하지 아니한 민원을 반복적으로 제기하는 행위
    나. 교원의 법적 의무가 아닌 일을 지속적으로 강요하는 행위
    다. 그 밖에 교육부장관이 정하여 고시하는 행위

「교육활동 침해 고시」
제2조[교원의 교육활동 침해 행위] 교원의 교육활동(원격수업을 포함한다)을 부당하게 간섭하거나 제한하는 행위는 다음 각 호와 같다.

1. 「형법」 제8장(공무방해에 관한 죄) 또는 제34장 제314조(업무방해)에 해당하는 범죄행위로 교원의 정당한 교육활동을 방해하는 행위
2. 교육활동 중인 교원에게 성적 언동 등으로 성적 굴욕감 또는 혐오감을 느끼게 하는 행위
3. 교원의 정당한 교육활동에 대해 반복적으로 부당하게 간섭하는 행위
4. 교원의 정당한 생활지도에 불응하여 의도적으로 교육활동을 방해하는 행위
5. 교육활동 중인 교원의 영상 · 화상 · 음성 등을 촬영 · 녹화 · 녹음 · 합성하여 무단으로 배포하는 행위
6. 그 밖에 학교장이 「교육공무원법」 제43조 제1항에 위반한다고 판단하는 행위

「학교폭력예방법」
제2조[정의] 이 법에서 사용하는 용어의 정의는 다음 각 호와 같다.

1. "학교폭력"이란 학교 내외에서 학생을 대상으로 발생한 상해, 폭행, 감금, 협박, 약취 · 유인, 명예훼손 · 모욕, 공갈, 강요 · 강제적인 심부름 및 성폭력, 따돌림, 사이버폭력 등에 의하여 신체 · 정신 또는 재산상의 피해를 수반하는 행위를 말한다.

왜 '교권 침해'가 아니라 '교육활동 침해'라고 할까?

———

교권은 법률에 의해서 교원에게 부여된 권리와 권한을 의미한다. 법률상 교권의 정의를 규정하고 있지는 않으나, 경기도교육청의 조례에서는 교권을 "헌법과 법률에서 보장하거나 대한민국이 가입·비준한 국제인권조약 및 국제관습법에서 인정하는 기본적 인권 및 교육권 등 교원의 직무수행에 수반되는 모든 권한"이라고 정의하고 있고, 강원특별자치도교육청에서는 교권을 "대한민국 헌법과 법률에서 보장하거나 대한민국이 가입·비준한 국제인권조약 및 국제관습법에서 인정하는 기본적 인권과 「유아교육법」 제21조 제4항 및 「초·중등교육법」 제20조 제4항의 교원 직무수행에 수반되는 교육권 등으로 교원이 법령에 따라 교육활동을 할 수 있는 모든 권리"라고 규정하고 있다(「경기도교육청 교원의 교권과 교육활동 보호에 관한 조례」 제2조 제2호, 「강원특별자치도교육청 교원의 교권과 교육활동 보호에 관한 조례」 제2조 제2호).

이러한 교권은 권익주체인 교원에게는 능동적인 개념이지만, 학생과 학부모에게는 피동적인 개념이다. 일부에서는 교권을 학생·학부모의 권익과 상충되는 개념으로 여기고, 교권남용을 이유로 교권이라는 용어 사용에 반대하기도 하였다.

그런데 교육활동을 하는 교원에 대한 침해행위는 교원뿐만 아니라 교육현장에 심대한 피해를 준다. 수업 등 교육활동을 하는 교원이 보호받지 못하면서 학생들의 학습권과 교육활동 또한 보호받지 못하는 결과를 초래하게 된다. 이에 「교원지위법」은 교육활동 중인 교원에 대한 특정 위법행위를 직접 규율하기 시작하여 '교권 침해' 대신 '교육활동 침해'라고 정의하고 있다. 언론보도 등에서 교권 침해라는 용어를 빈번하게 사용하고는 있지만, 법률에서 정의하는 바에 따라 '교육활동 침해'라는 용어를 사용하는 것이 더 정확하다.

③

교육활동 침해의 주체:
누가 침해하는가?

교육활동 침해의 주체에 대해서 「교원지위법」 제19조에서는 '소속 학교의 학생 또는 그 보호자 등(친권자, 후견인 및 그 밖에 법률에 따라 학생을 부양할 의무가 있는 자를 말한다)'이라고 규정되어 있어 학생이나 보호자 및 보호자와 유사한 지위에 있는 사람만이 침해의 주체가 될 수 있다고 해석될 여지가 있으나, 소속 학교 학생 또는 그 보호자 외에 제3자도 침해행위의 주체가 될 수 있다고 보는 견해도 있다. 국어사전의 정의로 '등'이라는 것은 "그 밖에도 같은 종류의 것이 더 있음을 나타내는 말"을 의미하기 때문에, 학생, 보호자뿐만 아니라 같은 종류의 침해행위자가 더 있음을 나타낸다고 보아야 할 것이다.

침해의 주체에 제한이 없다고 주장하는 논거는, 교원의 교육활동을 보호하는 「교원지위법」의 입법취지와 목적을 보았을 때, 학생, 보호자는 예시적인 것에 불과하고 '등'에 제3자도 함께 포섭될 수 있다는 것이다. 과거 발간된 교육부 매뉴얼에도 "학교관리자, 교육행정기관, 동료교원, 지역주민, 언론 등도 교육활동 침해의 주체가 될 수 있다."라고 나와 있어 학생 또는 그 보호자로 주체를 한정하고 있지는 않았다 [《교육활동보호 매뉴얼》(교육부, 2019), 3쪽].

또한 관련 수원지방법원 하급심 판결에서도 교육활동 침해의 주체는 학생, 그 보호자뿐만 아니라 제3자도 포함된다고 하여 교직원도 교육활동 침해의 주체에 해당한다고 판시한 바 있다(수원지방법원 2022. 7. 6. 선고 2021구합73561 판결).

반면에 교육활동 침해의 주체에는 소속 학교 학생 또는 그 보호자를 한정적으로 열거한 것이고, '보호자 등'이란 보호자와 유사한 지위에 있는 자로 엄격하게 해석해야 한다는 견해도 있다. 교육부의 《교육활동보호 매뉴얼》 2022년판(4쪽)부터는 2019년판 매뉴얼에 나와 있던 교육활동 침해의 주체의 범위에 제한이 없다는 취지의 내용이 삭제되었다. 보호자 등의 범위는 "침해학생의 학부모, 학생·학부모의 형제자매, 친인척, 지인 등이 교원의 정당한 교육활동을 침해하는 사람에 해당될 수 있을 것입니다."라고 되어 있어, 침해 주체의 범위를 과거보다 일정 부분 축소해석하고 있음을 알 수 있다. 이러한 내용은 법 개정 이후 발간된 교육부의 2024년판과 2025년판 매뉴얼에서도 확인할 수 있다.

교육부 《교육활동보호 매뉴얼》 교육활동 침해 주체의 변화

2019년판 (3쪽)	2022년판 (4쪽)	2024년판 (5쪽)	2025년판 (7쪽)
학교관리자, 교육행정기관, 동료교원, 지역주민, 언론 등도 교육활동 침해의 주체가 될 수 있다.	'보호자 등'에는 교육활동 침해학생의 학부모, 학생·학부모의 형제자매, 친인척, 지인 등이 교원의 정당한 교육활동을 침해하는 사람에 해당될 수 있다.	'보호자 등'에는 교육활동 침해학생의 학부모, 학생·학부모의 형제자매, 친인척, 지인 등이 해당될 수 있다.	

교육활동 침해의 주체에 관한 대법원 판결은 존재하지 않지만, 앞서 설명한 바와 같이 하급심 판례가 있어 이에 대해서 자세히 살펴보기로 한다.

해당 사건은 2022. 7. 6. 선고된 수원지방법원 2021구합73561 판결로, 경기도 수원시 소재 초등학교에서 학교장 J는 교육활동 중인 교사 2인에게 성적 수치심을 유발할 수 있는 언행을 하였고, 교권보호위원회의 심의·의결을 거쳐 교육활동 침해가 인정됨과 동시에 피해교원들에 대하여 보호조치를 권고하는 의결을 하였다. 이에 대하여 J는 교육활동 침해의 주체는 소속 학교의 학생이나 보호자일 뿐이고, 학교장은 이에 해당하지 않는다는 취지로 행정소송을 제기하였다. 이에 대하여 수원지방법원은 「교원지위법」 등 법령 내용에 비추어 볼 때, 교육활동 침해의 주체에는 학생 또는 그 보호자 외에 제3자도 포함하고, 소속 학교의 교원도 침해의 주체가 될 수 있다고 하면서 J의 주장을 배척하였다.

이렇듯 위 판결에 따르면, 교육활동 침해의 주체를 넓게 해석하고 있음을 알 수 있다. 그러나 교육활동 침해를 인정하고, 가해자에 대해서 불이익한 조치를 하는 것은 침익적 행정행위*에 해당하고, 그 근거가 되는 행정법규는 엄격하게 해석·적용하여야 하며 행정행위의 상대방에게 불리한 방향으로 지나치게 확장해석하거나 유추해석되어서는 안 되기 때문에(대법원 2013. 12. 12. 선고 2011두3388 판결), 침해의 주체를 무제한으로 넓히는 것은 타당하지 않다고 볼 수 있다. 따라서 해석상 다툼의 여지가 있는 현행 규정에 대해 주체를 구체적으로 열거하는 방식으로 개정하는 것도 명확한 입법방안 중 하나가 될 것이다.

이와 같이 교육활동 침해의 주체에 제3자 포함 여부에 관한 의견대

———————————————————————

*   상대방에게 의무를 부과하거나 권리를 제한하는 등으로 불리한 효과를 발생시키는 행정행위를 말한다.

립이 있을 수 있고, 그 논거는 아래 표와 같다.

교육활동 침해 주체의 범위에 대한 의견 대립

교육활동 침해의 주체 범위	그 밖의 제3자도 포함된다는 의견(A)	학생, 보호자, 보호자와 유사한 지위에 있는 자로 한정된다는 의견(B)
논거 1	입법취지·목적상 학생, 학부모는 대표적인 침해주체를 예시로 든 것에 불과하다. 목적론적 해석상 교육활동 침해행위의 주체는 누구든지 될 수 있다고 보아야 한다.	한정적으로 열거된 것으로 보아야 한다. 만약 제한이 없었다면 「학교폭력예방법」처럼 주체를 아예 기재하지 않아야 했는데, 명시적으로 기재가 되어 있으므로, 열거된 자로 한정되어야 한다.
논거 2	국어사전의 의미상 '등'이라는 것은 그 밖에도 같은 종류의 것이 더 있음을 나타내는 말을 의미한다. 2019년 교육부 《교육활동보호 매뉴얼》에도 학교관리자, 동료교원, 지역주민, 언론 등도 침해의 주체가 될 수 있다는 내용이 존재한다.	'등'을 사전적으로 보더라도 같은 종류에 해당하는 보호자와 유사한 지위에 있는 자로 한정된다고 보아야 하고, 무한히 그 범위를 넓힐 수는 없다. 2022년 이래로 발간된 교육부 《교육활동보호 매뉴얼》에는 위와 같은 내용을 삭제하였고, 보호자 등의 의미를 학부모, 학생·학부모의 형제자매, 친척, 지인 등으로 제한하는 내용으로 개정되었다.
논거 3	수원지방법원 판례에서 살펴보았듯이 교직원도 교육활동 침해의 주체가 될 수 있다고 법원이 판시한 바 있다.	대법원 판결이 아니라 하급심 판단에 불과하고, A의 의견은 침익적 행정행위에 대하여 지나친 확장해석을 금지하는 대법원 판례의 취지에 반한다.

4

교육활동 침해의 객체:
누가 침해받는가?

교육활동 침해의 객체(대상, 피해자)는 「교원지위법」 제19조에 따라 '교육활동 중인 교원'이다. '교원'과 '교육활동 중'을 각각 나누어서 살펴보자.

교원

여기서의 교원이란 「유아교육법」에 따른 유치원, 「초·중등교육법」에 따른 학교(국공립, 사립 불문)에 근무하는 교원[교장(원장), 교감(원감), 수석교사, 교사, 기간제교원]을 의미한다.

「초·중등교육법」 제19조, 제22조 해석에 따라 산학겸임교사, 명예교사, 강사, 영양사, 사서, 상담사, 행정직원 등은 교원이 아니므로「교원지위법」에서 말하는 교육활동 침해의 객체인 '교육활동 중인 교원'에 해당하지 않는다. 설령 교원과 사실상 유사한 업무를 하는 강사라고 하더라도, 교원의 지위에 있지 않은 이상「교원지위법」의 보호 대상은 아니다. 다만, 다른 구제 절차에 의해서 보호받을 수는 있다.

그러므로 교원이 아닌 교육공무직인 전문상담사, 특수교육실무사, 늘봄전담사에 대하여 학생이 폭행하더라도 이는 교육활동 침해가 아니므로「교원지위법」의 조치를 할 수는 없다. 다만, 다른 법령, 제도에 따라 학생에 대하여 징계조치를 할 수 있고, 피해자에게 지원이 가능하다. 이렇게 객체 요건을 갖추지 못해 교육활동 침해라고 보기 어려움에도 교원의 범위를 지나치게 확장해석하여 학생에게 교육활동 침해에 따른 조치가 이루어진다면, 그 조치는 법률상 요건을 충족하지 않았음에도 이루어진 처분으로서 위법하여 취소를 면할 수 없게 된다.

교육활동 중의 범위는 어디까지인가?
———

「교원지위법」에는 '교육활동 중'에 대해서 별도로 정의하고 있지 않다. 그러므로「학교안전법」제2조 제4호 및 같은 법 시행령 제2조에 따른 '교육활동'의 정의 규정을 참고할 수밖에 없다. 따라서 단순히 학교 수업 중인 경우뿐만 아니라 수업을 준비하는 휴식시간이나 교육활동 전후의 통상적인 학교체류시간도 교육활동 중이라고 볼 수 있을 것이다. 피해교원이 교육활동 중이었는지는 해당 사안의 구체적인 사정을 종합하여 판단하여야 할 것이다.

　다만, 「학교안전법」은 학교안전사고를 예방하고, 학생·교직원 및 교육활동 참여자가 학교안전사고로 인하여 입은 피해를 신속·적정하게 보상하기 위함을 그 목적으로 하는 것으로 「교원지위법」의 입법취지·목적과는 동일하지 않기 때문에 '교육활동 중'이라는 의미가 완전히 같을 수는 없다. 따라서 「학교안전법」을 참고·준용하는 것은 적절하지 않고, 「교원지위법」에 '교육활동 중'에 대한 구체적이고 독자적인 정의 규정이 마련되어야 한다.

　'교육활동 중'이 쟁점 사안이 되었던 하급심 판례(청주지방법원 2022. 12. 15. 선고 2022구합51951 판결)가 있는데, 충북 청주시 소재 고등학교에서 발생한 사건이다.

　사건 내용을 보면 "3학년 학생 S가 2022. 4. 21. 오전 1:50~2:00경 학교 정독실에서 3학년 담당 여교사가 다른 남교사와 성관계를 했을 것으로 가정하고, 성관계를 하는 장면을 구체적으로 묘사하는 대화에 참여하였다."는 사유로 S는 교권보호위원회의 심의·의결을 거쳐 교내봉사 5일(1일 3시간, 총 15시간)의 조치처분을 받았다. 위 조치에 대하여 S는 불복하여 청주지방법원에서 판단을 받았는데, 결국 S가 승소를 하였다. 그 이유는 당시 새벽 정독실에서 교사들이 교육활동 중이 아니었으므로 '교육활동 중인 교원'에 대하여 침해행위를 한 것이 아니기 때문에 「교원지위법」상 교육활동 침해행위에 해당하지 않는다는 것이었다. 이에 따라 S에 대한 교내봉사 5일의 처분은 취소되었다.

위 청주지방법원의 판례에 따르면, 학생이 부적절한 행동을 하였더라도, 교원이 당시 교육활동 중이 아니라면 교육활동 침해 요건을 충족할 수 없으므로 「교원지위법」상 조치가 불가능하게 된다는 맹점이 발생할 수 있다.

이처럼 '교육활동 중'은 수업 중이나 학교에 체류, 수학여행, 현장체험학습 중 등으로 제한하여 해석될 우려가 있다. 이로 인하여 휴일에 일어나는 교육활동과 관련된 교외에서의 친구들 간에 뒷담화, 맘카페 · SNS · 단체 카카오톡 방에서의 명예훼손, 병가 중인 교사에 대하여 교사에 대한 반복적인 담임교체 요구, 휴일에 협박성 발언을 보내는 등 교육활동 '중'이라고 해석하기 어려운 상황에서의 행위는 언제든지 발생할 수 있으므로 법적 공백이 생길 수 있다. 따라서 현행 '교육활동 중'이라는 표현을 '교육활동 중 또는 교육활동과 관련하여'*라고 개정한다면 이러한 허점이 발생하는 것을 어느 정도 미연에 방지할 수 있기 때문에 조속한 입법적 조치가 필요하다고 본다.

「교육활동 침해 고시」 제2조에서는 교육활동에 원격수업을 포함한다고 규정하고 있는데, 상위법령인 「교원지위법」이나 「교원지위법 시행령」에서는 교육활동 중에 원격수업을 포함한다는 규정이 별도로 존재하지 않는다. 그렇다면 상위법령인 법률과 시행령에서는 교육활동 중에 원격수업이 포함되지 않지만, 하위 법령인 고시에서는 교육활동 중

---

* '교육활동 중'이라는 문구를 전부 삭제하고 '교원에 대하여'라고 규정하는 것도 하나의 방법이 될 수는 있겠으나, 범위가 지나치게 확장될 우려가 있으므로 신중한 접근이 필요하다.

에 원격수업이 포함되는 모순된 결과를 초래하고, 상위법령과 정합성과 체계성이 떨어지게 된다. 만약 원격수업 도중 명예훼손, 모욕 행위가 발생하거나 「정보통신망법」상 불법정보 유통행위가 발생한다면 고시에는 원격수업이 포함된다는 명시적인 규정이 있지만 법률에는 교육활동에 원격수업이 포함된다는 명시적인 규정이 없으므로 교육활동 중인지가 문제가 되어 교육활동 침해가 성립하는지에 대한 다툼의 여지가 발생하게 된다. 상위법령보다 하위에 있는 고시에서 교육활동 중의 범위가 더 넓어지게 되는 부조화가 생기고, 어느 법령에 규정된 침해행위 유형인지에 따라 교육활동 침해 성립 여부가 달라지는 결과를 초래하게 되어 부당하다고 보인다. 고시에 '(원격수업을 포함한다)'를 추가한 것이 오히려 분쟁의 소지를 심화시키는 꼴이 되어버렸기 때문에 불필요한 문구는 신속하게 삭제되어야 한다.

결국 '교육활동 중'의 정의를 사전에 명확히 규정해 놓는 것이 이러한 분쟁을 방지할 수 있는 가장 직접적이고 효과적인 방법이라고 할 것이다.

「학교안전법」
제2조[정의] 이 법에서 사용하는 용어의 정의는 다음과 같다.
4. "교육활동"이라 함은 다음 각 목의 어느 하나에 해당하는 활동을 말한다.
  가. 학교의 교육과정 또는 학교의 장(이하 "학교장"이라 한다)이 정하는 교육계획 및 교육방침에 따라 학교의 안팎에서 학교장의 관리·감독하에 행하여지는 수업·특별활동·재량활동·과외활동·수련활동·수학여행 등 현장체험활동 또는 체육대회 등의 활동
  나. 등·하교 및 학교장이 인정하는 각종 행사 또는 대회 등에 참가하여 행하는 활동
  다. 그 밖에 대통령령으로 정하는 시간 중의 활동으로서 가목 및 나목과 관련된 활동

「학교안전법 시행령」
제2조[교육활동과 관련된 시간] 「학교안전사고 예방 및 보상에 관한 법률」 제2조 제4호 다목에서 "대통령령이 정하는 시간"이란 다음 각 호의 어느 하나에 해당하는 시간을 말한다.
1. 통상적인 경로 및 방법에 의한 등·하교 시간
2. 휴식시간 및 교육활동 전후의 통상적인 학교체류시간
3. 학교의 장(이하 "학교장"이라 한다)의 지시에 의하여 학교에 있는 시간
4. 학교장이 인정하는 직업체험, 직장견학 및 현장실습 등의 시간
5. 기숙사에서 생활하는 시간
6. 학교 외의 장소에서 교육활동이 실시될 경우 집합 및 해산 장소와 집 또는 기숙사 간의 합리적 경로와 방법에 의한 왕복 시간

「교원지위법」
제19조[교육활동 침해행위] 이 법에서 "교육활동 침해행위"란 고등학교 이하 각급학교에 소속된 학생 또는 그 보호자(친권자, 후견인 및 그 밖에 법률에 따라 학생을 부양할 의무가 있는 자를 말한다. 이하 같다) 등이 교육활동 중인 교원에 대하여 다음 각 호의 어느 하나에 해당하는 행위를 하는 것을 말한다.

「교육활동 침해 고시」
제2조[교원의 교육활동 침해행위] 교원의 교육활동(원격수업을 포함한다)을 부당하게 간섭하거나 제한하는 행위는 다음 각 호와 같다.

[청주지방법원 2022. 12. 15. 선고 2022구합51951 판결]

피해교사들이 이 사건 행위 당시 이 사건 정독실에 없었다는 사실은 당사자 사이에 다툼이 없고, 달리 이 사건 정독실에서 교육활동을 하고 있었다고 인정할 만한 증거가 없다. 따라서 설령 원고가 이 사건 행위를 하였다고 인정된다고 하더라도 이 사건 행위는 이 사건 정독실에서 교육활동 중인 교원에 대한 행위가 아니므로 「교원지위법」상의 교육활동 침해행위에 해당하지 않는다. 결국 「교원지위법」 제18조 제1항 제1호*에 근거한 이 사건 처분은 위법하므로 취소되어야 한다.

──────────────────────────────

＊   현 제25조 제2항 제1호.

5

교육활동 침해 성립 요건 3가지:
주체 + 객체 + 유형

만약 중학교 학생이 교원이 아닌 시간강사를 폭행하였다면 교권보호위원회를 거쳐 해당 학생에게 「교원지위법」에 따른 조치를 할 수 있을까?

정답은 X다. 교육활동 침해가 아니기 때문이다.

교육활동 침해행위가 성립하려면, 3가지 요건을 모두 충족하여야 한다. 그 3가지는 ① 주체, ② 객체(대상), ③ 유형인데 하나라도 충족하지 못한다면 교육활동 침해행위가 아니고, 결국 「교원지위법」상 조치가 불가능하다.

위 사안에서는 ① 주체, ③ 유형 요건은 충족하였지만, ② 객체 요건을 충족하지 못해 교육활동 침해행위가 성립하지 않는다. 또한 교육활동과 관련 없이 이루어진 경우, 침해행위 유형 중 어느 하나에도 해당하지 않는 경우에도 요건을 충족하지 못해 교육활동 침해행위에 해당하지 않는다.

다만, 교육활동 침해행위가 아니어서 「교원지위법」상 조치를 할 수는 없더라도 만약 가해행위자가 학생이고, 학교규칙(학칙)을 위반한 것이라면 학칙 위반에 따른 학교선도위원회(생활교육위원회) 심의 · 의결을 거쳐 「초 · 중등교육법」상 학교장 명의의 징계조치는 가능하다.

6

학생 징계사유별 적용
법률 및 조치

　학생이 징계, 선도 처분을 받을 수 있는 경우는 크게 학교폭력, 교육
활동 침해, 기타 학칙 위반으로 나눌 수 있는데, 그 내용은 다음 표와
같다.

학생 징계사유에 따른 사안처리 방법

구분	학교폭력	교육활동 침해	학생선도
관련 법령	「학교폭력예방법」	「교원지위법」	「초·중등교육법」
징계 사유	학교폭력	교육활동 침해	학칙 위반
소관위원회	교육지원청 학교폭력대책심의위원회	교육지원청 지역교권보호위원회	학교 학생선도위원회 (생활교육위원회)
처분권자	교육장	교육장	학교장
조치 종류	1. 서면사과 2. 접촉, 협박 및 보복금지 3. 교내봉사 4. 사회봉사 5. 특별교육 · 심리치료 6. 출석정지 7. 학급교체 8. 전학 9. 퇴학	1. 교내봉사 2. 사회봉사 3. 특별교육 · 심리치료 4. 출석정지 5. 학급교체 6. 전학 7. 퇴학	1. 교내봉사 2. 사회봉사 3. 특별교육 4. 출석정지 (1회 10일 이내, 연간 30일) 5. 퇴학
불복 방법	행정심판, 행정소송	행정심판, 행정소송	－퇴학의 경우 재심, 행정심판, 행정소송 －그 밖의 조치 국공립학교: 행정심판, 행정소송 사립학교: 민사소송

만약 학생이 또래 학생을 폭행했다면, 「학교폭력예방법」이 우선 적용
되어 학교폭력대책심의위원회의 심의 · 의결을 거쳐 교육장이 제1호부
터 제9호까지의 조치를 하게 되고, 학생이 교육활동 중인 교원에 대해
서 침해행위를 하였다면, 「교원지위법」이 우선 적용되어 지역교권보호
위원회 심의 · 의결을 거쳐 제1호부터 제7호 조치를 받을 수 있다. 학교
폭력도 아니고, 교육활동 침해도 아닌 그 밖에 학칙(학생생활규정) 위반

의 경우* 학교선도위원회(생활교육위원회)를 거쳐서 학교장이 제1호부터 제5호까지의 「초·중등교육법」의 징계처분을 하게 된다. 각 징계사유별로 적용되는 법률, 소관 위원회, 처분권자, 조치 종류, 조치받은 자의 불복방법 등에서 각각 차이가 있기에 이를 구분하는 것이 중요하다.

특별법 우선의 원칙 및 「학교폭력예방법」 제5조에 따라 학교폭력의 경우, 「학교폭력예방법」이 우선 적용되고, 교육활동 침해의 경우는 「교원지위법」이 우선 적용된다. 학교폭력이나 교육활동 침해행위임에도 축소·은폐할 목적으로 학교선도위원회로 회부하는 일이 종종 있는데, 이러한 행위는 「학교폭력예방법」이나 「교원지위법」에서 금지하는 축소·은폐에도 해당할 여지가 있으므로 지양하여야 한다.

---

* 학생의 교내 흡연, 학생의 강사 폭행 등.

7

업무분장 갈등도
교육활동 침해일까?

그렇다면 학교에서 발생하는 동료 간의 갈등도 교육활동 침해에 해당하는가?

사례

교사 A는 같은 학교에 근무하는 교사 B와 사이가 좋지 않은데, 어떤 업무가 A, B 누구의 것인지가 문제 되자 서로 자신의 일이 아니라고 주장하며 갈등이 커지게 된 것이다. 이에 대해서 관리자는 조정하려고 노력하였으나 간극이 좁혀지지 않았다. 이와 같은 상황에서 A는 다른 교직원들이 보고 있는 가운데 교무실에서 업무를 하던 B를 향하여 욕설이 섞인 발언을 여러 차례 하여 B를 모욕하였다.

해당 사안이 교사 B에 대한 교육활동 침해에 해당할까? 결론부터 말하자면 교육활동 침해라고 보기 어렵고, 결국 교사 A에게 「교원지위법」상 조치는 할 수 없다.

여기서 쟁점은 크게 2가지로 볼 수 있는데, 앞서 살펴보았던 '① 침해의 주체에 학생, 보호자 외 제3자도 포함하는지'와 '② 업무분장 갈등도 교육활동 중 또는 교육활동과 관련되었다고 볼 수 있는지'이다. 동료 교사도 침해의 주체가 될 수 있다고 해석하는 것은 무리한 확대해석이 될 수 있고, 설령 침해의 주체가 될 수 있다 하더라도 교육활동과 직접적 관련이 없는 업무분장 갈등에 대해서는 교육활동 중이라고 보기 어려우므로 어떤 견해든 간에 교육활동 침해가 아니게 되고, 결국 「교원지위법」상 조치를 할 수 없게 된다.

그러면 위와 같은 사안을 어떻게 처리하면 되겠는가? 일단은 A가 B에게 모욕죄라는 형사범죄를 범한 것으로 B가 A를 형사 고소하면 형사벌을 받게 할 수 있고, 교육청이나 학교 차원에서 A에게 징계나 경고 처분이 부과될 수 있다. 이에 대해서 손해가 발생하였다면 별도로 민사소송을 통해 배상받을 수 있다.

학교에서 교사에 대해서 사건이 발생했다고 해서 무조건 교육활동 침해에 해당하는 것은 아니기 때문에, 각각의 요건을 갖추었는지 하나하나 따져본다면 관련 법령에 따른 해결책이 떠오를 것이다.

8

교육활동 침해가 아닌
사안 구제 방법

교육활동 침해가 아닌 다른 인권침해나 고충 등이 발생했을 경우 그에 따른 구제 절차가 별도로 마련되어 있다. 구제 방법으로는 국가인권위원회 진정, 고충심사청구, 소청심사청구, 갑질(직장 내 괴롭힘) 신고 등이 있다.

국가인권위원회 진정

국가인권위원회(인권위) 진정은 누구든지 제기할 수 있어서 국공립뿐만 아니라 사립학교 교원도 이용 가능한 제도이다. 학교에서의 업무수행과 관련하여 헌법상 보장된 인권을 침해당하거나 차별행위를 당하였을 때 인권위에 그 내용을 진정할 수 있다(「국가인권위원회법」 제30조).

만약 진정을 조사한 결과 인권침해나 차별행위가 일어났다고 판단할 때는 피진정인, 소속기관의 장에게 인권침해나 차별행위의 중지, 원상회복, 손해배상, 그 밖에 필요한 구제조치, 동일하거나 유사한 인권침해 또는 차별행위의 재발을 방지하기 위하여 필요한 조치 등의 구제조치의 이행을 권고할 수 있다(제44조). 또한 형사범죄에 해당한다고 판단되면 검찰총장에게 고발할 수 있고, 소속기관의 장에게 징계를 권고할 수 있다. 권고를 받은 기관장은 이를 존중하여야 하며 그 결과를 위원회에 통지하여야 한다(제45조). 문구 그대로 원하지 않으면 이행하지 않아도 직접적인 불이익이 없는 권고 조치에 불과하지만, 인권위가 처리 결과, 관계기관의 조치 등을 공표할 수 있으므로 사실상 강제의 효과가 발생한다(제49조의2).

고충심사청구

고충심사청구 제도는 「교육공무원법」 제49조 및 「공무원고충처리규정」에 그 근거를 두고 있다. 교육공무원은 인사 · 조직 · 처우 등 각종 직무조건과 그 밖의 신상문제에 대하여 고충심사를 청구할 수 있다. 시 · 도교육청에는 보통고충심사위원회가, 교육부에는 중앙고충심사위원회가 설치되어 있으며, 중앙고충심사위원회의 기능은 교원소청심사위원회에서 관장하게 된다. 다만, 사립학교 교원은 고충심사청구권자가 아니므로 다른 구제 절차를 활용할 수밖에 없다.

고충처리의 대상

1) 근무조건 관련 고충
 ① 봉급 · 수당 등 보수에 관한 사항
 ② 근무시간 · 휴식 · 휴가에 관한 사항
 ③ 업무량, 작업도구, 시설안전, 보건위생 등 근무환경에 관한 사항
 ④ 출산 · 육아 · 자녀교육, 질병치료, 주거 · 교통 및 식사편의 제공 등 후생복지에 관한 사항

2) 인사관리 관련 고충
 ① 승진 · 전직 · 전보 등 임용에 관한 사항
 ② 근무성적평정 · 경력평정 · 교육훈련 · 복무 등 인사운영에 관한 사항
 ③ 상훈 · 제안 등 업적성취에 관한 사항

3) 상 · 하급자나 동료, 그 밖에 업무 관련자 등의 부적절한 행위로 인한 고충
 ① 「성폭력처벌법」 제2조에 따른 성폭력범죄
 ② 성희롱 등 부적절한 언행이나 신체적 접촉(「양성평등기본법」 제3조 제2호)
 ③ 위법 · 부당한 지시나 요구(「공무원 행동강령」 제13조의3)
 ④ 신체적 · 정신적 고통을 주거나 근무환경을 악화시키는 직장 내 괴롭힘(「근로기준법」 제76조의2)
 ⑤ 성별 · 종교별 · 연령별 등에 의한 차별대우

4) 기타 개인의 정신적 · 심리적 · 신체적 장애로 인하여 발생되는 직무수행과 관련된 고충

고충심사는 소청심사와는 그 성격이 다른데, 소청심사는 징계처분, 직위해제처분, 재임용거부처분 등 교원의 의사에 반하는 불리한 처분에 대한 쟁송절차 중 하나이고(특별행정심판의 일종), 고충심사는 적정한 행정상의 조치를 구하는 사실상의 절차에 불과하다. 또한 소청심사위원회의 결정은 행정청이 그 결정의 취지에 따라야 하는 기속력이 발생하나, 고충심사위원회의 심사 결과에 대해서는 행정청이 기속되지 않고, 권고적인 효력만 있을 뿐이다. 다만, 고충심사위원회의 시정조치

요청 시 처분청은 문서를 통해 처리 결과 또는 불이행 사유를 통지하게 되어 있어 사실상의 강제력이 있을 수는 있다. 소청심사에 관한 결정에 대해서는 30일 이내에 행정소송을 제기할 수 있으나, 고충심사의 결정은 처분성이 없어 행정소송의 대상이 아니다.

지위별로 고충심사위원회 관할과 단계가 달라진다. 교육공무원 중 교사, 교감(원감), 장학사, 교육연구사는 2단계 심사단계를 거칠 수 있는데, 시·도교육청 내에 있는 보통고충심사위원회에서 먼저 심사를 거치고, 그 위원회의 결정에 불복한다면 심사결과를 통보받은 날부터 30일 이내에 재심청구를 하여, 중앙고충심사위원회의 결정을 받을 수 있다. 반면에 교장(원장), 장학관, 교육연구관 등의 고충은 보통고충심사 절차 없이 바로 중앙고충심사위원회에서 결정하게 된다.

가령, 서울특별시교육청 소속 공립학교 교사 A가 봉급이나 전보 등에 있어서 고충이 있어, 고충심사를 청구한다면 서울특별시교육청 보통고충심사위원회에서 1차로 심사를 거치고, 교사 A가 이에 불복하여 재심청구를 하게 되면 중앙고충심사위원회에서 2차적으로 결정한다.

소청심사청구

소청심사청구는 교원에 대한 징계처분과 그 밖에 그 의사에 반하는 불리한 처분(재임용 거부, 면직, 직위해제, 휴직, 강임 등)에 대하여 불복하는 절차이다.

교원에 대한 징계처분 등에 대해서 소청심사가 청구된 경우「교원소청에 관한 규정」에 따라, 교육부 소속 교원소청심사위원회에서 심사한다(「교원지위법」 제7조). 국공립, 사립학교를 불문하고 교원은 심사 청구할 수 있고, 교육감 소속 교육전문직원(「교육공무원법」 제61조 제1항)에 대한 징계, 기타 불리한 처분도 교원소청심사위원회에서 심사하게 된다.

교원은 처분이 있었던 것을 안 날로부터 30일 이내에 소청심사를 청구하여야 하고, 이 경우 변호사를 대리인으로 선임할 수 있다(「교원지위법」 제9조 제1항). 교원소청심사위원회는 청구를 접수한 날로부터 60일 이내에 소청심사에 대한 결정을 하여야 하고, 불가피한 경우 30일을 연장할 수 있다(제10조 제1항).

소청심사의 대상은 징계처분(파면, 해임, 강등, 정직, 감봉, 견책), 불문경고, 직위해제 등 의사에 반하는 불리한 처분이다. 소청심사를 하더라도 원래 받았던 처분보다 더 불이익한 처분을 하지 못하고, 별도로 비용이 들지 않으며, 파면, 해임 징계처분의 경우 소청심사 청구 시 소청심사 최종 결정이 있을 때까지 후임자를 보충 발령하지 못한다(제9조 제2항).

소청심사의 결정에 대해서 교원소청심사위원회는 심사 청구가 부적법하면 각하, 이유가 없으면 기각하게 되고, 청구가 이유가 있다고 판단되면 인용 결정(징계처분 취소, 징계처분 변경, 징계처분 무효 확인, 징계처분 변경 명령 등)을 할 수 있다(제10조 제2항).

교원소청심사위원회의 결정에 대해서는 교원, 사립학교법인은* 소청심사결정문을 송달받은 날부터 30일 이내에 행정소송을 제기할 수 있다(제10조 제4항). 여기에서 유의해야 할 점은 제소기간이 30일이라는 것이다. 교원이 아닌 일반직 공무원의 경우에는 「행정소송법」 제20조에 따라 제소기간이 안 날로부터 90일인 데 반해, 특별법인 「교원지위법」에서는 30일로 기간이 단축되어 있어 기간 미준수로 인해 행정소송에서 각하되는 일이 없도록 해야 할 것이다. 실제 교원이 교원소청심사위원회 결정에 대해서 30일을 넘긴 후 행정소송을 제기하여 법원의 본안판단을 받지 못하고, 각하 판결을 받은 사례도 있으므로 각별히 주의하여야 할 것이다.

갑질 · 직장 내 괴롭힘 신고

'갑질'이란 "사회 · 경제적 관계에서 상대방보다 상대적으로 우위에 있는 자가, 권한을 남용하여 상대방에게 행하는 부당한 요구나 처우"를 의미하고, 공무원 관계에 있어서는 "자신의 직무권한을 행사하거나 지위 · 직책 등에서 유래되는 사실상의 영향력을 행사하는 각종 부당한 행위"를 통칭한다. 또한 비인격적 대우(언행)는 적법한 직무 명령 내의 행위라 할지라도 업무의 적정 범위를 넘어선 행위라면 갑질행위로 의율이 가능하다. 「공무원 행동강령」 제13조의3(직무권한 등을 행사한 부

---

* 교원이나 학교법인은 교원소청심사위원회의 결정에 불복할 수 있으나, 피청구인 행정청은 결정의 기속력 때문에 불복할 수 없다.

제1장 교육활동 침해는 무엇인가? 57

당 행위의 금지)에서 구체적인 부당행위를 열거하고 있다.

또한 각 시·도교육청에서 조례를 통해 직장 내 괴롭힘을 금지하고 있다. 예를 들면, 「경기도교육청 직장 내 괴롭힘 금지에 관한 조례」 제2조에서 직장 내 괴롭힘이란 "교직원이 지위 또는 관계 등의 우위를 이용하는 등 업무상 적정범위를 넘어 다른 사람에게 신체적·정신적 고통을 가하거나 부당한 요구나 처우를 하여 건전하고 건강한 근무환경을 해치는 행위"라고 정의하면서, 제3조에서 구체적인 예시를 '신체적인 위협이나 폭력을 가하는 행위', '욕설, 폭언 등으로 모욕을 주거나 명예를 훼손하는 행위', '정당한 이유 없이 업무와 무관한 일을 지시하거나 상당기간 동안 업무에서 배제시키는 행위' 등을 들고 있다.

시·도교육청 직장 내 괴롭힘 상담센터가 설치되어 있어 신고가 이루어지면 조사 후 가해자에 대해서 징계, 경고, 근무지 변경 등의 조치를 하게 된다.

또한 국민신문고 '갑질 피해 신고센터'가 있어 홈페이지(https://www.epeople.go.kr)를 통해서 갑질 피해 신고를 할 수 있다.

9

교원, 학생, 보호자의
권리·의무

교원, 학생, 보호자는 각자 저마다의 권리와 의무가 있고 그 내용은 아래와 같다.

교원의 권리

학교 교육에서 교원의 전문성은 존중되며, 교원의 경제적 · 사회적 지위는 우대되고 그 신분은 보장된다. 교권은 존중되어야 하며, 교원은 그 전문적 지위나 신분에 영향을 미치는 부당한 간섭을 받지 아니할 권리가 있다(「교육기본법」 제14조 제1항, 「교육공무원법」 제43조 제1항).

교원은 학생의 인권을 보호하고 교원의 교육활동을 위하여 필요한

경우에는 법령과 학칙으로 정하는 바에 따라 학생을 지도할 수 있다
(「초·중등교육법」 제20조의2 제1항).

교원의 의무

교원은 교육자로서 갖추어야 할 품성과 자질을 향상시키기 위하여 노력해야 한다. 교육자로서 지녀야 할 윤리의식을 확립하고, 이를 바탕으로 학생에게 학습윤리를 지도하고 지식을 습득하게 하며, 학생 개개인의 적성을 계발할 수 있도록 노력하여야 한다(「교육기본법」 제14조 제2항 및 제3항). 또한 교육 3주체 상호 간에 권리를 존중하고 타인의 권리를 부정하거나 침해하지 않도록 노력해야 하며, 생활지도를 통해 학생의 건강한 성장과 발달을 지원하고 학내의 질서를 유지하기 위하여 노력해야 한다(「학생생활지도 고시」 제3조 제1항 및 제3항). 특히 교장은 학생 및 보호자와 교원 간의 상호 소통 증진을 위하여 노력하며, 교원의 원활한 생활지도를 위하여 시설, 인력 등 제반여건을 갖추도록 지원해야 할 의무가 있다(제4항).

교장은 교무를 총괄하고, 민원처리를 책임지며, 소속 교직원을 지도·감독하고, 학생을 교육한다. 교감은 교장을 보좌하여 교무를 관리하고 학생을 교육하며, 교장이 직무수행이 불가능한 경우 그 직무를 대행한다. 수석교사는 교사의 교수·연구 활동을 지원하며, 학생을 교육한다. 교사는 법령에 따라 학생을 교육한다(「초·중등교육법」 제20조).

학생의 권리

———

학생의 기본적 인권은 학교 교육에서 존중되고 보호받는다. 학생은 「헌법」과 국제인권조약에 명시된 학생의 인권을 보장받고, 능력과 적성에 따라 교육받을 권리를 가진다(「교육기본법」 제3조 및 제12조 제1항, 「초·중등교육법」 제18조의4 제1항).

학생의 의무

———

학생은 학습자로서의 윤리의식을 확립하고, 학교의 규칙을 지켜야 하며, 교원의 교육·연구활동을 방해하거나 학내의 질서를 문란하게 하여서는 아니 된다. 또한 교육 당사자 상호 간에 권리를 존중하고 타인의 권리를 부정하거나 침해하지 않도록 노력해야 하며, 학칙을 준수하고 학교장과 교원의 생활지도를 존중하며 따라야 한다(「교육기본법」 제12조 제3항, 「초·중등교육법」 제18조의4 제2항, 「학생생활지도 고시」 제3조 제1항 및 2항).

보호자의 권리

———

학부모 등 보호자는 자녀가 바른 인성을 가지고 건강하게 성장하도록 교육할 권리와 책임을 가지고, 자녀의 교육에 관하여 학교에 의견을 제시할 수 있다(「교육기본법」 제13조 제1항 및 제2항).

보호자의 의무

———

보호자는 자녀가 학교의 교육과정에 따른 학교 수업 및 각종 활동에 성실히 참여할 수 있도록 지원하고, 학교의 정책에 협조해야 한다(「공교육 정상화 촉진 및 선행교육 규제에 관한 특별법」 제6조). 아동을 가정에서 그의 성장시기에 맞추어 건강하고 안전하게 양육해야 한다. 아동에게 신체적 고통이나 폭언 등의 정신적 고통을 가하여서는 아니 된다(「아동복지법」 제5조).

교원과 학교가 전문적인 판단으로 학생을 교육·지도할 수 있도록 협조하고 존중하여야 하고, 교직원 또는 다른 학생의 인권을 침해하는 행위를 하여서는 아니 된다. 또한 교원의 학생생활지도를 존중하고 지원하여야 하며, 교육활동의 범위에서 교원과 학교의 전문적인 판단을 존중하고 교육활동이 원활히 이루어질 수 있도록 적극 협력 해야 하는 의무가 있다(「교육기본법」 제13조 제3항, 「초·중등교육법」 제18조의5, 「유아교육법」 제21조의4).

교육 3주체(학생, 교원, 학부모) 상호 간에 권리를 존중하고 타인의 권리를 부정하거나 침해하지 않도록 노력해야 한다. 또한 교원의 전문적인 판단과 생활지도를 존중해야 하고, 학생이 학칙을 준수하도록 지도하여 교육활동이 원활히 이루어지도록 협력해야 한다(「학생생활지도 고시」 제3조, 「유치원 교원 고시」 제3조).

제2장
사례로 알아보는 교육활동 침해의 유형

교육활동 침해행위가 성립하려면, ① 주체, ② 객체, ③ 유형 3가지 요건을 모두 충족해야 한다는 점에 대해서는 앞에서 본 바와 같다. 침해행위 유형은 「교원지위법」과 「교육활동 침해 고시」에서 규정하고 있는데, 사례를 통하여 각 유형에 대해서 살펴보고자 한다.

교육활동 침해행위 유형

	「교원지위법」 제19조	「교육활동 침해 고시」 제2조
침해행위 유형	① 「형법」 상해, 폭행 범죄 행위	⑫ 성적 언동 등으로 성적 굴욕감 또는 혐오감 느끼게 하는 행위
	② 「형법」 협박 범죄 행위	⑬ 정당한 교육활동 반복적 부당한 간섭
	③ 「형법」 명예훼손, 모욕 범죄 행위	⑭ 정당한 생활지도 불응 의도적인 교육활동 방해
	④ 「형법」 손괴 범죄 행위	⑮ 무단 촬영·녹화·녹음·합성하여 무단으로 배포
	⑤ 「형법」 공무방해, 업무방해 범죄 행위	⑯ 그 밖에 학교장이 「교육공무원법」 제43조 제1항 위반된다고 판단한 행위
	⑥ 「형법」 무고 범죄 행위	
	⑦ 「성폭력처벌법」 제2조 제1항 성폭력 범죄 행위	**「교육공무원법」 제43조(교권의 존중과 신분보장)**
	⑧ 「정보통신망법」 불법정보 유통행위	① 교권(敎權)은 존중되어야 하며, 교원은 그 전문적 지위나 신분에 영향을 미치는 부당한 간섭을 받지 아니한다.
	⑨ 다른 법률에서 형사처벌 대상으로 규정한 범죄 행위	
	⑩ 목적이 정당하지 않은 민원 반복적 제기	
	⑪ 교원의 법적 의무가 아닌 일을 지속적으로 강요	

　「교원지위법」 제19조와 「교육활동 침해 고시」 제2조에서는 교육활동 침해행위 유형을 열거하고 있는데, 이를 정리하면 위 표와 같이 16가지 유형으로 구분할 수 있다. ① ~ ⑯ 유형 중에서 통계적으로 가장 많은 수를 차지하고 있는 유형은 무엇일까?

학생, 학부모의 교육활동 침해행위 유형별 통계(2019~2021년)

(단위: 건)

학년도	침해주체	상해·폭행	협박	모욕·명예훼손	손괴	성폭력범죄	불법정보유통	공무및업무방해	성적굴욕감·혐오감야기	교육활동반복적부당한간섭	기타	합계
2019	학생	240 (9.9%)	82 (3.4%)	1,345 (55.2%)	14 (0.6%)	24 (1.0%)	28 (1.1%)	126 (5.2%)	205 (8.4%)	238 (9.8%)	133 (5.5%)	2,435
2019	학부모 등	8 (3.5%)	21 (9.3%)	112 (49.3%)	1 (0.4%)	0 (0%)	6 (2.6%)	16 (7.0%)	1 (0.4%)	42 (18.5%)	20 (8.8%)	227
2020	학생	106 (9.8%)	38 (3.5%)	622 (57.5%)	12 (1.1%)	30 (2.8%)	23 (2.1%)	69 (6.4%)	107 (9.9%)	34 (3.1%)	40 (3.7%)	1,081
2020	학부모 등	7 (6.0%)	10 (8.6%)	46 (39.7%)	0 (0%)	1 (0.9%)	4 (3.4%)	6 (5.2%)	3 (2.6%)	33 (28.4%)	6 (5.2%)	116
2021	학생	231 (11.0%)	60 (2.9%)	1,203 (57.3%)	19 (0.9%)	65 (3.1%)	67 (3.2%)	80 (3.8%)	200 (9.5%)	93 (4.4%)	80 (3.8%)	2,098
2021	학부모 등	8 (4.7%)	19 (11.1%)	68 (39.8%)	3 (1.8%)	1 (0.6%)	3 (1.8%)	15 (8.8%)	7 (4.1%)	29 (17.0%)	18 (10.5%)	171

(자료 출처: 교육부)

교육활동 침해행위 유형별 통계(2019~2024년 상반기)

___

(단위: 건)

학년도	상해·폭행	협박	모욕·명예훼손	손괴	성폭력범죄	불법정보유통	공무 및 업무방해
2019	248 (9.3%)	103 (3.9%)	1,457 (54.7%)	15 (0.6%)	24 (0.9%)	34 (1.3%)	142 (5.3%)
2020	113 (9.4%)	48 (4%)	668 (55.8%)	12 (1%)	31 (2.6%)	27 (2.3%)	75 (6.3%)
2021	239 (10.5%)	79 (3.5%)	1,271 (56%)	22 (1%)	66 (2.9%)	70 (3.1%)	95 (4.2%)
2022	361 (11.9%)	132 (4.4%)	1,686 (55.6%)	20 (0.7%)	108 (3.6%)	56 (1.8%)	164 (5.4%)
2023	503 (10%)	140 (2.8%)	2,221 (44%)	41 (0.8%)	125 (2.5%)	56 (1.1%)	168 (3.3%)
2024 (상반기)	203 (14.9%)	49 (3.6%)	372 (27.3%)	7 (0.5%)	48 (3.5%)	27 (2%)	23 (1.7%)

학년도	성적 굴욕감·혐오감 야기	교육활동 반복적 부당한 간섭	교육활동방해	영상 무단 합성·배포	기타	합계
2019	206 (7.7%)	280 (10.5%)			153 (5.7%)	2,662
2020	110 (9.2%)	67 (5.6%)			46 (3.8%)	1,197
2021	207 (9.1%)	122 (5.4%)			98 (4.3%)	2,269
2022	223 (7.3%)	141 (4.6%)		7 (0.2%)	137 (4.5%)	3,035
2023	339 (6.7%)	161 (3.2%)	1,147 (22.7%)	42 (0.8%)	107 (2.1%)	5,050
2024 (상반기)	103 (7.5%)	32 (2.3%)	357 (26.2%)	23 (1.7%)	120 (8.8%)	1,364

(자료 출처: 교육부)

※ '교육활동 방해'유형 2023. 3. 신설
'영상 무단 합성·배포'유형 2021.10. 신설

통계적으로 가장 많은 수를 기록한 유형은 바로 모욕·명예훼손이다. 거의 절반을 차지할 정도로 교육현장에서는 학생이나 학부모 모두 모욕·명예훼손에 의한 교육활동 침해가 가장 빈번하게 발생하였다.

모욕·명예훼손 유형 다음으로, 학생의 경우에는 상해·폭행, 성희롱, 교육활동 부당한 간섭 등의 순으로 많았고, 학부모의 경우에는 교육활동 부당한 간섭, 협박, 공무 및 업무방해 순으로 높은 비율을 기록하였다.

최근 2023년, 2024년 상반기 통계를 보면, 여전히 모욕·명예훼손이 가장 많음을 알 수 있고, 2023년 신설된 유형인 의도적인 교육활동 방해도 모욕·명예훼손 유형을 위협할 정도로 발생 건수가 증가하고 있는 추세임을 알 수 있다.

①

「형법」 상해와 폭행 범죄

사례

———

학생 S는 엎드려 자고 있던 자신을 깨웠다는 이유로 화가 난 나머지 교육활동 중인 교사 T의 얼굴을 향하여 주먹을 휘둘렀으나, 다행히 T가 고개를 숙여 피해 실제 주먹을 맞지는 않았다.

이에 T는 S를 폭행으로 인한 교육활동 침해로 신고하였다.

교육지원청 지역교권보호위원회가 개최되었고, 위원회에 출석한 학생 S는 "주먹으로 때리려고 한 것은 맞으나, 실제로 교사 T가 맞지는 않았기 때문에 폭행이 성립하지 않고, 결국 교육활동 침해행위에도 해당하지 않는다."라고 주장하였다.

O X

정답은 X다.

학생 S의 주장은 타당하지 않다. 폭행죄에서의 폭행은 신체에 대한 물리적인 유형력의 행사를 의미하는 것이고, 반드시 신체에 접촉함을 필요로 하는 것이 아니다. 따라서 직접 피해자의 신체에 접촉하지 않더라도 폭행의 고의를 가지고 주먹을 휘두르는 순간 위법한 유형력의 행사가 있으므로 폭행죄는 성립하고, 신체 접촉 유무에 따라 폭행죄 성부가 좌우되는 것은 아니다(대법원 1990. 2. 13. 선고 89도1406 판결).

「형법」 제25장 상해와 폭행의 죄(제257조~제265조)에서 상해, 특수상해, 상해치사, 폭행, 특수폭행, 폭행치사상 등을 규율하고 있다.

상해는 사람의 신체에 대하여 직·간접적인 힘을 행사하여 정상적인 신체 기능에 장애를 일으키는 행위를 말한다. 학생 또는 학부모가 교사를 때려 열상, 골절상 등의 상해를 입은 경우가 그 예시이다. 또한 학부모가 계속적이고 반복된 폭언과 고성 등 지속적으로 교사를 괴롭혀 교사가 우울증, 수면 장애 등의 정신과적 피해를 보았더라도 상해에 해당할 수 있으므로 신체적 상해뿐만 아니라 정신적 상해도 경우에 따라 성립될 수 있다.

폭행은 타인의 신체에 대한 일체의 불법적인 유형력의 행사를 말하고, 교원의 뺨을 때리거나, 멱살을 잡거나, 머리카락을 잡아당기는 경우, 교사를 향해 물건을 던지는 경우 모두 폭행으로 인한 교육활동 침해가 될 수 있다.

사람에게 침을 뱉거나 물을 뿌리는 경우도 폭행에 해당할 수 있을까?

위와 같은 행위 역시 신체에 대한 불법적인 유형력의 행사로 볼 수 있어서 폭행죄에 해당할 수 있다(대구지방법원 2017. 1. 11. 선고 2016고정 1106 판결). 앞서 본 바와 같이, 침을 뱉거나 물을 뿌리는 순간 폭행죄는 성립하는 것이고 침이나 물이 직접 신체에 닿지 않았더라도 이미 성립한 폭행죄에 영향을 미치지 않는다.

상해는 친고죄나 반의사불벌죄가 아니지만, 단순 폭행죄는 반의사불벌죄이므로 피해자의 의사에 반하여 처벌하지 못한다. 즉, 합의를 하면 폭행죄는 처벌할 수 없지만, 상해죄는 형사처벌이 가능하고 합의가 이루어진 사정은 정상참작 사유로만 작용한다.

예를 들어 폭행의 경우, 교사 T가 학부모 P로부터 폭행을 당하여 T가 P를 교육활동 침해로 신고한 것뿐만 아니라 형사 고소까지 했는데, 해당 학부모의 진심 어린 사과가 있어 합의가 이루어져 T가 수사기관 또는 제1심 법원에 처벌불원서(고소취소장)를 제출하였다면, P는 형사처벌에서 벗어날 수 있다*.

그러나 상해의 경우, 교사 T가 학부모 P로부터 상해 피해를 당하였다면, P와 T가 합의를 하여 수사기관 또는 법원에 처벌불원서(고소취소장)를 제출하더라도 이는 양형참작사유에 해당될지언정 폭행죄의 경우처럼 처벌을 면할 수는 없다.

특수폭행과 공동폭행

한편, 단체 또는 다중의 위력을 보이거나 위험한 물건을 휴대하여 상해나 폭행을 한 경우에는, 특수상해 내지는 특수폭행이 성립하여 가중처벌의 대상이 된다. 단순 폭행죄가 반의사불벌죄에 해당함에 반하여 특수폭행죄는 반의사불벌죄가 아니므로 합의 그 자체로 형사처벌을 면하는 것이 아니다. 여기서 '위험한 물건'이란 흉기는 아니라고 하더라도 널리 사람의 생명, 신체에 해를 가하는 데 사용할 수 있는 일체의 물건을 포함한다고 풀이할 것이므로, 본래 살상용·파괴용으로 만들어진 것뿐만 아니라 다른 목적으로 만들어진 칼, 가위, 유리병, 각종 공구, 자동차 등은 물론 화학약품 또는 사주 된 동물 등도 그것이 사람의 생명·신체에 해를 가하는 데 사용되었다면 '위험한 물건'에 해당한다(대법원 2002. 9. 6. 선고 2002도2812 판결). 즉, 일반적으로 생각하는 위

---

* 수사단계에서 제출되었다면 공소권없음으로, 제1심 공판단계에서 제출되었다면 공소기각 판결로 종결된다.

험한 물건인 칼뿐만 아니라 휴대전화도 위험한 물건이 될 수 있다. 일상생활에서 빼놓을 수 없는 휴대전화는 현대인의 필수품이지만, 단단한 금속 재질로 되어 있어 내구성을 보유한 휴대전화도 폭력행위의 도구로 사용될 경우 상대방의 생명, 신체에 위험한 상황을 초래할 가능성이 높은 물건에 해당하여 '위험한 물건'에 포함될 수 있는 것이다(수원지방법원 2018. 10. 26. 선고 2018고합407 판결).

2인 이상이 공동하여 폭행한 경우에는, 별도의 가중처벌 규정이 적용된다. 가령, 칼을 휴대한 상태에서 폭행한 경우에는, 특수폭행(「형법」 제261조)이지만, 어머니와 아버지가 학교로 찾아와 함께 교사를 폭행한 경우, 공동폭행이 될 수 있다(「폭력행위 등 처벌에 관한 법률」 제2조 제2항).

이는 폭행죄에만 국한되는 것이 아니어서 「형법」상 특수상해, 특수협박, 특수손괴, 특수공무집행방해, 「폭력행위 등 처벌에 관한 법률」상 공동상해, 공동협박, 공동퇴거불응, 공동손괴 등이 적용되면, 보통범죄보다 가중하여 처벌한다.

2

「형법」 협박 범죄

사례

———

학생 S는 실제 찌르려는 의사는 없이, 한마디 말도 하지 않은 채 교육활동 중인 교사 T의 목에 가위를 겨누면서 찌를 것처럼 위협을 가하였다.

이에 T는 S를 협박으로 인한 교육활동 침해로 신고하였다.

교육지원청 지역교권보호위원회가 개최되어 출석한 S는 "협박은 말로 해야 성립하는 것이기 때문에, 말 한마디 하지 않은 경우에는 협박죄가 성립하지 않는다. 따라서 협박으로 인한 교육활동 침해에도 해당하지 않는다."라고 주장하였다.

O X

정답은 X다.

학생 S의 주장은 타당하지 않다. 협박죄는 말로 하는 것뿐만 아니라 행동(거동)을 통해서도 성립할 수 있다(대법원 1975. 10. 7. 선고 74도2727 판결). S는 위험한 물건인 가위를 휴대하여 협박행위를 하였으므로 단순 협박을 넘어 특수협박죄가 성립할 수 있다.

「형법」제30장 협박의 죄(제283조~제286조)에서의 협박은 사람으로 하여금 공포심을 일으킬 정도의 구체적인 해악을 고지함으로써 성립한다. 폭행죄와 마찬가지로 협박죄도 반의사불벌죄에 해당한다. 그러나 단체 또는 다중의 위력을 보이거나 위험한 물건을 휴대한 채 협박을 했다면 특수협박죄가 성립하고 이 경우에는 친고죄나 반의사불벌죄가 아니므로 합의하더라도 형사처벌이 가능하다.

학교에서 발생할 수 있는 협박죄의 예시로는 학부모가 교사에게 "집이 어디인지 안다. 퇴근할 때 조심해라. 쫓아가서 해코지하겠다." 등의 언동을 하는 경우 등이 있다.

만약 학부모가 교사에게 "아동학대로 신고하겠다. 교육청에 알리겠다."라고 고지한 경우, 협박죄가 성립하는지 문제되는데, 일률적으로 협박 성립 여부를 판단하기는 어렵고, 정당한 권리행사의 일환인지, 사회통념상 허용되는 정도나 범위를 벗어난 해악을 고지했는지 등을 종합적으로 고려하여, 개별적·구체적으로 판단하여야 할 것이다. 만약 목적이 정당하지 않거나 수단이 적절하지 않은 경우, 외관상 권리행사로 보이는 경우에도 실질적으로 권리의 남용으로 사회상규에 반하는 경우 등에 있어서는 협박죄가 성립할 것이다(대법원 2007. 9. 28. 선고 2007도606 전원합의체 판결).

3

「형법」 명예훼손과 모욕 범죄

사례

———

서울에 있는 한 고등학교에서 2020. 10.경 실제 발생한 사안으로, 고등학교 학생 S는 관할 교육청 등에 "교사 T가 수업시간에 자신에게 신체적, 정서적 학대행위를 하였다."는 취지로 2차례 관할 교육청에 민원 제기를 하고, 관할 경찰서에 아동학대로 고소까지 하였다. 관할 경찰서와 검찰은 위 아동학대 혐의에 대해서 혐의없음 결정을 하였다. 이에 해당 고등학교의 장은 학교교권보호위원회*를 개최하여 S의 행위가 「형법」상 명예훼손에 해당하여 교육활동 침해행위를 인정하고 출

---

* 당시는 2024. 3. 28. 개정법률 시행 전이므로 교육지원청 지역교권보호위원회가 아니라 학교교권보호위원회가 개최되었다.

석정지 10일 등의 조치를 하였다.

* 이 경우 명예훼손으로 인한 교육활동 침해가 인정될 수 있는가?

O X

정답은 X다.

유의할 점은 학생 S가 인터넷이나 기타 제3자에게 해당 사실을 유포한 것이 아니라 단지 교육청이나 경찰서와 같이 관공서에 신고만 한 것이다. 직무상 비밀유지의무가 있는 공무원 등에게 신고한 것만으로는 공연성(불특정 또는 다수인이 인식할 수 있는 상태)이 있다고 보기 어려우므로 공연성을 요건으로 하는 명예훼손이 성립될 수 없다(대법원 2020. 11. 19. 선고 2020도5813 전원합의체 판결).

결국 학교 측의 잘못된 법률 적용으로 인하여 해당 학생 S는 소송을 통하여 출석정지 10일 처분을 무효화하는 데 성공하고, 학교는 소송에서 패소한 것뿐만 아니라 소송비용까지 일부 부담하게 되었다. 전문성이 높지 않은 학교교권보호위원회에서 사안을 심의하다 보니 명예훼손의 성립 요건을 간과하고 법률적용을 잘못한 것이다. 해당 사안은 「형법」상 명예훼손에는 해당하지 않지만, 학생 S가 교사 T의 정당한 교육활동을 부당하게 간섭하거나 제한하고, 관공서에 허위사실을 신고함으로써 교권을 존중하지 않고, 교원의 신분에 영향을 미치는 부당한 간섭을 한 것이라 볼 수 있어 「교육활동 침해 고시」 제2조 제3호 및 제6호 교원의 정당한 교육활동에 대해서 반복적으로 부당하게 간섭하는 행위 및 그 밖에 학교장이 「교육공무원법」 제43조 제1항에 위반된다고 판단하는 행위로 보아 교육활동 침해행위로 인정하고 조치를 취했다면, 학교 측이 소송에서 패소되고 침해학생 조치가 무효화되지는 않았을 것이다. 2024. 3. 28. 이후로 교권보호위원회가 학교에서 교육지원청으로 이관되어 지역교권보호위원회로 격상됨에 따라 더 높은 전문성과 객관성을 기대할 수 있게 되었고, 위원으로 대부분 변호사가 위촉되고 있으므로 해당 사안과 같은 잘못된 법률적용은 줄어들 것으로 보인다.

만약 해당 사안이 2024. 3. 28. 이후로 발생하고, 학생 S가 교사 T를 형사처벌 또는 징계처분 받게 할 목적으로 허위임을 인식하고 허위사실을 공무원에게 신고한 것이라면, 「형법」상 무고죄가 성립할 수 있고, 결국 무고로 인한 교육활동 침해에 해당할 수 있을 것이다.

명예훼손과 모욕의 차이

「형법」 제33장 명예에 관한 죄(제307조~제312조)는 명예훼손, 모욕뿐만 아니라 사자명예훼손, 출판물 등에 의한 명예훼손 등도 포함한다. 앞서 통계에서 살펴본 바와 같이 교육활동 침해 유형 최다 건수를 차지하고 있는 유형이다.

그렇다면 명예훼손과 모욕의 차이는 무엇일까? 명예훼손과 모욕 모두 공연성을 요건으로 하는 것은 동일하다. 가장 큰 차이는 '구체적 사실적시' 유무이다. 명예훼손은 구체적 사실적시를 하여 타인의 명예를 손상시켰을 때 성립하는 범죄이고, 모욕은 구체적 사실적시 없이 사람의 사회적 평가를 저하시킬 만한 추상적 판단이나 경멸적 감정 등을 표현하는 것을 말한다(대법원 2009. 9. 24. 선고 2009도6687 판결, 대법원 2018. 11. 29. 선고 2017도2661 판결). 학생이 교사 T가 자신의 잘못에 대해서 지속적으로 지도한다는 이유로 화가 나 다른 학생 등에게 "교사 T가 과거 성적 조작 문제로 정직 징계처분을 받았고, 벌금형 형사처벌까지 받았다."라는 사실을 퍼뜨리는 경우는 구체적인 사실을 적시하였으므로 명예훼손이 성립할 수 있고, 구체적인 사실적시 없이 다른 학생들이 있는 가운데 교사에게 "개×끼야, 씨×놈아, 왜 나한테만 ×랄이야."라는 등으로 소리친 경우 구체적인 사실적시 없이 경멸적인 표현을 사용한 것으로 모욕죄가 성립하게 되는 것이다.

또한 명예훼손과 모욕죄는 「형사소송법」상으로도 차이가 있는데, 명예훼손죄는 '반의사불벌죄'이고, 모욕죄는 '친고죄'이다. 양자 모두 수사단계에서나 형사공판단계(제1심 판결 선고 전까지)에서 처벌불원의 합의가 있으면 처벌할 수 없는 점에서는 동일하나, 반의사불벌죄는 피해자의 명시적인 의사에 반하여 공소를 제기할 수 없는 범죄를 의미하고, 친고죄는 피해자의 고소가 없으면 공소를 제기(기소)할 수 없는 범죄를 말한다. 그러므로 명예훼손과는 달리 모욕죄는 반드시 피해자의 고소가 있어야만 검사가 기소할 수 있고, 형사처벌이 가능하다.

대부분의 형사범죄가 비친고죄이고, 반의사불벌죄와 친고죄인 경우는 그 수가 많지 않다. 이를 정리하면 아래 표와 같다.

친고죄와 반의사불벌죄

친고죄	반의사불벌죄
1. 모욕죄 2. 사자명예훼손죄 3. 비밀침해죄 4. 업무상비밀누설죄 5. 비동거 친족간 재산범죄 　(친족상도례, 「형법」 제328조 제2항) 6. 「저작권법」 저작권 침해죄 중 일부 등	1. 폭행, 존속폭행 2. 과실치상＊ 3. 협박, 존속협박 4. 명예훼손 5. 출판물 등에 의한 명예훼손 6. 「정보통신망법」 명예훼손(이른바 '사이버 명예훼손') 7. 「정보통신망법」 공포심·불안감 유발 문언 반복적 전송(불안감 조성행위) 8. 「근로기준법」, 「근로자퇴직급여 보장법」 임금체불범죄, 퇴직금미지급범죄 등 9. 「교통사고처리 특례법」 업무상과실재물손괴 10. 「교통사고처리 특례법」 업무상과실치상 　(단, 12대 중과실, 도주차량, 음주측정거부의 경우는 반의사불벌죄 X)

＊　주의: 업무상 과실치상은 반의사불벌죄가 아니다.

학교에서 발생할 수 있는 명예훼손의 예시로는 학부모 P가 다른 학부모들에게 "담임교사 T가 이전 학교에서 아동학대로 문제를 일으켰고, 학부모들과의 다툼으로 우리 학교로 쫓기듯이 온 것이다."라고 허위사실을 발설한 경우 등이 있다.

모욕의 예시로는 교사의 외모 등을 비하하는 멸칭을 계속해서 부르고 다니거나 교사에게 과도한 욕설을 하는 등 사회적 평가를 저하시킬 만한 추상적 판단이나 경멸적 감정을 표현하는 경우가 있다.

욕설이 있었다고 바로 모욕죄가 성립할까?

———

다만, 욕설이 있었다고 곧바로 모욕이 성립하는 것은 아니다. 상대방을 불쾌하게 할 수 있고 다소 무례하고 저속한 표현이기는 하지만 사회적 평가를 저하시킬 만한 모욕적 언사에는 해당하지 않는다면 모욕죄가 성립하지 않을 수 있다(대법원 2015. 12. 24. 선고 2015도6622 판결).

결국 모욕죄에 해당하는지 판단하려면 가해자와 피해자의 관계, 가해자가 이러한 발언을 하게 된 경위와 발언의 횟수, 발언의 의미와 전체적인 맥락, 발언을 한 장소와 발언 전후의 정황 등을 종합적으로 고려하여야 한다. 아래와 같은 사안은 신고자와 경찰과의 관계였기 때문에, 모욕죄 성립 여부를 엄격하게 본 것이고, 학생과 교원 사이의 관계를 고려하면 모욕의 성립 요건이 더욱 완화될 것으로 보인다.

[대법원 2015. 12. 24. 선고 2015도6622 판결]

1. 「형법」 제311조의 모욕죄는 사람의 가치에 대한 사회적 평가를 의미하는 외부적 명예를 보호법익으로 하는 범죄로서, 모욕죄에서 말하는 모욕이란 사실을 적시하지 아니하고 사람의 사회적 평가를 저하시킬 만한 추상적 판단이나 경멸적 감정을 표현하는 것을 의미한다. 그런데 언어는 인간의 가장 기본적인 표현수단이고 사람마다 언어습관이 다를 수 있으므로 그 표현이 다소 무례하고 저속하다는 이유로 모두 「형법」상 모욕죄로 처벌할 수는 없다. 따라서 어떠한 표현이 상대방의 인격적 가치에 대한 사회적 평가를 저하시킬 만한 것이 아니라면 설령 그 표현이 다소 무례하고 저속한 방법으로 표시되었다 하더라도 이를 모욕죄의 구성요건에 해당한다고 볼 수 없다.

2. 원심과 제1심이 적법하게 채택하여 조사한 증거들에 의하면, 피고인은 2014. 6. 10. 02:20경 서울 동작구 (주소 생략) 앞 도로에서 자신이 타고 온 택시의 택시 기사와 요금 문제로 시비가 벌어져 같은 날 02:38경 112 신고를 한 사실, 신고를 받고 출동한 서울동작경찰서 소속 경찰관인 피해자가 같은 날 02:55경 위 장소에 도착한 사실, 피고인은 피해자에게 112 신고 당시 피고인의 위치를 구체적으로 알려 주었는데도 피해자가 위 장소를 빨리 찾지 못하고 늦게 도착한 데에 항의한 사실, 이에 피해자가 피고인에게 도착이 지연된 경위에 대하여 설명을 하려고 하는데, 피고인이 위 택시기사가 지켜보는 가운데 피해자에게 "아이 씨발!"이라고 말한 사실을 알 수 있다.

이러한 사실관계와 함께 기록에 의하여 인정되는 피고인과 피해자의 관계, 피고인이 이러한 발언을 하게 된 경위와 발언의 횟수, 발언의 의미와 전체적인 맥락, 발언을 한 장소와 발언 전후의 정황 등을 앞서 본 법리에 따라 살펴보면, 피고인의 위 "아이 씨발!"이라는 발언은 구체적으로 상대방을 지칭하지 않은 채 단순히 발언자 자신의 불만이나 분노한 감정을 표출하기 위하여 흔히 쓰는 말로서 상대방을 불쾌하게 할 수 있는 무례하고 저속한 표현이기는 하지만 위와 같은 사정에 비추어 직접적으로 피해자를 특정하여 그의 인격적 가치에 대한 사회적 평가를 저하시킬 만한 경멸적 감정을 표현한 모욕적 언사에 해당한다고 단정하기는 어렵다.

모욕의 수단과 방법에는 제한이 없을까?

---

* 공연히 모욕의 고의로 타인의 얼굴에 두꺼비 사진을 합성하여

조롱하였다면, 모욕이 성립할까?

정답은 O다.

즉, 언어적 수단이 아니라 시각적 수단만을 사용한 경우에도 모욕이

성립하는지의 문제이다.

　모욕의 수단과 방법에는 제한이 없다. 말로 하는 것뿐만 아니라 행동을 통한 비언어적, 시각적 수단만을 사용하여 표현하더라도 그것이 사람의 사회적 평가를 저하시킬 만한 추상적 판단이나 경멸적 감정을 전달하는 것이라면 모욕죄가 성립한다(대법원 2024. 10. 31. 선고 2024도6183 판결). 최근 영상 편집 기술이 발전하여 합성사진 등을 이용한 모욕 범행의 가능성이 높아지고, 시각적 수단만을 사용한 모욕이라 하더라도 그로 인한 피해의 정도는 언어적 수단을 사용한 경우와 다를 바 없기 때문이다. 성적 욕망 또는 수치심을 유발할 수 있는 형태로 편집·합성한 경우에는 모욕죄로 의율하는 것이 아니라 「성폭력처벌법」상 허위영상물등의 편집죄(이른바 '딥페이크 성범죄')로 처단될 것이다.

> **[대법원 2024. 10. 31. 선고 2024도6183 판결]**
> 피고인이 피해자의 얼굴을 가려주는 용도로 피해자의 얼굴에 두꺼비 사진을 합성한 것이 아니라, 두꺼비 사진을 수단으로 삼아 모욕의 고의로 피해자의 사회적 평가를 저하시킬 만한 경멸적 감정을 전달한 것으로 볼 수 있다.

사실적시 명예훼손과 전파가능성 법리

사례

고등학교 학생 S_1은 다른 학생 S_2에게 "교사 T가 성 관련 비위로 전과도 있고, 징계도 받은 사실이 있다."라고 말하여, T에 대한 부정적인 사실을 이야기하였고, S_2가 다른 사람들에게 이야기하여 이 사실이 불특정 다수인에게 유포가 되었다. 이에 T는 최초 유포자인 S_1을 명예훼손으로 고소하였다.

기소가 되어 법정에 선 S_1은 "(1) 실제 T가 성 비위로 형사처벌과 징계를 받은 전력이 있기 때문에 허위사실이 아니라 진실된 사실이므로 명예훼손이 성립될 수 없다.

(2) 나는 S_2에게 1:1로 이야기했기 때문에 공연성이 없으므로 명예훼손이 성립될 수 없다."라는 취지로 주장하였다.

* 학생 S_1의 (1), (2) 주장은 각각 타당한가?

O X

(1)의 정답은 X다.

허위사실이 아니라 진실된 사실이라도 사람의 명예를 훼손할 내용이라면 명예훼손이 성립될 수 있다. 즉, 사실적시 명예훼손도 「형법」에서

처벌 대상으로 규율하고 있다. 다만, 진실된 사실을 오로지 공공의 이익을 위하여 적시한 경우에는 「형법」 제310조에 따라 위법성이 조각될 여지는 있다.

「형법」 규정을 보면, 제307조 제1항이 '사실적시 명예훼손', 제2항이 '허위사실적시 명예훼손'인데, 어느 것이 법정형이 더 높겠는가? 후자가 그 범죄의 위법성과 비난가능성이 크기 때문에 전자보다 법정형이 더 높다.

「형법」
제307조(명예훼손) ① 공연히 사실을 적시하여 사람의 명예를 훼손한 자는 2년 이하의 징역이나 금고 또는 500만원이하의 벌금에 처한다.
② 공연히 허위의 사실을 적시하여 사람의 명예를 훼손한 자는 5년 이하의 징역, 10년 이하의 자격정지 또는 1,000만원 이하의 벌금에 처한다.

[대법원 2017. 4. 26. 선고 2016도18024 판결]

명예훼손죄는 적시된 사실이 진실한 사실인 경우이든 허위의 사실인 경우이든 모두 성립될 수 있다.

[대법원 2021. 8. 26. 선고 2021도6416 판결]

공연히 사실을 적시하여 사람의 명예를 훼손하는 행위가 진실한 사실로서 오로지 공공의 이익에 관한 때에는 「형법」 제310조에 따라 위법성이 조각되어 처벌할 수 없다.

사실적시 명예훼손 규정에 대한 헌법재판소 판단

혹자는 "허위도 아닌데 사실도 이야기 못 하냐?"라고 할 수 있다. 사실적시 명예훼손을 처벌하는 형법 조항이 표현의 자유를 침해하여 헌법에 위반된다는 이유로 헌법재판소에 헌법소원심판청구가 되었는데, 결론적으로 헌법재판소는 해당 조항에 대해서 합헌 결정을 하였다[헌법재판관 9명 중 위헌의견(5인), 합헌의견(4인)].

위헌의견이 더 많은데 법정의견이 합헌인 이유는, 위헌이 되려면 과반수만으로는 부족하고, 법적안정성을 고려하여 가중정족수 규정에 따라 위헌의견이 6명 이상 되어야 하기 때문이다(「헌법재판소법」 제23조 제2항 단서 제1호).

헌법재판소는 "헌법에서 표현의 자유의 한계로 타인의 명예와 권리를 선언하고, 사실적시 명예훼손이 가해자의 사적 제재 수단으로 악용될 수 있는 점, 개인의 약점과 허물을 적시하는 것은 표현의 자유의 목적에도 부합하지 않는다는 점 등을 종합적으로 고려하면, 「형법」 제307조 제1항은 표현의 자유를 침해하지 아니한다."라고 하였다(헌법재판소 2021. 2. 25. 선고 2017헌마1113 결정).

법정의견이 위헌은 아니나, 위헌의견이 다수였다는 점에서 추후 동일한 조항에 대해서 헌법재판소에 위헌법률심판이나 헌법소원심판 사건이 접수된다면 시대의 변화나, 헌법재판관 구성에 따라 미래에는 위헌이 될 가능성도 엿보인다.

(2)의 정답도 X다.

한 사람에게만 이야기했어도 공연성이 있는지 문제가 되는데, 1인에게 말했을지라도 그 상대방이 불특정 또는 다수인에게 전파할 가능성이 있는 때에는 공연성이 인정된다. 이는 대법원에서 확립된 법리인 '전파가능성 이론'이라고 한다. 비록 S_2에게만 이야기했으나, S_2가 불특정 또는 다수인에게 전파할 가능성이 있었고 실제로 전파가 된 상황이었기 때문에 공연성이 인정되는 사례이다. 따라서 S_1의 주장은 타당하지 않다.

따라서 사실적시 명예훼손 규정이 여전히 존재하고, 전파가능성이 있는 이상 S_1이 발설한 내용이 사실이고 한 사람에게만 이야기했을지라도 S_1은 형사처벌될 수 있다.

4

「형법」 손괴 범죄

　손괴 범죄는 「형법」 제42장(제366조~제372조)에서 규정하고 있는 범죄로서 타인의 재물, 문서 또는 전자기록 등 특수매체기록에 유형력을 행사, 숨기거나 기타의 방법으로 그 효용을 해하는 행위를 말한다.

　사립학교의 경우 재물손괴죄 규정이 그대로 적용될 것이지만 만약 국공립학교에서 사용하는 서류 기타 물건 등을 손상, 은닉한 경우라면 「형법」 제366조 손괴죄가 아니라 제141조 공용물건손상죄가 성립할 것이다*. 이는 「형법」 제8장(공무방해에 관한 죄)에서 규율하고 있는 범죄이므로 이에 따라 처리해야 한다. 제141조 공용물건손상죄**의 형이

---

　*　다만, 국공립학교의 물건이 아니라 교원 개인 휴대전화나 노트북을 파손하였다면, 제141조 공용물건손상죄가 아니라 제366조 손괴죄가 성립한다.

**　7년 이하 징역 또는 1,000만원 이하 벌금.

제366조 재물손괴*보다 더 높으므로 국공립학교에서 사용하는 물건 등의 효용을 해한 경우에는 제366조보다 제141조를 우선 적용하는 것이 타당하다.

교육활동 침해행위로 문제가 될 수 있는 경우로는, 교사의 생활지도에 불만을 품고 교사의 휴대전화를 망가뜨리는 경우, 교사의 지도에 반항하며 사립학교 교실의 창문을 깨뜨리는 경우(국공립학교인 경우 「형법」 제141조 제1항 공용물건손상에 해당할 수 있다), 사립학교에서 사용하는 컴퓨터의 파일을 일부러 숨겨 사용하지 못하게 하는 경우(국공립학교인 경우, 「형법」 제141조 제1항 공용전자기록은닉에 해당할 수 있다) 등이 있다.

자동문을 수동으로 바꿔놓은 것도 재물손괴에 해당할까?

———

* 자동문을 자동으로 작동하지 않고 수동으로만 개폐가 가능하게 하여 자동잠금장치로서 역할을 할 수 없도록 한 경우 재물손괴죄가 성립할까?

정답은 O다.

---

* 3년 이하 징역 또는 700만원 이하 벌금.

이 경우 재물손괴죄가 성립한다는 것이 대법원의 판례이다. 대법원은 재물손괴에서 말하는 그 효용을 해하는 경우라 함은 물질적인 파괴행위로 물건 등을 본래의 목적에 사용할 수 없는 상태로 만드는 경우뿐만 아니라 일시적으로 물건 등의 역할을 할 수 없는 상태로 만들어 효용을 떨어뜨리게 하는 경우도 포함하므로 일시적으로나마 자동문으로서의 역할을 할 수 없도록 한 것이기 때문에 재물손괴죄가 성립한다고 보아야 한다고 판시하였다(대법원 2016. 11. 25. 선고 2016도9219 판결).

⑤

「성폭력처벌법」성폭력범죄

성폭력범죄는 「성폭력처벌법」 제2조 제1항 각 호에 규정되어 있는 강간, 강제추행, 공연음란, 음화제조·반포, 통신매체이용음란, 카메라등이용촬영, 딥페이크 성범죄(허위영상물 합성, 반포) 등의 행위로 개인의 의사에 반하여 성적 자유를 침해하거나 의사에 반하는 성적인 접촉으로 성적 수치심이나 혐오감을 일으키는 행위를 말한다.

강제추행죄의 '폭행 또는 협박'은 상대방의 신체에 대하여 불법한 유형력을 행사(폭행)하거나 일반적으로 보아 상대방으로 하여금 공포심을 일으킬 수 있는 정도의 해악을 고지(협박)하는 것이라고 보아야 하고, 상대방의 항거를 곤란하게 할 정도로 강력할 것이 요구되지 아니한다. 한편 폭행행위 자체가 곧바로 추행에 해당하는 경우(이른바 '기습추행형 강제추행')에도 상대방의 의사를 억압할 정도의 것임을 요하지 않고 상대방의 의사에 반하는 유형력의 행사가 있는 이상 그 힘의 대소 강약을 불문한다(대법원 2023. 9. 21. 선고 2018도13877 전원합의체 판결).

또한 추행에 있어 신체 부위에 따라 본질적 차이가 있다고 볼 수 없으므로 등 뒤에서 피해자의 의사에 반하여 어깨를 주무른 경우에도 추행에 해당할 수 있다(대법원 2004. 4. 16. 선고 2004도52 판결).

학교에서 발생할 수 있는 성폭력범죄 예시

——

- 학생이 교사의 의사에 반하여 신체를 접촉하는 경우(포옹, 손이나 어깨를 만지는 경우 등): 강제추행
- 카메라를 이용하여 성적 수치심을 유발할 수 있는 교사의 신체를 의사에 반하여 촬영한 경우: 카메라등이용촬영
- 학생이 수업 중인 교실에서 성기를 드러내어 자위행위를 하는 경우: 공연음란
- 학생이 교사에게 휴대폰을 이용하여 음란한 사진, 그림, 영상, 글 등을 보낸 경우: 통신매체이용음란
- 학생이 교사의 사진으로 성적 수치심을 유발하는 딥페이크 영상을 편집·합성하거나 그 영상을 유포하는 경우: 딥페이크 성범죄

딥페이크 성범죄

딥페이크 성범죄 처벌규정은 2020. 3. 24. 「성폭력처벌법」이 개정되어, 2020. 6. 25.부터 시행되었는데 최근 딥페이크 성범죄가 다시 문제 되자, 아래 내용과 같이 2024. 10. 16.자로 추가로 개정되고 시행되었다.

① 허위영상물의 편집·반포 등의 법정형을 불법촬영물 반포 등의 법정형과 같도록 상향(제14조의2 제1~3항)
② 허위영상물 소지·구입·저장·시청한 자 처벌 규정 신설(제4항)
③ '반포 등을 할 목적' 삭제(제1항): 반포할 목적이 없더라도 형사처벌이 가능하도록 하여 "단순 개인 소장 목적으로 만들었다.", "장난삼아 만들었다."는 변명이 더 이상 통하지 않도록 하였다.
④ 편집물이용 협박한 자 처벌 규정 신설(제14조의3): 딥페이크 영상물을 이용하여 피해자를 협박하는 경우도 처벌이 가능하게 하였다.

딥페이크 성범죄 관련 교육활동 침해 실제 사례를 보면, 충남의 한 중학생이 교사 사진으로 딥페이크 불법 합성물 제작을 의뢰한 사실로 교권보호위원회의 전학 처분을 받은 사례가 있고, 인천의 한 고등학생이 교사와 학원 강사 등 4명의 얼굴을 나체사진에 합성해 허위영상물을 제작하고, 이를 SNS에 유포하여 교권보호위원회에서 퇴학 처분을 받은 사례도 있었다.

6

「정보통신망법」
불법정보 유통행위

「정보통신망법」 제44조의7은 불법정보 유통금지를 규정하고 있다. 인터넷 등을 통하여 ① 음란한 내용의 정보, ② 사람을 비방할 목적으로 공연히 진실·허위사실을 드러내어 타인의 명예를 훼손하는 내용의 정보(이른바 '사이버 명예훼손'), ③ 공포심이나 불안감을 유발하는 부호·문언·음향·화상 또는 영상을 반복적으로 상대방에게 도달하도록 하는 내용의 정보(불안감 조성행위) 등 불법정보를 유통하여 교육활동을 침해하는 행위를 의미한다.

이 유형에 해당하는 경우로는, ① 비대면 원격수업 도중 음란한 음향, 영상을 트는 경우(음란 내용의 정보 유통), ② 학부모가 교사를 비방할 목적으로 단체 카카오톡 방이나 인터넷 카페 게시판에 "교사 T_1이 아동학대를 일삼고, 같은 학교 교사 T_2와 불륜관계로 학교 수업을 제대로 하지 않는다."는 등으로 허위사실을 유포하여 교사들의 명예를 훼손하는 경우(사이버 명예훼손), ③ 학생이 교원에게 공포심이나 불안감을 유발하는 내용의 문자메시지를 지속적·반복적으로 보내는 경우(불안감 조성행위)*가 있다.

---

* 이 유형의 경우, 사안에 따라 협박이나 「스토킹처벌법」 적용도 가능하다.

7

「형법」 공무집행방해와
업무방해 범죄

「형법」 제8장에 나와 있는 공무방해에 관한 죄를 먼저 보면, 제136
조 공무집행방해, 제137조 위계에 의한 공무집행방해죄만을 의미하는
것이 아니라, 제141조 공용서류 등의 무효, 제144조 특수공무방해죄
도 포함한다. 「교원지위법」 제19조 제1호 가목에서 제8장 전체를 규정
한 점을 비추어 볼 때, 제136조 및 제137조에만 한정되지 않는다고 봄
이 타당한 해석이기 때문이다.

그렇다면 교육활동 침해에 있어서 「형법」 제136조~제137조에서 말
하는 '(위계)공무집행방해'와, 제314조에서 말하는 '업무방해'의 차이는
무엇일까?

쉽게 말하면, 국공립학교 교원이냐, 사립학교 교원이냐에 따라 달라

진다고 생각하면 된다. 폭행·협박·위계로 국공립학교 교원의 정당한 교육활동(공무)을 방해하였다면 공무집행방해에 해당하고, 허위사실 유포·위계*·위력**으로 사립학교 교원의 업무를 방해하였다면, 제314조 업무방해가 성립하는 것이다.

교사의 지도가 마음에 들지 않은 학부모가 수업 중인 교실로 찾아가 담임교사를 주먹으로 때려 수업을 방해하였다면, 학교의 설립형태와 교원의 신분에 따라 공무집행방해 또는 업무방해가 성립하는 것이다.

제141조 공용물건손상 등은 이른바 '공무소에 대한 재물손괴'라고 보면 되고, 이에 대해서는 앞서 '4. 「형법」 손괴 범죄'에서 살펴본 바 있다.

제144조 특수공무방해는 단체 또는 다중의 위력을 보이거나 위험한 물건을 휴대하여 공무집행방해 범죄를 저지른 경우에 형의 1/2을 가중하는 규정이고, 만약 특수공무방해로 공무원을 상해 또는 사망에 이르게 한 때에는 제2항에 따라 엄중하게 처벌한다.

---

* 적극적으로 혼란을 일으키기 위해 속이는 것.
** 다른 사람의 자유를 제한할 수 있는 힘.

학부모가 수업 중인 교실에 들어와 교사에게 욕설과 폭행을 가한 사례

인천에 소재한 초등학교에서 실제 발생한 사안이다.

학부모 P의 행위

① 학부모 P는 담임교사 T(교육공무원)가 수업 중이던 초등학교 교실의 문을 열고 그곳 내부까지 들어가 방실에 침입하였다.

② 아들의 학교폭력 문제로 항의하고자 수업 중인 교실에서 T의 목을 가격하는 등 2주간의 치료를 요하는 상해를 가하였다.

③ 학생들이 있는 교실에서 "미친×. 야. 너 때문에 우리 애가 학교다니기 싫어한다. 미친 거 아니야. 교사 자질도 없으면서, 나 이거 가만 안 둬. 자질 없다는 거, 여기 교사가 얘기해. 선생님 자체도 동료 교사가 자질 없대."라고 큰 소리로 말하였다.

④ 위와 같이 교실에서 초등학교 5학년 학생 12명(만 10~11세)이 있는 가운데 T에게 욕설과 폭행을 하여 학생들로 하여금 그 모습을 목격하게 하였다.

이 경우 학부모 P에게는 어떤 범죄가 성립할까?

행위 ①: 「형법」 제319조 제1항 방실침입죄가 성립한다*.

행위 ②: 수업 중인 교육공무원에게 폭행을 가하여 직무집행을 방해함과 동시에 상해를 가하였으므로, 공무집행방해와 상해죄가 성립한다.

행위 ③: 공연히 담임교사 T에 대해서 사회적 평가를 저하시킬 만한 경멸적 감정을 표현한 것이므로 모욕죄가 성립한다.

행위 ④: 학생들이 지켜보는 가운데 위와 같이 담임교사에게 폭행과 욕설을 하여, 「아동복지법」상 아동인 학생들에게 공포감과 정신적 충격을 주어 정신건강 및 발달에 해를 끼쳤으므로 「아동복지법」위반(정서적 학대)에 해당한다.

담임교사 T는 학부모 P를 고소하였고, 검사는 P를 위 혐의로 기소하였다. 법원은 P에게 유죄 판단을 내렸을까?

P가 자신의 혐의에 대해서 부인하였지만, 법원은 모두 유죄로 판단하였다. 그렇다면 형량에 대해서는 어떻게 판단하였을까?

각 범죄에 대한 법정형은 다음 표와 같다.

---

* 사람이 거주하는 주거에 침입하면 주거침입, 사람이 점유하는 방실(교실)에 침입하면 방실침입이 성립한다.

학부모 P 혐의와 법정형

행위	죄명	조항	법정형
①	방실침입	「형법」 제319조 제1항	3년 이하의 징역 또는 500만원 이하 벌금
②	공무집행방해 및 상해	제136조 및 제257조	5년 이하의 징역 또는 1,000만원 이하의 벌금, 7년 이하의 징역 또는 1,000만원 이하 벌금
③	모욕	제311조	1년 이하의 징역 또는 200만원 이하 벌금
④	「아동복지법」위반 (정서적 학대)	제71조 제1항 제2호 및 제17조 제5호	5년 이하의 징역 또는 5,000만원 이하의 벌금

여러 개의 범죄를 「형법」 제38조에 따라 경합범으로 처리하여, 1개의 형으로 선고하여야 하는데, 법률상 처단형의 범위는 아래와 같다.

징역형: 1개월~10년 6개월
벌금형: 5만원~6,700만원

이와 같이 처단형의 범위 폭이 상당히 크기 때문에 형사재판부의 양형 재량의 범위가 매우 넓다는 것을 알 수 있다. 해당 판사는 징역형을 선택했는데, 징역 몇 년을 선고하였을까? 여러분이 판사라면 어느 정도의 형이 적정하다고 판단되는가?

양형요소를 살펴보면, 먼저 학부모 P에게 불리한 요소는 "(1) P는 자신의 혐의에 대해서 부인하고 있으나, 현장 녹음파일이 존재하고, 피해학생들이 수사기관과 법정에 출석하여 욕설과 폭행을 보았다고 진술하였다. ⑵ 오히려 P가 교사 T로부터 폭행을 당했다고 주장하면서 T를 폭행으로 고소하였으나 불기소로 종결되었다. ⑶ T와 피해학생들은 엄벌을 탄원하고 있다."가 있다. P에게 유리한 양형요소로는 T를 위하여 300만원을 형사공탁*을 한 점이 있다.

법원은 "교실은 우리 사회에서 가장 안전성을 보장받아야 하는 장소이고, 피고인의 범행은 죄질이 매우 불량하고, 피해회복도 이루어지지 못하고 있으며, 피해자들은 피고인의 엄벌을 탄원하고 있다. 현장녹음파일 등 명확한 증거가 존재함에도 불구하고, 자신의 혐의를 부인하여 어린 학생들이 법정에까지 불려 와 증언하게 만드는 등 피고인이 진심으로 반성하고 있는지도 의문이다. 비록 300만원을 형사공탁하였으나, 폭력행위의 내용 및 그 피해의 심각성을 고려하면 피고인에 대한 엄벌이 불가피하다."는 이유로 P에게 징역 1년을 선고하고 법정구속하였다. P는 위 판결에 대해서 항소하고, 항소심에서 추가로 700만원을 추가로 공탁(총 1,000만원)하였으나 항소심 법원은 피해자들이 공탁금 수령을 거부하고 있고 여전히 엄벌을 탄원하고 있으므로 원심의 양형을 낮추어야 할 사정이 있다고 보기 어렵다고 하여 P의 항소를 기각하였다.

---

* 피해자가 합의금을 받지 않거나 인적사항을 알 수 없는 경우, 피해자에 대한 피해회복을 양형인자로 삼기 위해 법원에 합의금액 상당을 맡기는 형사상 특례 제도이다.

8

성적 언동 등으로 성적 굴욕감 또는 혐오감을 느끼게 하는 행위
〔성희롱〕

성적인 말과 행동에 해당하는 성적 언동을 하여 교육활동 중인 교원에 대하여 성적 굴욕감 또는 혐오감을 느끼게 하는 경우, 성희롱에 따른 교육활동 침해가 성립한다. 성희롱의 종류로는 언어적, 시각적 유형 등이 있는데, 언어적 유형으로는 음란한 내용의 농담, 신체 특징을 성적으로 비유하는 말 등을 하는 경우가 있고, 시각적 유형은 성적 수치심을 일으키는 그림이나 사진을 보여주는 경우 등이 있다. 교사의 의사에 반하는 신체적 접촉은 단순히 성희롱으로 치부할 것이 아니라 기습추행의 한 범주로 성폭력범죄의 강제추행으로 의율되어야 할 것이다.

성희롱의 성립요건으로 성적 동기나 의도가 있어야 하는가?

사례

학생 S는 교육활동 중인 교사 T에게 성적인 농담을 하여 T로 하여금 성적 굴욕감 또는 혐오감을 느끼게 하였다. 이에 T는 S를 성희롱으로 인한 교육활동 침해로 신고하였다.

지역교권보호위원회에 출석한 S는 "당시 성적인 동기나 의도가 없었기 때문에 성희롱은 성립할 수 없다."라고 주장하였다.

* 학생 S의 주장은 타당한가?

O X

정답은 X다.

성적 동기나 의도가 없더라도 성희롱은 성립될 수 있으므로 S의 주장은 타당하지 않다. 성희롱이 성립하기 위해서 행위자에게 반드시 성적 동기나 의도가 있어야 하는 것은 아니지만, 당사자의 관계, 행위의 내용 및 정도 등 구체적인 사정을 참작하여 객관적으로 상대방과 같은 처지에 있는 일반적이고도 평균적인 사람으로 하여금 성적 굴욕감이나 혐오감을 느낄 수 있게 하는 행위가 있고, 그로 인하여 주관적으로 행위의 상대방이 성적 굴욕감이나 혐오감을 느꼈음이 인정된다면 성희롱이 성립할 수 있다(대법원 2007. 6. 14. 선고 2005두6461판결).

9

정당한 교육활동
반복적 부당한 간섭

　해당 유형은 「형법」 등 다른 법률에 규정되어 있지 않은 행위라고 하더라도 교원에게 반복적으로 부당한 간섭을 가하여 교원의 교육활동을 위축시키는 경우를 규율한다. 다만, 성립 조건이 '반복적'이라고 규정되어 있으므로 단 1회로는 성립되지 않으며 최소 2~3회 이상 반복적으로 이루어져야 해당 유형에 따른 교육활동 침해가 성립한다.

　또한 '부당하게' 간섭할 것을 요하기 때문에 교육 당사자가 정당하게 교육활동에 참여하여 의견을 제시·제안하는 것인지, 정당한 권리행사의 일환으로서의 의견제시라고 보기 어려운, 부당한 간섭인지 판단할 필요가 있으나, 학교현장에서 이를 판단하기는 쉽지 않다. 따라서 이런 경우에는 교육활동보호센터 소속 전문가나 법률가의 도움을 받는 것이 좋다.

반복적 부당한 간섭의 예시

- 보호자가 교사에게 정당한 사유 없이 시도 때도 없이 문자나 전화를 걸어 교사의 수업을 간섭하는 경우
- 교사의 학교생활기록부 작성, 생활지도, 수업 방식 및 평가방법 등에 있어서 반복적으로 부당하게 간섭하는 경우
- 정당한 이유 없이 담임교체를 여러 번 반복적으로 요구하는 경우
- 담임교사의 수업을 믿지 못하겠으니, 교장에게 수업모니터링을 해 달라고 반복적으로 요구하는 경우

'레드카드' 사건

사건 개요

보호자 M, 초등학교 2학년 학생 S, 담임교사 T

- 담임교사 T는 수업 중 학생 S가 생수 페트병을 가지고 놀아 주의를 주었음에도 S가 같은 행동을 반복하자, 생수 페트병을 뺏은 후 S의 이름표를 칠판의 레드카드 부분에 붙였다.

- T는 레드카드를 받은 S를 방과 후에 남겨 교실 청소를 시켜 빗자루로 교실 바닥을 약 14분간 쓸게 하였다.

- 이에 보호자 M은 벌점제와 벌청소를 시키는 교육방법에 문제가 있다고 하며 반복적으로 등교를 거부하고, 교장·교감에게 담임교체를 수차례 요구 및 관계기관에 계속적으로 민원 제기, 경찰에 아동학대로까지 신고하기도 하였다.

- M은 T의 수업을 믿지 못하겠으니, 교장에게 수업 모니터링을 해 달라고 요구하였다.

- 이에 T는 심각한 정신적 충격으로 약 2개월 동안의 병가를 냈으나 M은 계속해서 담임교체를 요구하였다.

* 해당 사건이 교육활동 침해에 해당하는가?

O X

교육활동 침해 사건 결과

정답은 O다. 정당한 교육활동을 반복적으로 부당하게 간섭한 것에 해당하므로 대법원은 교육활동 침해를 인정하였다.

심급별로 판단을 달리하였는데, 1심은 교육활동 침해가 맞다고 하였으나, 항소심인 고등법원에서는 해당 교사의 교육방식이 정당한 교육활동에 해당되지 않기 때문에 교육활동 침해가 아니라고 하여 1심 판결을 뒤집어 버렸다. 그러나 대법원에서는 "교사가 학생에 대한 교육

과정에서 한 판단과 교육활동은 존중되어야 하고, 보호자는 자녀의 교육에 대해서 의견을 제시할 수는 있으나, 그 의견제시도 교원의 전문성과 교권을 존중하는 방식으로 이루어져야 하며, 정당한 교육활동을 반복적으로 부당하게 간섭하는 행위는 허용되지 아니한다."라고 하여 파기환송*하였다. 이후 파기환송심을 거쳐 2024. 10. 31. 재상고심이 심리불속행 기각되면서 해당 판결은 확정되었다.

[대법원 2023. 9. 14. 선고 2023두37858 판결]

학기 중에 담임에서 배제되는 것은 해당 교사의 명예를 크게 실추시키고 인사상으로도 불이익한 처분이고, 설령 해당 담임교사의 교육방법에 문제가 있다 하더라도 교육방법의 변경 등으로 문제가 해결될 수 있다면 먼저 그 방안을 시도하는 것이 바람직하다. 학부모가 정당한 사유 및 절차에 따르지 아니한 채 반복적으로 담임교체를 요구하는 것은, 위와 같은 해결 방안이 불가능하거나 이를 시도하였음에도 문제가 해결되지 않고, 그러한 문제로 인해 담임교사로서 온전한 직무수행을 기대할 수 없는 비상적인 상황에 한하여 보충적으로만 허용된다고 보는 것이 타당하다.

보호자 M이 면담 후 교장에게 보낸 문자에서 약속 이행을 요구한 모니터링 방식, 즉 휴식시간 10분을 제외하고 학생 S의 등교부터 하교까지 모니터링하는 것은 교사 T의 담임교사로서의 자율성을 심각하게 침해하는 방식이다. M은 상당한 기간 동안 반복하여 담임교체만을 요구하였고, 그 과정에서 T의 개선 노력 제안을 거부하며 부적절한 말과 행동을 하였다. 보호자는 자녀의 교육에 관하여 학교에 의견을 제시할 수 있고, 학교는 그 의견을 존중하여야 한다(「교육기본법」 제13조). 이처럼 부모 등 보호자는 보호하는 자녀의 교육에 관하여 의견을 제시할 수 있으나, 이러한 의견 제시도 앞서 본 것과 같이 교원의 전문성과 교권을 존중하는 방식으로 이루어져야 하며, 교원의 정당한 교육활동에 대하여 반복적으로 부당하게 간섭하는 행위는 허용되지 않는다.

---

* 상급심 법원이 원심판결을 파기하고 원심법원에 사건을 돌려보내 다시 심판하도록 하는 것을 '파기환송'이라고 한다.

아동학대 신고 사건 결과

대법원에서는 보호자 M의 행위가 교육활동 침해에 해당한다고 판시하였다. 그렇다면 M이 교사 T를 아동학대로 고소한 사건은 어떻게 되었을까?

관할 검찰청 검사는 아동학대 혐의에 대해서 T에게 '기소유예' 처분을 하였다. 기소유예 처분이란 혐의는 인정되나 여러 가지 정상을 참작하여 「형사소송법」 제247조 기소편의주의에 따라 기소를 하지 않는 것으로, 불기소 처분 중 하나이다. 다만, 혐의없음 결정과는 달리 혐의 인정을 전제로 한 것이기 때문에 해당 교사 입장에서는 혐의없음보다는 불리한 처분이고, 검사의 기소유예 처분이 있다면 형사벌과 별개로 교육청에서 징계처분을 받을 가능성이 농후하다. 그러므로 검사의 기소유예 처분에 대해서 피의자가 불복할 수 있어야 할 것이다. 즉, 자신은 아무런 죄가 없으므로 혐의없음 처분을 받는 것이 마땅함에도, 검사가 혐의를 인정하여 기소유예 처분을 한 것이기 때문에 이의를 제기할 수 있다. 그렇다면 불복방법은 무엇일까?

바로 헌법재판소에 헌법소원심판청구를 하는 것이다. 기소유예 처분을 통지받은 날로부터 90일 이내, 기소유예 처분이 이루어진 날로부터 1년 이내에 「헌법재판소법」 제68조 제1항에 따른 헌법소원심판을 청구하면 헌법재판소에서 기소유예 처분의 기본권(평등권 및 행복추구권)침해 여부를 판단하여 인용(청구가 이유 있어 검사의 기소유예 처분 취소), 기각(청구가 이유 없을 경우) 또는 각하(청구요건 자체를 갖추지 못한 경우)

결정을 하게 된다.

해당 교사 T도 위 검사의 기소유예 처분에 대해서 헌법재판소에 헌법소원심판청구를 하였는데, 어떤 결과가 나왔을까?

헌법재판소는 "학생들 일반에 대하여 교육적 목적으로 이루어지는 정상적인 훈육의 일환으로 레드카드를 주었다고 볼 여지가 있음에도 결정에 영향을 미친 중대한 수사미진의 잘못이 있어 청구인의 평등권과 행복추구권을 침해하였으므로 검사의 기소유예 처분을 취소한다."고 판단하였다(헌법재판소 2023. 10. 26. 선고 2022헌마1119 결정).

교사 T는 검사의 기소유예 처분을 받고, 교육청으로부터 견책처분을 받았으나, 검사의 기소유예 처분에 대해서 헌법소원심판청구를 하여 인용 결정을 받아 검사의 기소유예 처분이 취소되었고, 이후 교육청은 견책처분을 직권으로 취소하였다.

국공립 교원 담임교체 현황

(단위: 명)

구분		학부모 요구로 인한 담임교체	교사의 요구로 인한 담임교체	합계
2020년	초	15	18	33
	중	2	14	16
	고	0	22	22
	합계	17	54	71
2021년	초	37	39	76
	중	9	27	36
	고	6	24	30
	합계	52	90	142
2022년	초	72	64	136
	중	9	29	38
	고	7	25	32
	합계	88	118	206
2023년	초	65	60	125
	중	5	31	36
	고	9	33	42
	합계	79	124	203
2024년 (상반기)	초	26	24	50
	중	2	16	18
	고	5	15	20
	합계	33	55	88

(자료 출처: 교육부)

전국적으로 담임교체 요구는 지속해서 이어져 오고 있다. 담임교사의 지도 비중이 비교적 큰 초등학교가 가장 높은 비율을 차지하고 있고, 중학교나 고등학교도 적지 않은 수를 기록하고 있다.

'반복성'이 문제가 된 사안: 고등학교 보건실 사건

인천에 있는 한 고등학교에서 실제 발생한 사안이다.

사건 개요

- 고등학교 2학년 학생 S는 2023. 11. 1. 점심시간 중 보건실을 방문하여 보건교사와 상담 중인 다른 학생에게 "잠시 나가달라."고 요청하였으나, 당시 보건교사에게 아무런 양해도 구하지 않았다. 또한 S는 보건교사에게 치약, 칫솔 등 물품을 여러 차례 요구하였다.

- 이에 보건교사는 S를 교육활동 침해로 신고하였다.

- 교권보호위원회는 S의 행위에 대하여 "교사 동의도 받지 않고 상담 중인 학생을 보건실 밖으로 내보내는 등 교육활동을 부당하게 간섭했다."라고 하여 교육활동 침해를 인정하였다.

- S는 교권보호위원회의 심의 결과에 불복하여 행정소송을 제기하였다.

＊ 법원은 어떻게 판단하였을까? 교육활동 침해를 인정하였을까?

O X

법원의 판단

정답은 X다.

법원은 학생 S가 보건실에서 교사에게 한 행동은 정당한 교육활동을 간섭한 것으로 볼 수 있지만, 아래와 같이 (1)의 경우에만 부당한 간섭이 인정되었기 때문에 반복성이 없어 교육활동 침해로 보기는 어렵다고 판단하였다.

(1) 보건교사의 상담업무를 중단시킨 행위: 부당한 간섭에 해당함.
(2) 치약 등 물품을 요구한 행위: 부당한 간섭이라고 보기 어려움.

결국 해당 유형에 따른 교육활동 침해는 부당한 간섭행위가 반복적으로 이루어질 경우에 한하여 성립함을 전제로 한 후, 반복성 요건을 갖추지 못했기 때문에 교육활동 침해를 인정한 교권보호위원회 심의 결과 처분을 취소하였다.

위와 같이 '반복성'이라는 요건 때문에, 한 번의 부당한 간섭에 대해서는 교육활동 침해를 인정하기 어려운 상황이 발생하게 된다. 이로 인해 피해교원에 대해 보호조치가 이루어지지 못하게 된다. 따라서 일회적 · 일시적이라도 정상적인 교육활동에 현저한 지장을 끼치는 간섭 · 제한이라면 교육활동 침해로 인정될 수 있도록 관련 규정의 개정이 필요하다.

10

교원의 정당한 생활지도 불응, 의도적인 교육활동 방해

2022. 8.경 충남 홍성군의 한 중학교에서 발생한 사건(담임교사가 수업 중임에도 교단에 드러누워 휴대전화를 충전하면서 사용한 행위)을 계기로 「교육활동 침해 고시」가 2023. 3. 23.자로 개정되면서 새롭게 추가된 유형이다.

단순히 수업을 듣지 않음에 불과한 것이 아니라 교원의 정당한 생활지도가 있었음에도 이를 불응하고, 교육활동을 의도적으로 방해하는 경우에 성립하는 유형이다. 2023년 신설된 이래로 모욕·명예훼손 다음으로 높은 비율을 차지하고 있다.

그 예시로는 ① 교사가 중단하라고 지도하였음에도, 의도적으로 교실을 돌아다니며 수업을 방해하는 경우, ② 휴대전화 사용에 대해서

지도하였음에도, 이를 무시하고 의도적으로 휴대전화로 음악을 틀어 수업 진행을 방해하는 경우 등이 있다.

11

교육활동 중인 교원을
무단 촬영·녹화 후 무단 배포

　해당 유형은 코로나19 팬데믹 상황으로 원격수업이 활성화되면서
화상수업 영상을 녹화하여 이를 다른 곳에 무단으로 배포하는 경우가
발생하자, 2021. 10. 1.자로 「교육활동 침해 고시」가 개정되면서 신설
된 것이다.

　그 예시로는 ① 학생이 원격수업 중인 교사의 모습을 촬영하여 이를
단체채팅방에 유포한 경우, ② 학생이 수업 중인 교사의 음성을 녹음
하여 이를 무단으로 SNS에 게시한 경우 등이 있다.

12

「형법」 무고 범죄

12. ～ 15. 의 유형은 교권보호 5법이 개정되면서 2024. 3. 28.자로 신설된 것이다.

「형법」 제156조에서 규정하고 있는 무고는 타인으로 하여금 형사처분 또는 징계처분 받게 할 목적으로 공무소 또는 공무원에 대하여 허위의 사실을 신고하는 자를 처벌하는 범죄이다. 그동안 무고죄가 별도로 교육활동 침해 유형으로 열거되어 있지 않아 교사에 대해서 무고성 허위 신고를 했을 때도 교육활동 침해행위로 인정되는 것이 어려웠던 점을 반영하여 새로운 유형으로 추가한 것이다. 무고죄에서 '허위의 사실'은 "객관적 진실에 반하는 사실"을 말한다.

교육활동 침해행위로서 무고의 예시로는 아동학대 등 범죄사실이

없었다는 점을 인식했음에도 교사를 형사처벌, 징계처분 받게 할 목적
으로 허위의 사실을 신고하는 경우 등이 있다.

무고죄에 관한 오해 6가지
—

무고죄에 관하여 자주 오해하는 법리 6가지를 대법원 판례를 통해서
알아보자.

* 1. 보호자 P는 교사 T를 고소하였으나, 혐의없음[증거불충분]으로
불기소 처분을 받았다. 불기소 처분을 받았다는 사실
그 자체만으로 P에게 바로 무고죄가 성립하는가?

O X

정답은 X다.

단지 불기소 처분(혐의없음) 또는 무죄판결 받은 것(소극적 증명)만으
로는 신고된 내용이 허위사실이라고 단정하여 무고죄 성립을 인정할
수는 없고, 무고에 관한 별도의 적극적인 증명이 있어야 한다(대법원
2019. 7. 11. 선고 2018도2614 판결).

참고로 경찰이나 검사가 고소 · 고발 사건에서 혐의없음 결정을 하
는 경우에는 고소인 · 고발인의 무고혐의 유무에 관하여 판단하여야

한다. 만약 고소인의 무고혐의가 인정된다고 판단되면, 직권으로 인지하여 고소인을 무고죄로 기소할 수 있다(「경찰수사규칙」 제111조, 「검찰사건사무규칙」 제117조).

* 2. 보호자 P는 교사 T를 수사기관에 형사 고소하였는데,
  일부 객관적 진실에 반하는 내용이 포함되어 있었으나,
  범죄의 성립에 영향을 미치는 중요한 부분이 아니고 단지
  신고사실의 정황을 과장하는 데 불과하다면 무고죄가 성립하는가?

정답은 X다.

신고 내용에 일부 객관적 진실에 반하는 내용이 있다고 하더라도 그것이 범죄의 성부에 영향을 미치는 중요한 부분이 아니고 단지 신고사실의 정황을 과장하는 데에 불과하다면 무고죄는 성립하지 않는다(대법원 1996. 5. 31. 선고 96도771 판결).

* 3. A는 객관적 사실관계를 그대로 신고하였으나,
  주관적 법률평가를 잘못하여 신고한 경우, A에게 무고죄가 성립하는가*?

---

* 그 예로 정당한 권리행사라고 볼 수 있음에도 이를 협박으로 법률적 평가하여 신고한 경우.

정답은 X다.

A는 '법률적 평가'를 잘못한 것이지, '허위사실'을 신고한 것이 아니기 때문이다. 즉, 객관적 사실관계를 그대로 신고한 이상 그러한 사실관계를 토대로 한 나름대로의 주관적 법률평가를 잘못하고 신고하였다고 하여 그것이 허위의 사실을 신고한 것이라고 할 수 없다(대법원 2015. 10. 15. 선고 2014도13516 판결).

* 4. 고소 당시 이미 객관적인 자료에 의하여 신고 사실이
  허위일 가능성이 있다고 인식하였음에도 그 인식을 무시한 채
  신고한 경우, 무고죄가 성립할 수 있는가?

정답은 O다.

무고죄의 범의는 '미필적 고의'로도 충분하기 때문이다. 허위일 가능성을 인식했음에도 자신의 주장이 무조건 옳다고 생각하여 허위 가능성을 무시한 채 신고하였다면, 무고죄가 성립할 수 있다. 즉, 신고자가 허위라고 확신한 사실을 신고한 경우뿐만 아니라 진실하다는 확신이 없는 사실을 신고한 때에도 그 범의를 인정할 수 있다는 것이 대법원 입장이다(대법원 2022. 6. 30. 선고 2022도3413 판결).

* 5. 경찰의 수사로 고소인 A의 고소내용이 허위라는 점이 확인되었다.
  그러나 고소할 당시 A에게는 그 내용이 허위라는 점에 대해서
  인식이 없었다. 이 경우, 무고죄가 성립하는가?

O X

정답은 X다.

무고죄는 타인으로 하여금 형사처분이나 징계처분을 받게 할 목적
으로 신고한 사실이 객관적 진실에 반하는 허위사실인 경우에 성립되
는 범죄인데 여기에서 허위사실의 신고라 함은 신고사실이 객관적 사
실에 반한다는 것을 확정적이거나 미필적으로 인식하고 신고하는 것
을 말하는 것이다. 따라서 설령, 고소사실이 객관적 사실에 반하는 허
위의 것이라 할지라도 고소 당시 고소인 A에게 허위성에 대한 인식이
없을 때에는 무고에 대한 고의가 없다고 보아야 한다(대법원 1995. 12.
5. 선고 95도231 판결).

* 6. 경찰서 등 수사기관에 직접 고소한 것이 아니라 국민신문고에
  허위 민원을 제기한 경우에도 무고죄가 성립할 수 있는가?

O X

정답은 O다.

무고죄에서의 신고는 수사기관(경찰, 검찰)에 대한 신고, 고소만을 의미하는 것이 아니기 때문에 국민신문고로 민원을 제기한 것도 무고죄에서 말하는 신고가 될 수 있다. 국민신문고 홈페이지에 허위 내용으로 제기한 민원에 대해서 무고를 인정한 판결이 있다(대법원 2022. 6. 30. 선고 2022도3413 판결).

13

그 밖에 다른 법률에서
형사처벌 대상으로 규정한 범죄
[일반 형사범죄]

　침해행위 유형으로 직접적으로 열거되어 있지는 않으나, 기타 형사 범죄에 해당하는 행위를 하였다면, 침해행위로 의율할 수 있도록 한 규정이다. 침해행위를 하였음에도 일일이 나열되어 있지 않다는 이유로 침해행위로 적용할 수 없는 법적 공백을 막기 위한 유형인 것이다. 해당 규정은 침해의 수법이 갈수록 다양화·지능화되어 법이 교육현장을 따라가지 못하게 되는 사태를 사전에 예방하여 교원의 교육활동 보호에 도움을 줄 것이다.

　예시로는 스토킹범죄, 제3자의 불법 비밀녹음(「통신비밀보호법」위반), 방실침입, 퇴거불응, 공갈, 강요죄 등에 의한 교육활동 침해가 있다.

・「스토킹처벌법」상 스토킹범죄: 교원의 의사에 반하여 정당한 이

유 없이 지속적으로 연락을 하거나 따라다니는 행위를 반복적으로 하는 경우 등을 말한다.

- 제3자의 불법 비밀녹음(「통신비밀보호법」위반): 대화 당사자 아닌 자가 공개되지 않은 타인 간의 대화를 녹음한 경우 성립될 수 있는데 자세한 내용은 후술하는 대법원 판례를 통해 살펴본다.
- 방실침입(「형법」 제319조 제1항): 수업 중인 교실에 점유자의 의사에 반하여 침입한 경우 성립할 수 있다.
- 퇴거불응(제319조 제2항): 학교관리자 등으로부터 정당한 퇴거를 요구받았음에도 이를 거부하는 경우 성립할 수 있다.
- 공갈(제350조): 학부모가 교사를 협박하여 재산상 이득을 취득한 경우 성립할 수 있다.
- 강요(제324조): 학부모가 폭행 또는 협박으로 교사의 권리행사를 방해하거나 의무 없는 일을 하게 한 경우 성립할 수 있다.

학부모의 불법 비밀녹음

사안 개요

서울 광진구에 있는 한 초등학교에서 발생한 사건이다. 2018년 3월, 초등학교 3학년 학생의 학부모는 담임교사의 아동학대가 의심되어 학생 가방에 몰래 녹음기를 넣어 수업 내용을 녹음하였다. 녹음파일을 확인해 보니 담임교사의 폭언이 담겨 있었고, 이에 학부모는 담임교사를 아동학대로 경찰에 신고하면서 녹음파일을 증거로 제출하였다.

O X

법원의 판단

정답은 X다.

1심, 2심(항소심)은 녹음파일의 증거능력을 인정하고, 아동학대 혐의 유죄를 인정하며 각각 징역 6월 + 집행유예 2년, 벌금 500만원을 선고하였으나, 대법원은 대화 당사자가 아닌 제3자의 지위에 있는 학부모가 몰래 녹음한 수업 내용은 '공개되지 않은 타인 간의 대화'를 녹음한 것으로서 「통신비밀보호법」위반에 해당하여 위법수집증거이므로 유죄의 증거로 사용할 수 없다고 판시하면서 사건을 서울동부지방법원 형사합의부로 돌려보냈다(대법원 2024. 1. 11. 선고 2020도1538 판결).

위 형사사건은 대법원에서 파기환송되어 서울동부지방법원 항소부에서 2025. 2. 12. 무죄판결이 선고되었고(이유: 녹음파일 및 이에 따른 2차 증거는 위법수집증거로 증거능력이 없고, 그 밖에 다른 증거만으로는 아동학대를 인정하기에 부족하다), 이에 검사가 상고하여 현재 재상고심이 진행 중인데, 최종 결론이 어떻게 나올지 함께 지켜보도록 하자.

한편 형사사건으로 기소가 되면 교원이라는 신분으로서 징계처분도 피하기 어렵다. 위 아동학대 사안으로 해당 교사에 대하여 정직 3월의 징계처분이 이루어졌고, 현재 정직처분 취소소송이 진행 중이다.

[대법원 2024. 1. 11. 선고 2020도1538 판결]

피해아동의 부모가 몰래 녹음한 피고인의 수업시간 중 발언은 '공개되지 않은 대화'에 해당하고, 피해아동의 부모가 몰래 녹음한 피고인의 수업시간 중 발언은 '타인 간의 대화'에 해당한다. 초등학교 교실은 출입이 통제되는 공간이고, 수업시간 중 불특정 다수가 드나들 수 있는 장소가 아니며, 피해아동의 부모는 피고인의 수업시간 중 발언의 상대방, 즉 대화에 원래부터 참여한 당사자에 해당하지 않기 때문이다. 부모는 피해아동과 별개의 인격체인 이상 대화에 참여하지 않은 제3자라고 평가할 수밖에 없다.

이 사건 녹음파일 등은 「통신비밀보호법」 제14조 제1항을 위반하여 공개되지 아니한 타인 간의 대화를 녹음한 것이므로 「통신비밀보호법」 제14조 제2항 및 제4조에 따라 증거능력이 부정된다고 보아야 한다. 사생활 및 통신의 불가침을 국민의 기본권의 하나로 선언하고 있는 헌법규정과 통신 및 대화의 비밀 보호, 통신 및 대화의 자유 신장을 목적으로 제정된 「통신비밀보호법」의 취지에 비추어 보면, 원심이 들고 있는 사정들을 이유로 이 사건 녹음파일 등의 증거능력을 인정할 수는 없다.

「통신비밀보호법」
제3조[통신 및 대화비밀의 보호] ① 누구든지 이 법과 「형사소송법」 또는 「군사법원법」의 규정에 의하지 아니하고는 우편물의 검열·전기통신의 감청 또는 통신사실확인자료의 제공을 하거나 공개되지 아니한 타인간의 대화를 녹음 또는 청취하지 못한다.

제4조[불법검열에 의한 우편물의 내용과 불법감청에 의한 전기통신내용의 증거사용 금지] 제3조의 규정에 위반하여, 불법검열에 의하여 취득한 우편물이나 그 내용 및 불법감청에 의하여 지득 또는 채록된 전기통신의 내용은 재판 또는 징계절차에서 증거로 사용할 수 없다.

제14조[타인의 대화비밀 침해금지] ① 누구든지 공개되지 아니한 타인간의 대화를 녹음하거나 전자장치 또는 기계적 수단을 이용하여 청취할 수 없다.
② 제4조 내지 제8조, 제9조 제1항 전단 및 제3항, 제9조의2, 제11조 제1항·제3항·제4항 및 제12조 규정은 제1항의 규정에 의한 녹음 또는 청취에 관하여 이를 적용한다.

제16조(벌칙) ① 다음 각 호의 어느 하나에 해당하는 자는 1년 이상 10년 이하의 징역과 5년 이하의 자격정지에 처한다.
1. 제3조의 규정에 위반하여 우편물의 검열 또는 전기통신의 감청을 하거나 공개되지 아니한 타인간의 대화를 녹음 또는 청취한 자

「형사소송법」
제308조의2(위법수집증거의 배제) 적법한 절차에 따르지 아니하고 수집한 증거는 증거로 할 수 없다.

「통신비밀보호법」 조항을 살펴보면, 제3조 및 제14조는 공개되지 아니한 타인 간 대화의 녹음을 금지하고 있고, 제4조에서는 이러한 불법 녹음 내용은 재판 또는 징계절차에서 증거로 쓸 수 없도록 하였으며, 제16조에 따라 이를 위반한 자는 1년 이상 10년 이하의 징역에 처할 수 있도록 규정하고 있다. 형사처벌 규정이 뭔가 허전하지 않은가?

자세히 보면 벌금형 규정이 없는 것을 알 수 있다. 해당 범죄는 최소 징역 1년 이상에 처하도록 되어 있어 중범죄라고 볼 수 있다. 벌금형이 별도로 규정되어 있지 않기 때문에 판사가 벌금형을 주고 싶어도 선고할 수 없다. 물론 판사의 재량에 따라 작량감경을 하면 징역 6월을 선고할 수 있고, 3년 이하의 징역에 대해서는 집행유예도 가능하다. 또한 벌금형이 없는 것을 고려하여, 피고인이 초범이고, 아주 경미한 「통신비밀보호법」위반의 경우에도 징역형을 선고하는 것은 가혹하

다는 판단하에 선고유예*도 종종 나오는 편이다.

「통신비밀보호법」 관련 판례를 보면, 대화 당사자 간 녹음은 「통신비밀보호법」위반이 아니고, 3인 간의 대화에 있어서 그중 한 사람이 대화를 녹음한 경우에도 이를 '타인 간의 대화'라고 할 수 없으므로 「통신비밀보호법」위반에 해당하지 않는다. 또한 「통신비밀보호법」에서 말하는 '대화'에는 당사자가 이야기를 주고받는 것뿐만 아니라 당사자 중한 명이 일방적으로 말하고 상대방은 듣기만 하는 경우도 포함하므로 녹음자가 아무 말도 하지 않더라도 대화 당사자임이 분명한 이상 「통신비밀보호법」위반이 아니다(대법원 2006. 10. 12. 선고 2006도4981 판결, 대법원 2015. 1. 22. 선고 2014도10978 전원합의체 판결).

최근 들어 이른바 '자녀안심추적앱' 사용이 급격하게 늘고 있다. 해당 앱에는 보호자의 원격조작으로 학생의 주변 소리를 실시간으로 청취할 수 있는 기능이 있다. 이 '주변 소리 듣기' 기능은 「통신비밀보호법」위반에 해당될 소지가 매우 높다. 「통신비밀보호법」 제3조 및 제14조에서 공개되지 아니한 타인 간의 대화를 녹음하는 것뿐만 아니라 청취 역시 금지하고 있기 때문이다. 이처럼 위법소지가 있고, 교원의 교육활동을 위축하는 해당 기능에 대해서 일부 규제할 필요가 있다.

---

* 유죄는 인정되지만 「형법」 제59조에 따라 형의 선고를 유예하는 것을 의미하며, 2년 동안 조건을 준수할 시에, 형 자체를 면소해 주는 판결을 말한다.

교육활동 침해행위 발생 시 증거확보 목적으로 동영상 촬영이나 녹음이 가능한가?

———

　교육활동 침해 상황의 발생 시 긴급성과 필요성이 인정된다면, 추후 증빙자료로 활용하는 데 필요 최소한의 범위 내에서 동영상 촬영이나 녹음을 할 수 있다. 달성하려는 공익과 제한되는 사익을 비교형량하여 전자가 더 큰 경우에는 정당행위로서 위법성이 조각된다고 보는 것이 대법원의 판단이다(대법원 2021. 4. 29. 선고 2020다227455 판결).

　또한 수업시간에 아동이 소란을 피우는 등의 행동을 하는 상황에서 "너의 이러한 행동을 부모님에게 알리겠다."고 말하며 휴대전화로 그 아동을 동영상 촬영하려고 한 행위는, 아동의 부적절한 행동을 중단시키기 위한 수단이 됨과 동시에 추후 아동의 학부모와의 효과적인 상담 등을 준비하기 위한 수단이 되는 것으로서, 비록 당시의 상황에서 교사가 택할 수 있는 최선의 방법은 아니었다고 하더라도 그것이 교육 목적상 허용될 수 있는 한계를 벗어난 행위라거나 그 자체로 현저히 부당한 행위라고 보기는 어렵다고 판시한 사례가 있다(부산고등법원 2021. 7. 15. 선고 2020노570 판결)[*].

———

*　해당 사건은 대법원 2021. 10. 14. 선고 2021도10396 판결에 따라 상고기각으로 확정되었다.

판결 선고기간

해당 학부모 비밀녹음 사건은 2018년 3월에 발생하여, 그해 8월에 기소가 된 사건인데, 대법원 판결은 2024년 1월에 선고되었다. 1심에서 3심까지 거의 5년 5개월 정도가 소요되었고, 파기환송심을 거쳐 현재 재상고심이 진행 중이어서 완전히 종결된 것도 아니다. 정확히 어떤 이유로 이렇게 늦게 판결이 선고된 것인지 알기는 어려우나, 이러한 재판 지연 때문에 해당 교사는 상당 기간 동안 극심한 고통을 겪었을 것으로 보인다.

사실 법원의 판결 선고기간에 관해서는 아래와 같이 명문의 규정이 존재하나, 대법원과 헌법재판소는 "선고기간 규정은 훈시규정*에 불과하다."고 판시하고 있다. 법정 기간을 여러 가지 이유(접수 사건 수 과다, 법관 수 부족, 사건기록이 방대·복잡·고난도, 실체적 진실 발견을 위한 증거조사, 여러 명의 증인신문 등이 필요한 경우, 감정에 따른 시간 소요, 당사자의 재판 지연 전술 등)로 현실적으로 준수하기가 매우 어려운 것은 사실이다. 그러나 「헌법」 제27조 제3항에서 "모든 국민은 신속한 재판을 받을 권리를 가진다."라고 하여 신속한 재판을 받을 권리가 교원뿐만 아니라 모든 국민에게 존재하는 이상 이러한 헌법상 권리는 최대한 보장받아야 하므로 어떤 방식으로든 재판 지연 문제가 해결되기를 간절히 희망한다.

---

* 해당 기간규정을 위반한다고 하더라도 선고가 위법해지거나 무효가 되는 것은 아니다.

재판종류별 판결 선고기간 규정

형사소송 판결 선고기간(「소송촉진 등에 관한 특례법」 제21조)
1심: 공소제기일로부터 6개월

항소심, 상고심: 기록 송부일로부터 4개월

민사소송, 행정소송 판결 선고기간(「민사소송법」 제199조, 「행정소송법」 제8조 제2항)
1심: 소 제기일로부터 5개월

항소심, 상고심: 기록 송부일로부터 5개월

헌법재판(「헌법재판소법」 제38조)
심판사건 접수한 날로부터 180일

개별 법률에 별도로 규정되어 있는 경우

학교폭력 가해학생 측이 제기한 행정소송(「학교폭력예방법」 제17조의5)
1심: 소 제기일로부터 90일

항소심, 상고심: 전심 판결 선고일부터 60일

선거범 재판기간(「공직선거법」 제270조)
1심: 공소 제기일로부터 6개월

항소심, 상고심: 전심 판결 선고일로부터 3개월

판결 선고기간 효력에 관한 대법원 및 헌법재판소의 입장: 훈시규정

[대법원 2008. 2. 1. 선고 2007다9009 판결]

「민사소송법」 제199조는 훈시규정이므로 법원이 종국판결 선고기간 5월을 도과하였다 하더라도 이를 이유로 무효를 주장할 수는 없다.

[헌법재판소 1999. 9. 16. 선고 98헌마75 결정]

판결 선고기간을 직무상의 훈시규정으로 해석함이 법학계의 지배적 견해이고, 법원도 이에 따르고 있으므로, 위 기간 이후에 이루어진 판결의 선고가 위법으로 되는 것은 아니다. 따라서 법원은 「민사소송법」 제199조에서 정하는 기간 내에 판결을 선고하도록 노력해야 하겠지만, 이 기간 내에 반드시 판결을 선고해야 할 법률상의 의무가 발생한다고는 볼 수 없다.

[헌법재판소 2009. 7. 30. 선고 2007헌마732 결정]

심판사건의 다양성, 비정형성, 복잡성 및 난이성 등을 고려할 때 모든 사건을 일률적으로 180일 이내에 심판한다는 것은 무리이고 심판기간을 경과한 심판의 효력이나 심판기간 경과에 대한 제재 등과 같이 그 심판기간을 관철시키기 위한 특별규정이 없다는 점에서 「헌법재판소법」 제38조는 훈시규정이라고 할 것이다.

14

목적이 정당하지 아니한
민원 반복적 제기

학부모로서 정당한 의견제시나 참여를 넘어서는 사적인 목적이나 합리적이지 않은 이유를 들어 민원을 반복적으로 제기하는 경우(악성민원) 성립하는 유형이다.

그 예시로는 ① 학부모가 정당한 이유 없이 담임교체를 반복적으로 요구하는 민원을 제기하는 경우, ② 학부모가 '학교에서 자신의 아이에게만 차별대우를 하고, 표정이 좋지 못하다'는 등으로 반복적으로 악성민원을 제기하는 경우 등이 있다.

만약 반복적 악성민원을 넘어서 교사를 징계처분, 형사처벌을 받게 할 목적으로 허위사실을 신고한 경우에는 무고죄에도 해당할 수 있다.

15

교원의 법적 의무가 아닌 일
지속적 강요

　교사의 업무가 아닌 일을 지속적으로 강요하거나 교과과정에 포함되어 있지 않은 일을 계속적으로 강요하는 경우 등이 있다.

　만약 그 정도가 과도하여 폭행 또는 협박을 수반할 때에는, 「형법」상 강요죄에도 해당될 여지가 있다.

　그 예시로는 ① 학생생활기록부 기재에 문제가 없음에도 자신의 마음에 들지 않는다는 이유로 특정 문구 기재를 지속적으로 요구하는 경우, ② 영양교사에게 합리적인 범위를 넘어서서 아이가 좋아하는 급식 메뉴를 매일같이 만들어 달라고 지속적으로 요구하는 경우, ③ 학생의 무단 지각, 결석을 정당한 이유 없이 병결로 변경(또는 출석인정 처리)해 달라고 지속적으로 요구하는 경우 등이 있다.

16

그 밖에 학교장이 「교육공무원법」 제43조 제1항에 위반한다고 판단하는 행위

학교에서 발생하는 교육활동 침해행위의 유형이 다양하고 미처 규율하지 못한 침해행위가 있을 수 있다. 비록 사안이 「교원지위법」과 「교육활동 침해 고시」에 열거되어 있는 유형에 해당하지 않는다 하더라도 학교장이 「교육공무원법」 제43조 제1항에 위반된다고 판단한다면 이 역시 교육활동 침해행위가 될 수 있다.

이 유형은 열거되어 있는 법조문으로는 침해행위가 인정되기 어려울 때 보충적으로 적용되는 규정이고, 학교장이 어떻게 판단하느냐에 따라 결론이 첨예하게 달라질 수 있으며, 그 내용 자체가 모호하다는 점 등을 고려하면 예측가능성 문제가 발생할 수 있으므로 필요 최소한의 범위 내에서 엄격하게 적용하여야 할 것이다.

> 「교육공무원법」
> **제43조(교권의 존중과 신분보장)** ① 교권(敎權)은 존중되어야 하며, 교원은 그 전문적 지위나 신분에 영향을 미치는 부당한 간섭을 받지 아니한다.

제3장
교육활동 침해에 대한 조치 및 절차

한눈에 보는 절차 안내도

교육활동 침해 사안처리 5단계

단계	진행주체	대응 요령
1단계	학교	– 교육활동 침해 신고 – 즉시 분리조치(피해교원 의사 확인) – 피해교원 보호조치(특별휴가, 병가, 심리상담, 치료 등)
2단계	학교	– 사안 발생보고 – 의견서, 진술서 등 첨부하여 사안 발생보고서 교육지원청 제출
3단계	교육지원청	– 사안 조사보고서 작성 – 지역교권보호위원회 소집
4단계	교육지원청	– 지역교권보호위원회 개최 – 당사자 진술기회 부여 – 침해학생, 보호자 등에 대한 조치 의결 – 피해교원 추가 보호조치 권고
5단계	교육지원청, 학교	– 지역교권보호위원회 심의결과 통지 + 불복절차 안내 – 침해학생, 보호자 등에 대한 조치 이행 – 피해교원 추가 보호조치

교권보호위원회 진행 절차 요약도

지역교권보호위원회 진행 절차 요약도

| - 지역교권보호위원회 개회
- 안건 상정
- 제척 · 회피 안내
- 사안 조사 보고 | | - 기피 신청 안내
- 피해교원 진술 청취
- 침해학생(보호자 등)
　진술 청취 |

| | - 교육활동 침해행위
　사실 심의 | | - 침해학생(보호자 등)
　조치 심의
- (필요시) 피해교원
　보호조치 권고 심의 |

교육활동 침해행위　　　　　　　　　교육활동 침해행위
해당되지 않으면 종결　　　　　　　　인정되는 경우

교육활동 침해 조치 종류

	피해교원 보호조치	침해학생 조치	침해 보호자 등 조치
조치 종류	1. 심리상담 및 조언 2. 치료 및 치료를 위한 　요양 3. 그 밖에 치유와 　교권 회복에 필요한 　조치	1. 교내봉사 2. 사회봉사 3. 특별교육 · 심리치료 4. 출석정지 5. 학급교체 6. 전학 7. 퇴학	1. 서면사과 및 재발방지 　서약 2. 특별교육 · 심리치료

2

학교교권보호위원회에서 지역교권보호위원회로의 이관

학교폭력의 경우

———

학교폭력에 관해서는 학교 내 '학교폭력대책자치위원회'를 교육지원 청 소속 '학교폭력대책심의위원회'로 2020. 3. 1. 이관하였지만, 교육 활동 침해 사안에 대해서는 여전히 학교교권보호위원회에서 심의가 이루어져 왔다.

교육지원청으로 이관

———

즉, 그동안은 교육활동 침해행위가 발생하더라도 학교 내부의 교권 보호위원회에서 사안을 심의하고 학교장 명의로 조치처분이 부과되었는데, 2024. 3. 28. 시행 개정법률에 따라 교육지원청에 지역교권보호위원회를 설치하여 침해학생(보호자 등) 조치, 분쟁조정 등에 대하여 심의하게 되었다.

이관에 따른 효과

교육지원청 지역교권보호위원회로 이관함으로써 객관성, 공정성, 신뢰성 및 전문성 등을 강화하고, 학교 자체적으로 교육활동 침해행위 사안을 축소·은폐하는 행위를 줄이는 데 어느 정도 도움을 줄 것이며, 학교현장에서의 부담을 경감하고, 교원의 교육활동을 더 두텁게 보호할 수 있을 것으로 보인다.

3

피해교원 보호조치

「교원지위법」제20조에 피해교원 보호조치에 관한 규정이 있다.

피해교원 보호조치 통계

최근 3년간(2020~2022) 피해교원 보호조치 현황

(단위: 건)

| 연도 | 피해교원에 대한 조치 | | | | | | | | | 합계 |
| | 연가 | 특별휴가 | 병가 | | 휴직 | | 전보 | 교사 희망으로 미조치 | 기타* | |
			일반 병가	공무상 병가	일반 휴직	공무상 휴직				
2020	9	272	62	39	1	0	7	–	807	1,197
2021	22	542	134	63	11	2	9	–	1,486	2,269
2022	30	737	187	102	12	2	13	752	1,200	3,035

(자료 출처: 교육부)   * 기타: 학급교체, 관리자 상담, 힐링연수 및 교사희망으로 미조치 등

※ 피해교원 복무현황은 여러 중복된 조치 중 가장 주요한 조치로 통계를 산출함
※ 2022학년도 2학기부터 '교사희망으로 인한 미조치'를 별도로 조사함

통계를 보면, 특별휴가가 가장 많고 그 밖에 병가, 연가도 있으며 교사 희망으로 인한 미조치도 상당히 높은 비율을 보인다.

부여 주체 및 시기

——

피해교원 보호조치는 관할청과 학교장이 부여하는 것이고, 교권보호위원회가 하는 것이 아니라는 점을 유념하여야 한다.

교권보호위원회 의결을 기다릴 필요 없이 교육활동 침해행위를 알게 된 경우 '즉시' 보호조치를 실시하여야 교원 보호라는 취지와 목적을 달성할 수 있다. 교권보호위원회의 심의 · 의결은 그 절차상 시일이 소요될 수밖에 없는데, 이를 기다린다면 치유 · 회복의 시급성과 2차 피해 예방이라는 보호조치의 목적 실현이 어렵고, 실효성을 확보할 수 없기 때문이다.

학교장은 침해행위를 알게 된 즉시 피해교원의 의사를 확인하여 적절한 보호조치를 실시하고, 추후 교권보호위원회의 보호조치 권고 의결이 있으면 이에 따라 추가로 보호조치를 시행하면 된다.

만약 교육활동 침해행위로 교원에게 특별휴가를 부여하였으나, 지역교권보호위원회에서 '교육활동 침해행위 아님'으로 판단한 경우, 이미 부여한 특별휴가는 연가나 병가로 정정하여 처리하면 되기 때문에, 학교장은 교육활동 침해가 아니라고 섣불리 단정하여 교원의 보호조치 요청을 외면할 것이 아니라 교원의 치유와 회복을 위하여 우선적으로 보호조치를 실시하여야 한다.

보호조치 종류

———

피해교원 보호조치 종류는 아래와 같다.
1. 심리상담 및 조언
2. 치료 및 치료를 위한 요양
3. 그 밖에 치유와 교권 회복에 필요한 조치

특별휴가

———

학교장은 피해교원의 회복을 지원하기 위하여 교육활동 침해행위로 피해를 입은 교원에게 5일의 범위 내에서 특별휴가를 부여할 수 있다 (「교원지위법」 제23조, 「교원휴가에 관한 예규」 제8조 제1항).

공무상 병가, 공무상 질병휴직

———

공무상 병가도 연 6일 이내의 단순 안정만을 요하는 경미한 질병의 경우에는 학교장이 판단하여 승인할 수 있으나, 연 6일을 초과하는 공무상 병가나 공무상 질병휴직에 대해서는 공무원연금공단의 공무상 요양 승인이 필요하다(사립학교 교원은 사학연금공단). 공무상 요양 승인의 내용에 따라 학교장이나 관할청은 연 180일의 범위에서 공무상 병가, 3년의 범위 내에서 공무상 질병휴직을 승인할 수 있다.

비정기 전보

교육활동 침해 사안이 발생하면, 가해자인 침해학생이 전학 조치를 받아 타학교로 전학을 가는 것이 바람직하나, 피해교원이 전보를 희망하는 경우도 간혹 있다. 이 경우 피해교원이 요청하는 것을 전제로, 치유와 교권 회복에 필요한 보호조치로서 교육청 인사관리기준 등에 따라 비정기 전보도 가능하다(「교원지위법 시행령」 제2조의3 제2항 제3호, 「교육공무원 인사관리규정」 제21조 제2항 제5호).

한 예로서, 경상북도교육청의 경우 '교육공무원 인사관리지침'에 교육활동 침해 사안에 따른 비정기 전보 규정이 존재할 뿐만 아니라, 「경상북도교육청 교권보호위원회 설치 및 운영 규칙」 제15조 제3항에서 "교육감은 피해교원이 의사의 진단서 등 증명 서류를 갖추어 전보를 요구하는 경우 비정기 전보 또는 정기 인사 시 우선 발령할 수 있다." 라고 하여 피해교원의 요구에 따라 비정기 전보가 가능하다고 규정하고 있다.

보호조치 비용 부담

———

심리상담 비용 또는 병원 치료비 등 보호조치에 필요한 비용은 학생의 보호자가 부담하는 것이 원칙이나, 교원의 신속한 치료를 위해서 필요한 경우에는 관할청이 우선 부담하고, 관할청이 보호자에 대해서 구상권을 행사하게 된다. 다만, 보호자가 기초생활수급자, 장애인이거나 구상금액이 소액이어서 구상권을 행사하는 것이 적합하지 않는 경우에는 구상권의 전부 또는 일부를 행사하지 않을 수 있다(「교원지위법」 제20조 제5항 및 제6항, 「교원지위법 시행령」 제19조).

학생과 학부모를 상대로 하는 손해배상청구 소송

———

손해의 종류(손해 3분설)

보호조치에 필요한 비용은 관할청으로부터 지원을 받을 수 있으나, 교원이 직접 학생 또는 학부모를 상대로 민사상 손해배상청구도 할 수 있다. 손해배상액은 손해 3분설이라고 하여 1. 치료비와 같은 적극적 손해, 2. 일실수입 상당의 소극적 손해*, 3. 정신적 손해로 인한 금액(위자료)으로 나눌 수 있다.

———

* 병원 입원으로 인하여 실제 근무를 하지 못하여 수입을 얻지 못한 경우. 정상적으로 근무하였더라면 받을 수 있었던 금액 등을 의미한다.

아래 사례에서는 교육활동 침해행위로 인한 침해학생 조치, 형사처벌(소년 보호처분)을 제외하고 민사적 책임만을 살펴보도록 한다.

(1) 초등학교 6학년 학생으로부터 폭행을 당한 경우

만약 초등학교 6학년 학생 S가 교육활동 중인 교사 T를 폭행하여 4주간 치료를 요하는 상해를 입혔고, 이로 인하여 적극적 손해는 치료비 200만원, 소극적 손해는 없으며*, 정신적 손해로 300만원이 발생하였다고 하자. 이 경우 교원보호공제를 통해 상해치료비를 지원받을 수 있겠으나, 정신적 손해에 대해서는 보전받기가 어려울 수 있다.

그렇다면 T는 S의 불법행위로 인한 손해배상청구권을 행사하면 되는데, 초등학교 6학년 학생 S는 불법행위에 대해서 책임능력이 없으므로 배상책임이 없지만(「민법」제753조), 친권자인 부모에게는 감독자책임이 있으므로(제755조), ① S의 부모를 상대로 500만원(치료비 200만원 + 위자료 300만원)의 손해배상청구 민사소송을 제기하여 손해배상 금액을 받거나, ② 교원보호공제를 통해서 상해치료비 200만원을 받고, 나머지 정신적 손해배상액인 300만원에 대해서 S의 부모를 상대로 300만원을 청구하면 된다.

---

* 교원의 공무상 병가 또는 공무상 질병휴직의 경우에 급여 100%를 보전해 주기 때문에, 노동능력을 상실하였다는 등의 특별한 사정이 없는 한 일실손해가 발생하였다고 보기 어렵다.

교원의 학부모 상대 민사상 손해배상청구

원고 → 피고

피해교원   침해학생 S의 부모

민사상
손해배상청구의 소
(피고는 원고에게
500만원을 지급하라)

(2) 고등학교 3학년 학생으로부터 폭행을 당한 경우

만약 사안을 달리하여, S가 초등학교 6학년이 아니라 고등학교 3학년이라면 어떻게 될 것인가?

역시 T는 S의 불법행위로 인한 손해배상청구권을 행사하면 되는데, 판례에 의하면, 고등학교 3학년은 불법행위에 대한 책임능력이 있다고 본다. 따라서 S도 배상책임이 있고, 친권자 부모에게도 일반 불법행위자로서 손해배상의무가 있다(「민법」 제750조). 따라서 ① T는 S와 S의 부모를 피고로 하여 500만원(치료비 200만원 + 위자료 300만원)의 손해배상청구 민사소송을 제기하거나, ② 교원보호공제를 통해서 상해치료비 200만원을 받고, 나머지 정신적 손해배상액인 300만원에 대해서 S와 S의 부모를 상대로 300만원을 청구하면 된다.

교원의 학생 및 학부모 상대 민사상 손해배상청구

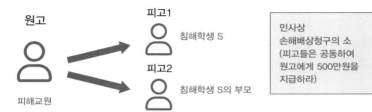

원고   피고1
                   침해학생 S

                   피고2
피해교원   침해학생 S의 부모

민사상
손해배상청구의 소
(피고들은 공동하여
원고에게 500만원을
지급하라)

가해자와 피해교원 즉시 분리조치

관할청과 학교의 장은 교육활동 침해행위 사실을 알게 된 경우 즉시 가해자와 피해교원을 분리조치하여야 한다. 다만, 교원의 반대의사 등 특별한 사유가 있으면 분리조치를 하지 않아도 된다. 여기서 말하는 특별한 사유란 교원의 반대의사가 있는 경우, 보호조치로 이미 가해자와 피해교원이 분리된 경우(교원이 특별휴가·병가를 부여받아 출근하지 않는 경우)를 말한다. 만약 가해자가 학생이라면 학생의 학습권을 원천적으로 침해해서는 아니 되므로 별도의 교육방법(교육자료 제공, 원격수업 등)

을 마련·운영하여야 한다(「교원지위법」 제20조 제2항, 「교원지위법 시행령」 제17조).

분리조치라는 제도의 도입 취지는 피해교원의 심리적 불안감을 해소하고 2차 피해를 방지하며, 모든 학생의 학습권 보장을 위하여 갈등 상황을 조속히 완화하고자 하는 데에 그 의의가 있다. 침해행위를 알게 된 즉시 피해교원의 의사를 확인하는 것이 중요하고, 당사자에게 분리조치에 관하여 충분한 설명을 하여야 한다.

분리기간은 7일의 범위에서 실시하는 것을 권장하며 교육활동 침해행위의 심각성·지속성·고의성 등을 종합적으로 고려하여 분리조치의 기간을 정하면 된다. 원칙적으로 학교 내에 별도 공간을 마련하도록 노력하여야 하나, 교내 공간 부족이나 동선을 분리하기에 현저히 어려운 상황 등 특별한 사정이 있다면, 가정학습을 통한 분리조치도 가능하다. 이 경우 분리기간 동안의 출결상황은 「학교생활기록 작성 및 관리지침」의 학교장 허가 출석인정 결석으로 처리하면 된다.

조치 결과 및 중대사항 보고

학교장은 「교원지위법」 제20조 제1항에 따른 보호조치 및 제2항에 따른 분리조치를 실시한 경우, 지체 없이 관할청에 침해행위 내용과 조치 결과를 보고하여야 하고, 중대한 사항인 경우 교육감은 이를 즉시 교육부장관에게 보고하여야 한다(제20조 제3항).

여기서 말하는 중대한 사항이란, '1. 상해·폭행으로 교원이 사망하거나 4주 이상 치료가 필요하다는 의사의 진단을 받은 경우, 2.「성폭력처벌법」성폭력범죄인 경우, 3.「정보통신망법」불안감조성 불법정보 유통행위로 4주 이상 정신과적 치료가 필요하다는 진단을 받은 경우, 4. 그 밖에 1호부터 3호까지 규정에 준하는 경우로 교육부장관이 요청하거나 사안이 중대하여 교육부장관에게 보고할 필요가 있다고 교육감이 인정하는 경우'가 있다(「교원지위법 시행령」 제18조).

* 만약 학생 S가 교육활동 중인 교사 T에 대하여 성적 수치심을
유발할 수 있는 신체를 촬영하였다면,
여기서 말하는 중대한 사항에 해당할까?

정답은 O다.

학생 S는 교사 T에 대해서 「성폭력처벌법」 제14조의 카메라등이용촬영죄를 저지른 것이고, 이는 「성폭력처벌법」 제2조 제1항에서 말하는 '성폭력범죄'에 해당하기 때문에 교육부장관에게 보고해야 하는 중대사항에 해당한다.

관할청의 형사 고발

———

 각급학교로부터 보고받은 관할청은 교육활동 침해행위가 관계 법률의 형사처벌규정에 해당한다고 판단되면 관할 수사기관에 고발할 수 있다(「교원지위법」 제20조 제4항). 개정법 이전에는 피해교원의 요청을 필요로 하였으나, 개정법에서 이를 삭제하여 피해교원의 요청이 없더라도 관할청이 고발할 수 있도록 하였다. 교원 개인이 학생이나 학부모를 형사 고소하는 것이 현실적으로 쉽지 않기 때문에 기관 차원에서 고발하여 대응할 수 있도록 한 것이다. 다만, 법 개정에도 불구하고 피해교원이 고발을 원하지 않음에도 관할청이 피해교원의 의사에 반하여 고발하는 것은 자제되어야 할 것이다. 만약 고발이 된다면 피해교원이 수사기관이나 법원에 출석·진술하게 되는 과정에서 2차 피해나 불필요한 기억을 떠올리게 하는 등으로 피해교원에게 부담을 줄 수 있으므로 피해교원의 의사를 우선적으로 확인·존중하여 고발 여부를 결정하여야 하는 것이 바람직하다.

 다만 전술했다시피, 모욕죄 등은 친고죄이므로 피해자가 직접 고소하여야 검사가 기소하여 형사처벌이 가능하다. 여기서 유의해야 할 점이 있는데, 친고죄에서의 고소는 6개월이라는 기간의 제한이 있다는 것이다(「형사소송법」 제230조 제1항). 즉, 친고죄는 범인을 안 날로부터 6개월 내에 고소하여야 형사처벌이 가능하고, 그 기간을 도과하여 고소하였다면, 경찰·검찰 단계에서는 공소권없음으로 종결될 것이고, 설령 검사가 고소기간 도과를 간과하고 기소를 하였더라도 법원에서 공소기각 판결이 선고된다(「검사와 사법경찰관의 상호협력과 일반적 수사준칙에

관한 규정」 제51조 제1항 제3호 다목, 제52조 제1항 제2호 라목,「형사소송법」제
327조 제2호).

4

침해학생 조치

교육활동 침해학생 조치의 종류

「교원지위법」제25조 제2항에 따라 교육지원청 교육장은 지역교권
보호위원회의 심의 · 의결을 거쳐 침해학생에 대하여 각 호의 조치를
하게 된다.

1. 학교에서의 봉사(교내봉사)

2. 사회봉사

3. 학내외 전문가에 의한 특별교육 이수 또는 심리치료(특별교육 · 심리치료)

4. 출석정지

5. 학급교체

6. 전학

7. **퇴학처분**(다만, 의무교육과정 학생은 미적용)

학교장의 출석정지 징계처분에 관한 「초·중등교육법 시행령」 제31조 제1항 제4호(1회 10일 이내, 연간 30일 이내의 출석정지)와는 달리 교육활동 침해학생에 대한 출석정지는 법령에 1회당 및 연간 일수의 제한을 별도로 규정하고 있지 않아 「초·중등교육법 시행령」에 따른 일수 제한을 받지 않는다고 함이 타당하다.

교육활동 침해학생 조치 통계

침해학생 조치 통계(2019~2023년)는 아래와 같다. 여러 조치 중 출석정지 조치가 매년 30~40% 정도의 비율로 가장 많이 부과되었다.

교육활동 침해학생 조치 종류별 현황
(2020~2023학년도)

(단위: 건)

학년도	교내봉사	사회봉사	특별교육 또는 심리치료	출석정지	전학	퇴학	조치없음	기타 ①*	합계
2020	156 (14%)	64 (6%)	121 (11%)	506 (47%)	80 (7%)	33 (3%)		121 (11%)	1,081
2021	296 (14%)	147 (7%)	226 (11%)	947 (45%)	195 (9%)	41 (2%)	69 (3%)	177 (8%)	2,098
2022 (1학기)	221 (11%)	105 (5%)	170 (8%)	639 (30%)	141 (7%)	20 (1%)	63 (3%)	116 (6%)	1,475

학년도	교내봉사	사회봉사	특별교육 또는 심리치료	출석정지	학급교체	전학	퇴학	조치없음	기타 ②**	합계
2022 (2학기)	169 (12%)	100 (7%)	126 (9%)	649 (48%)	58 (4%)	143 (11%)	29 (2%)	59 (4%)	25 (2%)	1,358
2023	662 (14%)	491 (10%)	411 (9%)	2,116 (45%)	205 (4%)	492 (10%)	72 (2%)	140 (3%)	106 (2%)	4,695

(자료 출처: 교육부)

* 기타 ①: 상담, 사과 및 반성문, 학급교체, 병원치료, 조치없음 등
** 기타 ②: 사과, 재발방지 서약, 학교장 면담, 상담, 경고장 발송 등

※ '조치없음'은 2021학년도부터 '기타 ①'에서 분리됨
※ 2022학년도 2학기부터 법령에 명시되어 있는 항목 유형으로 수정, '학급교체'를 '기타'에서 분리

침해학생 조치의 성격 및 처분권자의 재량권

———

법원은 침해학생 조치의 성격을 ① 제재의 성격과 ② 교육적 성격을 아울러 가진다고 하였고, 어떠한 조치를 할 것인지 여부에 대한 판단은 처분권자의 재량행위에 속한다고 보았다(대구지방법원 2023. 12. 21. 선고 2022구합1069 판결 등).

> **[대구지방법원 2023. 12. 21. 선고 2022구합1069 판결]**
>
> 교육활동 침해학생에 대한 징계는 **행위에 대한 제재의 성격**을 가짐과 동시에 학생에 대하여 적절한 훈육과 선도를 통하여 모범적인 사회인으로 성장할 수 있는 기회를 부여하려는 **교육적인 성격**도 함께 가진다. 처분권자가 침해학생에 대하여 어떠한 조치를 할 것인지 여부는 **재량행위**에 속한다. 침해행위에 대한 조치가 사회통념상 현저하게 타당성을 잃어 재량권을 일탈·남용하였는지 여부는 침해행위의 내용과 성질, 조치를 통하여 달성하고자 하는 목적 등을 종합하여 판단하여야 한다.

침해학생 조치 기준

———

침해학생 조치 기준에 대해서는 「교원지위법 시행령」 제22조, 「교육활동 침해 고시」 제3조 및 [별표] 교육활동 침해학생 조치별 적용 기준에서 확인할 수 있다.

지역교권보호위원회는 교육활동 침해행위의 심각성·지속성·고의성, 침해학생의 반성 정도 및 선도가능성, 침해학생과 피해교원의 관계 회복 정도, 피해교원의 임신·장애 여부 및 그 정도, 침해학생의 장애 여부 및 그 정도를 아울러 고려하여 적용 기준표에 따라 점수를 매기고 가중·감경 요소를 함께 판단한 후, 제1호부터 제7호까지 조치가 이루어진다.

점수에 따라 조치내용이 다르며, 합계점수가 0~4점이면 교육활동 침해가 인정됨에도 불구하고 조치없음 결정, 5~7점이면 교내봉사, 8~10점이면 사회봉사, 11~13점이면 출석정지, 14~16점이면 학급교체, 17~21점이면 전학 또는 퇴학에 해당한다. 그러나 추가로 가중·감경 요소가 있으면 합계 점수기준에도 불구하고 최종 조치처분은 달라질 수 있다.

만약 침해학생이 해당 조치를 거부하거나 회피하는 때에는 지역교권보호위원회는 가중하여 조치할 수 있다(「교원지위법」 제25조 제8항).

[별표] 교육활동 침해 학생 조치별 적용 기준

○ 학생의 교육활동 침해행위 심의 기준

① 기본 판단 요소

구분	침해행위 심각성	침해행위 지속성	침해행위 고의성	구분	침해학생 반성 정도 및 선도 가능성	학생과 교원 관계회복정도
매우높음	5	5	5	높음	0	0
높음	4	4	4	보통	1	1
보통	3	3	3			
낮음	2	2	2	낮음	2	2
매우낮음	1	1	1	없음	3	3
없음	0	0	0			

② 추가 판단 요소 : 출석위원 과반수 찬성으로 적용 여부 의결

구분	추가 판단 기준	조치 내용
감경	교육활동 침해학생이 장애가 있는 경우	1단계 감경
가중	피해교원이 임신하거나 장애가 있는 경우	1단계 가중
특별교육 또는 심리치료	학생 선도·교육에 필요하다고 인정되는 경우	- 단독조치 또는 1호·2호 부가 조치 가능 - 4호·5호·6호에 부가 조치 의무

※ 감경 및 가중 여부는 교권보호위원회에서 필요성을 판단하여 결정하며, 교육활동 보호 및 해당 조치의 실현가능성 등을 고려하여 교원지위법 시행령 제15조제5항에 따라 지역교권보호위원회 출석위원 과반수의 찬성으로 침해 학생에 대한 조치를 감경 또는 가중할 수 있음
※ 1단계 감경(→) 또는 가중(←) 처분 : 7호 ⇄ 6호 ⇄ 5호 ⇄ 4호 ⇄ 2호 ⇄ 1호
※ 교내봉사에서 감경될 경우 '조치없음' 결정

○ 교육활동 침해학생에 대한 조치결정 기준

구분		점수	조치 내용
조치없음		0~4	-
교내선도	1호	5~7	학교에서의 봉사
외부기관	2호	8~10	사회 봉사
연계선도	3호	-	교내외 전문가에 의한 특별교육 또는 심리치료
교육환경변화	교내 4호	11~13	출석 정지
	교내 5호	14~16	학급 교체
	교외 6호	17~21	전학
	교외 7호		퇴학

[전학·퇴학 조치 결정 시 준수사항]

1. 최초 발생한 교육활동 침해행위에 대하여 전학 또는 퇴학 조치를 결정할 수 없음
2. 전학 또는 퇴학 조치는 동일교 재학기간 중 교육활동 침해행위로 출석정지 또는 학급교체 처분을 받았던 학생이 다시 교원의 교육활동을 침해한 경우에 한하여 결정할 수 있음
3. 위의 1항, 2항에도 불구하고 「형법」 제2편제25장(상해와 폭행의 죄) 및 「성폭력범죄의 처벌 등에 관한 특례법」 제2조제1항, 「정보통신망 이용촉진 및 정보보호 등에 관한 법률」 제44조의7제1항제3호에 따른 불법정보 유통행위에 해당하는 행위는 최초 발생한 사안이라도 전학 또는 퇴학 조치 가능

최초 침해행위로 바로 전학 또는 퇴학이 불가능하다고?

「교육활동 침해 고시」 [별표] 교육활동 침해학생 조치별 적용 기준 [전학·퇴학 조치 결정 시 준수사항]에 의하면, 원칙적으로 최초 침해행위로 바로 전학 또는 퇴학이 불가능하다. 동일교 재학기간 중 교육활동 침해행위로 출석정지 또는 학급교체 처분을 받은 학생이 다시 교육활동 침해행위를 한 경우에 한하여 전학 또는 퇴학 조치가 가능하다.

다만, 최초 침해행위의 유형이 상해·폭행, 「성폭력처벌법」 성폭력 범죄, 「정보통신망법」 불안감조성 불법정보 유통행위에 해당하는 경우라면 최초 침해 사안이라 할지라도 전학 또는 퇴학이 가능하다. 침해행위의 중대성·심각성을 고려하여 예외적으로 전학, 퇴학이 가능하도록 규정한 것이다. 여기서 유의해야 할 점이 전학, 퇴학이 가능하다는 것이지 위 유형으로 인한 침해행위에 대해서 반드시 전학 또는 퇴학 조치가 이루어져야 한다는 의미는 아니다.

특별교육 이수 또는 심리치료

학생 선도·교육에 필요하다고 인정되는 경우, 특별교육 이수 또는 심리치료(3호)는 단독으로 조치할 수 있고, 교내봉사(1호), 사회봉사(2호)와는 함께 병과할 수 있으며(임의적 병과), 출석정지(4호), 학급교체(5호), 전학(6호) 처분과는 반드시 함께 부과(필수적 병과)하도록 규정하고 있다(「교원지위법」 제25조 제3항 및 제4항).

또한 학생이 특별교육 이수 또는 심리치료 조치를 받은 경우, 해당 학생의 보호자도 함께 참여하게 하여야 하고(제25조 제5항), 보호자가 정당한 사유 없이 특별교육을 받지 않거나 심리치료에 참여하지 않은 경우에는 300만원 이하의 과태료*를 부과하게 된다(제35조 제1항, 「교원 지위법 시행령」 제27조 및 [별표] 과태료의 부과기준).

예를 들어 교권보호위원회가 침해학생에 대하여 4호 출석정지 조치를 하고자 한다면, 특별교육 이수 또는 심리치료 조치를 의무적으로 병과하여야 하고, 보호자 역시 특별교육을 함께 받아야 하므로 해당 사안의 경우 조치사항은 아래와 같이 부과할 수 있다.

침해학생: 출석정지 5일, 특별교육 4시간
침해학생의 보호자: 특별교육 4시간

교육활동 침해학생 조치는 학교생활기록부에 기재되는가?

———

침해학생이 교권보호위원회 심의·의결을 거쳐 교육장으로부터 출석정지 5일 조치를 받았다고 가정해 보자. 그렇다면 출석정지 5일 조치가 해당 학생의 학교생활기록부(생기부)에 기재가 되는가?

학교폭력 가해학생 조치에 대해서는 「학교생활기록 작성 및 관리지

---

* 1회 위반: 100만원, 2회 위반: 150만원, 3회 이상 위반: 300만원.

침」제16조의2에 따라 조치사항을 입력하게 되어 있으나, 교육활동 침해 조치에 대해서는 이와 같은 규정이 없으므로 별도로 생기부에 기재가 되지 않는다.

다만, 침해학생에 대한 출석정지 조치로 학생이 학교에 나오지 못한 경우, 출결상황은 어떻게 처리하는가? 「학교생활기록 작성 및 관리지침」제8조 및 《학교생활기록부 기재요령》에 따라 미인정 결석 처리하면 된다.

교육활동 침해학생 조치에 대해서는 직접적으로 생기부에 기재되지 않지만, 출석정지 조치로 인한 미인정 결석, 학급교체 조치로 인한 반 변동 내역과 전학 조치에 따른 학적변동의 존재가 생기부에 드러날 수밖에 없으므로 교육활동 침해가 발생했었다는 점을 간접적으로 추단할 수는 있을 것이다.

침해학생 전학 조치 시 피해교원 보호 유의사항

A중학교에 재학 중인 학생 S는 교육활동 침해행위로 교권보호위원회의 심의·의결을 통해 전학 조치를 받았다. 그러나 교육장은 S를 A중학교 건물 바로 옆에 위치한 B중학교로 전학 배정하였다. 이 경우, 교육장의 전학 배정은 적절한가?

인근 학교로 배정한 것은 피해교원에게 2차 피해 등을 발생시킬 우려가 있으므로 적절하지 않다. 교육감 또는 교육장은 전학할 학교 배정 시 피해교원 보호에 충분한 거리 등을 고려해야 하고, 관할구역 외의 학교로 배정할 필요가 있으면 해당 교육감 또는 교육장에게 통보해야 한다(「교원지위법 시행령」 제22조 제4항).

또한 추후 침해학생의 전학, 상급학교 입학 및 피해교원의 전보로 인해 같은 학교로 배정되지 않도록 노력하여야 한다(제6항).

학교폭력에도 이와 유사한 규정이 있다. 학교폭력 가해학생이 전학할 때에는 피해학생의 보호에 충분한 거리 등을 고려해야 하고, 상급학교에 진학할 때에는 각각 다른 학교를 배정하여야 하며, 이 경우 피해학생이 입학할 학교를 우선적으로 배정한다(「학교폭력예방법 시행령」 제20조 제2항 및 제4항).

5

침해 보호자 등 조치

　보호자 등에 의한 교육활동 침해도* 적지 않게 발생하였으나, 한동안은 침해학생에 대한 조치만 가능했을 뿐, 침해 보호자 등에 대해서는 별도의 제재조치가 규정되어 있지 않아 교권보호위원회에서는 강제적인 조치를 의결할 수 없었고 권고 조치만 할 수 있어서 실효성 문제가 대두되었다.

　그러나 교권보호 5법 개정으로 2024. 3. 28.부터는 침해 보호자 등에 대해서도 조치가 가능해졌다.

---

* 　학부모에 의한 교육활동 침해는 국내만의 문제가 아니다. 일본에서는 2000년대부터 자신들은 대가를 지급하는 소비자로서 학교가 대가에 맞는 서비스를 제공해야 한다고 생각하는 자기중심적인 부모들이 많아졌고 이러한 학부모를 'Monster Parents(괴물 부모)'라고 불리는 등 심각한 사회문제로 야기되고 있다.

침해 보호자 등에 대한 조치는 '제1호 서면사과 및 재발방지 서약 조치, 제2호 교육감이 정하는 기관에서의 특별교육 이수 또는 심리치료'가 있다(「교원지위법」 제26조 제2항). 만약 정당한 사유 없이 침해 보호자 등이 특별교육을 받지 않은 경우에는 앞서 본 침해학생의 보호자 특별교육 미이수와 마찬가지로 300만원 이하의 과태료를 받을 수 있다(제35조 제1항, 「교원지위법 시행령」 제27조 및 [별표] 과태료의 부과기준).

「교원지위법 시행령」 [별표] 과태료의 부과기준

위반행위	근거 법조문	과태료 금액 (단위: 만원)		
		1회 위반	2회 위반	3회 이상 위반
보호자 등이 정당한 사유 없이 법 제25조 제5항 또는 제26조 제2항 제2호에 따른 특별교육을 받지 않거나 심리치료에 참여하지 않은 경우	법 제35조 제1항	100	150	300

침해 보호자 등 조치 심의 기준

———

침해학생에 대한 조치 기준에 대해서는 「교원지위법 시행령」과 「교육활동 침해 고시」에서 별도로 규정하고 있는 데 반해, 침해 보호자 등에 대한 조치 기준에 대해서는 별도로 법령의 규정이 없고, 매뉴얼에만 나와 있을 뿐이다. 침해학생과 마찬가지로 침해 보호자 등에 대한 조치 역시 침익적 행정처분이기 때문에 그 기준은 명확해야 한다. 이 부분은 법령의 근거가 미약하므로 반드시 법제화되어 규율될 필요가 있다. 이를 위해서는 「교원지위법 시행령」과 「교육활동 침해 고시」 모두 개정되어야 한다.

보호자 등의 교육활동 침해행위 심의 기준

① 기본 판단 요소

구분	침해행위 심각성	침해행위 지속성	침해행위 고의성
매우높음	5	5	5
높음	4	4	4
보통	3	3	3
낮음	2	2	2
매우낮음	1	1	1
없음	0	0	0

구분	보호자 등의 반성 정도	보호자 등과 교원 관계회복정도
높음	0	0
보통	1	1
낮음	2	2
없음	3	3

② 추가 판단 요소 : 출석위원 과반수 찬성으로 적용 여부 의결

구분	추가 판단 기준	조치 내용
감경	교육활동 침해 보호자 등이 장애가 있는 경우	1단계 감경
가중	피해교원이 임신하거나 장애가 있는 경우	1단계 가중

※ 1단계 감경(→) 또는 가중(←) 처분 : 2호 ⇌ 1호
※ 제1호에서 감경될 경우 '조치없음' 결정

교육활동 침해 보호자 등에 대한 조치결정 기준

구분	점수	조치 내용
-	0~4	조치없음
1호	5~11	서면사과 및 재발방지 서약
2호	12~21	교육감이 정하는 기관에서의 특별교육 이수 또는 심리치료

(자료 출처: 《2025 교육활동보호 매뉴얼》(교육부))

　　침해 보호자 등에 대해서도 침해행위의 심각성 · 지속성 · 고의성, 보호자 등의 반성 정도, 피해교원과의 관계회복 정도 등을 아울러 고려하고 점수를 매기고 가중 · 감경 요소를 종합적으로 판단하여 처분을 하게 된다.

각 요소별 점수를 합산하여 합계 점수가 0~4점이면 조치없음, 5~11점이면 서면사과 및 재발방지 서약(1호), 12~21점이면 특별교육 이수 또는 심리치료(2호) 조치를 하게 된다.

교육활동 침해 조치의 시효가 있는가?

형사상 범죄에 대해서는 공소시효, 민사상 채권은 소멸시효, 공무원의 비위행위에는 징계시효가 있다. 그렇다면 교육활동 침해행위에 대해서도 시효가 존재할까?

「교원지위법」에서는 침해학생이나 침해 보호자 등 조치에 대한 시효 규정을 명시적으로 두고 있지 않다. 따라서 별도의 시효기간은 존재하지 않는다고 보아야 한다. 다만, 침해행위가 있었던 후, 오랜 시간이 흘러 교육활동 침해로 신고를 하면 비록 시효 문제는 없을 것이나, 증거가 소실되고, 사람의 기억은 시간이 지날수록 희미해지게 마련이므로 증거 부족으로 인하여 '교육활동 침해행위 아님'으로 의결될 수 있기에 침해행위가 발생하면 즉시 신고하고 처리하는 것이 바람직하다.

한편 「행정기본법」 제23조에 제재처분의 제척기간을 5년으로 정한 규정이 교육활동 침해 조치에 대해서도 적용되는지 문제되는데, 제23조 제1항에서 제재처분을 '인허가의 정지·취소·철회, 등록 말소, 영업소 폐쇄와 정지를 갈음하는 과징금 부과'라고 정의해 놓았고, 교육활동 침해자에 대한 조치는 인허가의 정지 등에 해당하지 않기 때문에 「행정기본법」 제척기간 5년이 적용되지는 않는다고 보아야 한다.

6

조치에 대한 불복절차

집행부정지 원칙

———

행정심판을 청구하거나 행정소송을 제기한다고 하더라도 처분의 효력이나 집행, 절차의 속행에 영향을 주지 않는데, 이를 '집행부정지 원칙'이라고 한다. 따라서 행정심판을 청구하더라도 행정청으로서는 조치를 진행하면 되는 것이고, 이를 정지시킬 필요는 없다. 다만, 행정심판위원회나 법원의 집행정지 결정(직권 또는 당사자의 신청에 의한)이 있다면 그 결정에 따라 조치 이행 절차를 정지하면 된다(「행정심판법」 제30조, 「행정소송법」 제23조).

행정심판 청구

———

침해학생(그의 보호자), 침해 보호자 등*은 자신에 대한 교육장의 조치에 대해서 「행정심판법」에 따라 행정심판을 청구할 수 있다(「교원지위법」제25조 제10항).

조치를 받은 침해학생 또는 그의 보호자가 행정심판의 청구인이 되는 것이고**, 조치를 한 교육장이 피청구인이 되는 것이지, 교권보호위원회가 피청구인이 되는 것은 아니다.

피해교원은 '교육활동 침해행위 아님' 결정에 대하여, 법률상 이해관계가 있으므로 행정심판을 청구할 수 있다고 본다. 「학교폭력예방법」에서는 피해학생이 가해학생의 조치가 너무 약하다(또는 피해학생 본인에 대한 보호조치가 너무 미흡하다)는 이유로 행정심판을 청구하거나 행정소송을 제기할 수 있다는 명문의 규정이 있다(「학교폭력예방법」 제17조의2 제1항 및 제17조의3 제1항). 그러나 「교원지위법」에서는 피해교원의 행정심판 청구권, 행정소송 제기권이 명시적으로 규정되어 있지 않아, 피해교원이 불복할 수 있는지에 대해서 다툼의 여지가 있을 수 있으므로 입법적 보완이 필요하다.

---

* 침해학생 조치와는 달리, 「교원지위법」에 침해 보호자 등 조치에 대한 행정심판 청구 규정은 별도로 없으나 불리한 처분의 상대방이기 때문에 「행정심판법」상 당연히 청구가 가능하다고 봄이 타당하다.
** 다만, 침해학생을 청구인으로 한다면 그는 미성년자이므로 법정대리인이 필요하다.

행정심판 청구기간

——

취소심판 청구는 교육장의 조치에 대해서 처분을 안 날로부터 90일, 처분이 있은 날로부터 180일 이내에 행정심판을 청구할 수 있으며, 둘 중 하나만 도과하더라도 그 청구는 기간을 준수하지 못한 것으로 부적법 각하가 된다.

행정심판위원회의 재결

——

청구권자가 행정심판 청구를 하면, 관할 시·도교육청 행정심판위원회에서 판단하게 되며, 행정심판위원회는 청구가 부적법하면 각하, 이유가 없으면 기각, 이유가 있다고 인정하면 인용(처분취소, 변경, 변경명령, 무효확인 등)재결을 하게 된다.

행정심판위원회의 인용재결은 피청구인(교육지원청 교육장)을 기속하므로 행정청은 그 취지에 반하는 처분을 할 수 없다(「행정심판법」 제49조 제1항).

행정소송 제기

——

침해학생, 침해 보호자 등, 피해교원은 앞에서 본 행정심판 청구와 같이 조치처분에 대하여(피해교원은 '교육활동 침해행위 아님'에 대하여) 행정소송을 제기할 수 있다. 행정심판전치주의를 취하고 있지 않기 때문에 행정심판을 청구하고 재결을 받은 후에 행정소송을 제기하거나, 행정심판 청구 없이 곧바로 행정소송을 제기할 수도 있다.

조치를 받은 침해학생 또는 침해 보호자 등이 행정소송의 원고가 되는 것이고[*], 조치를 한 교육장이 피고가 된다.

행정소송 제소기간
———

취소소송은 처분이 있음을 안 날로부터 90일 이내, 처분이 있은 날로부터 1년 이내에 제기하여야 하고, 만약 행정심판을 거쳤다면 그 기간은 '재결서 정본을 송달받은 때부터' 기산한다(「행정소송법」 제20조).

행정소송 법원의 판결
———

행정소송의 관할은 피고의 소재지를 관할하는 행정법원으로 하되, 행정법원이 설치되지 않은 지역은 해당 지방법원본원이 관할하는 것이 원칙[**]이다(「행정소송법」 제9조, 「법원조직법」 제40조의4, 부칙 〈법률 제4765

---

[*] 다만, 침해학생이 원고인 경우, 그는 미성년자이므로 법정대리인이 필요하다.

[**] 다만, 강원특별자치도 강릉시, 동해시, 삼척시, 속초시, 양양군, 고성군이 관할인 사건은 지방법원본원인 춘천지방법원이 아니라 영동지역이라는 지역 특수성을 고려하여 춘천지방법원 강릉지원이 관할이 된다(「각급 법원의 설치와 관할구역에 관한 법률」 [별표 9]). 가령 강

호, 1994. 7. 27.〉 제2조).

현재 대한민국의 행정법원은 서울행정법원 1곳뿐이다. 이에 따라 서울특별시 이외의 지역은 지방법원본원 행정부가 행정소송 사건을 관할하게 된다.

예를 들어, 서울 강남구에 있는 학교 학생의 보호자 P가 서울특별시 강남서초교육지원청 교육장으로부터 서면사과 및 재발방지 서약 조치를 받았다면, 원고는 보호자 P, 피고는 위 교육지원청 교육장, 취소소송의 대상은 '서면사과 및 재발방지 서약 조치'로 정하여 소장을 서울행정법원에 제출하게 된다.

만약 사안이 충청남도 공주시에서 발생했다면, 충청남도공주교육지원청 교육장을 피고로, 관할법원은 대전지방법원이 되는 것이다(「각급법원의 설치와 관할구역에 관한 법률」 [별표 3]).

사건이 법원으로 접수가 되면, 법원은 심리를 하여 제소기간을 도과하거나 원고적격 없는 자가 소송을 제기하는 등으로 소송요건을 갖추지 못했다면 부적법 소 각하, 청구가 이유 없으면 청구기각, 청구 이유가 타당하다고 인정된다면 청구인용(서면사과 및 재발방지 서약 조치의 취소 등) 판결을 선고하게 된다. 행정심판과 마찬가지로 인용판결은 행정

원도 동해시 소재 학교에서 발생한 교육활동 침해로 학생이 조치를 받았다면, 강원특별자치도동해교육지원청 교육장을 피고로 하고, 관할법원은 춘천지방법원 강릉지원이 되는 것이다.

청에 대한 기속력이 있어서 행정청은 판결의 취지에 반하는 처분을 할 수 없다(「행정소송법」 제30조 제1항).

7

지역교권보호위원회
구체적인 절차

지역교권보호위원회의 설치

  각급 교육지원청에 설치된 지역교권보호위원회에서 유치원, 초 · 중 · 고등학교, 특수학교의 교육활동 침해 사안을 심의한다.

  예를 들어, 서울 종로구에 있는 한 중학교에서 교육활동 침해 사안이 발생하였다면, 서울특별시중부교육지원청 지역교권보호위원회가 해당 사안을 담당하게 된다. 또한 고등학교에서 발생한 교육활동 침해의 경우에도 「지방교육자치에 관한 법률」 제35조에도 불구하고, 「교원지위법」 제32조에 따라 교육지원청에서 사무를 담당하므로 침해 사안이 경기도 고양시 소재 고등학교에서 발생하였다면, 경기도고양교육지원청 지역교권보호위원회에서 사건을 심의하게 된다. 교육지원청의 명칭 및 관할구역에 대해서는 「지방교육자치에 관한 법률 시행령」 [별표 2]에 자세히 나와 있다.

지역교권보호위원회의 심의 사항

———

「교원지위법」 제18조 제2항에 따른 지역교권보호위원회에서의 심의 사항은 아래와 같다.

1. 교육활동 침해 기준 마련 및 예방 대책 수립
2. 침해학생에 대한 조치
3. 침해 보호자 등에 대한 조치
4. 교육활동과 관련된 분쟁조정
5. 그 밖에 교육장이 심의가 필요하다고 인정하는 사항

지역교권보호위원회의 구성

———

지역교권보호위원회 위원은 위원장 1명을 포함하여 10명 이상 50명 이하의 위원으로 구성하고, 교육장이 임명·위촉하게 된다. 위원의 자격은 아래 각 호와 같고, 제1호 교원 위원의 수는 전체 위원 수의 50%를 초과할 수 없다(「교원지위법 시행령」 제15조 제1항 및 제2항).

1. 학생생활지도 경력이 있는 교육지원청 관할 학교의 교원
2. 대학 등에서 조교수 이상 재직한, 재직했던 사람으로서 교육활동 전문지식이 있는 사람

3. 해당 교육지원청 관할 학교의 학부모

4. 변호사 자격이 있는 사람

5. 해당 교육지원청 관할 경찰공무원

6. 그 밖에 각급학교의 교육활동 관련 지식과 경험이 있는 사람

임기는 2년이고 한 차례만 연임이 가능하다. 만약 위원이 사임한 경우, 관할구역 내 교원이 관할 외 지역으로 전보된 경우, 학부모의 자녀가 졸업하여 더 이상 해당 관할 학교의 학부모가 아닌 경우, 심신장애 등으로 직무를 수행할 수 없는 사유가 있어 해촉된 경우 등 기존 위원이 그 직을 상실한 때에는 위원을 새로 위촉하고 이 경우 그 위원의 임기는 전임위원의 잔여임기로 한다(제3항).

업무를 효율적으로 수행하기 위해 지역교권보호위원회에 위원장 1명을 포함한 5명 이상 10명 이하 규모의 소위원회를 둘 수 있다. 실무적으로 대부분의 심의는 소위원회에서 이루어지고 있다(제15조의2).

지역교권보호위원회의 운영

지역교권보호위원회 위원장은 아래 각 호 어느 하나에 해당하는 경우 회의를 소집하고, 그 의장이 된다(제15조 제4항).

1. 교육장이 요청하는 경우

2. 재적위원 1/4 이상이 요청하는 경우

3. 피해교원이 요청하는 경우

4. 그 밖에 위원장이 필요하다고 인정하는 경우

　교육활동 침해행위의 조속한 처리를 위하여 소집 사유 발생 시 21일 내로 회의를 개최하는 것을 권장하고 있고, 위원회는 회의 개최 10일 전까지 당사자에게 출석 통지를 하여야 한다(「행정절차법」 제21조 제3항). 출석이 어려울 경우 서면의견서를 제출할 수 있음을 안내하여 의견진술 기회를 보장하여야 한다.

　지역교권보호위원회의 회의는 재적위원 과반수의 출석으로 개의하고, 출석위원 과반수의 찬성으로 의결한다(「교원지위법 시행령」 제15조 제5항). 필요한 경우 관계 전문가를 참석하게 하여 의견을 들을 수 있으며(제6항), 그 밖에 구성 및 운영에 필요한 사항은 교육장이 정하게 된다(제7항).

지역교권보호위원회 위원의 제척 · 기피 · 회피

　「교원지위법 시행령」 제16조 제1항 및 제13조에서는 공정한 교권보호위원회 심의 · 의결을 위하여 지역교권보호위원회 위원의 제척 · 기피 · 회피에 관하여 규정하고 있다.

　'제척'이란 법에서 정한 일정한 사유가 있는 경우, 위원이 해당 사건을 맡지 못하도록 하는 것을 말하고, '기피'는 위원에게 제척 사유나 공정한 심의 · 의결을 기대하기 어려운 경우에 당사자의 신청에 따른 결정에 의해 해당 사건을 맡지 못하게 하는 것이며, '회피'는 위원 본인에게 제척 사유나 공정한 심의를 기대하기 어려운 사정이 존재하는 경우 스스로 해당 사안에서 배제되는 것을 의미한다.

위원이 해당 안건과 관련된 학생의 보호자인 경우나 위원이 침해학생, 피해교원 등과 친족인 경우 등에 있어서는 심의·의결에서 제척된다.

당사자는 위원에게 제척 사유가 있거나 공정한 심의·의결을 기대하기 어려운 경우에는 기피 신청을 할 수 있고, 위원회는 기피 신청된 위원을 제외한 상태에서 기피 여부를 결정하게 된다.

만약 교권보호위원회 위원 A에게 제척 사유가 있거나 공정한 심의·의결을 기대하기 어려운 사정이 있는 경우에는, 피해교원은 위원 A에 대해서 기피 신청을 할 수 있고, 위원회는 위원 A를 제외한 나머지 위원들로 기피 여부를 결정하게 된다. 만약 기피 신청이 이유가 있다면, 인용하여 위원 A가 배제된 상태에서 사안에 대하여 심의·의결을 하게 될 것이고, 만약 기피 신청이 이유가 없다고 판단한다면 신청을 기각하여 위원 A로 하여금 심의·의결에 참여할 수 있도록 하여야 한다.

위원에게 제척 사유가 있는 경우에는 스스로 해당 안건의 심의·의결에서 회피해야 한다. 한편, 「학교폭력예방법 시행령」 제26조 제4항에서는 학교폭력대책심의위원회 위원의 회피 사유로 제척 사유뿐만 아니라 공정한 심의를 기대하기 어려운 사정도 포함하고 있음을 알 수 있다. 그러나 「교원지위법 시행령」 제13조 및 제16조 규정에서는 지역교권보호위원회 위원의 회피 사유를 제척 사유가 있는 경우로만 한정하고 있는데, '공정한 심의를 기대하기 어려운 사정'을 회피 사유에서 제외한 이유나 목적이 별도로 존재한다고 보기보다는 입법과정에서의 단순한 실수로 보인다. 따라서 제척 사유뿐만 아니라 공정한 심의·의결을 기대하기 어려운 사정도 회피 사유에 포함시키는 내용으로 개정하여 공정하고 객관적인 심의가 보장되도록 해야 할 것이다.

시·도교권보호위원회

「교원지위법」 제18조 제1항에서는 시·도교권보호위원회에 대해서 규정하고 있다.

시·도교육청에 설치하는 교권보호위원회의 심의 사항은 아래 각호와 같다. 유의해야 할 것은 침해학생, 침해 보호자 등에 대한 조치는 시·도교권보호위원회의 심의·의결 대상이 아니라는 점이다.

1. 교원의 교육활동 보호에 관한 시행계획 수립
2. 지역교권보호위원회에서 조정되지 않은 분쟁의 조정
3. 그 밖에 교육감이 교원의 교육활동 보호를 위하여 시·도교권보호위원회의 심의가 필요하다고 인정하는 사안

시·도교권보호위원회 위원은 위원장 1명을 포함하여 10명 이상 20명 이하로 하고, 교육감이 임명·위촉한다. 시·도교권보호위원회의

위원의 자격은 아래와 같이 각 호에서 규정하고 있다(「교원지위법 시행령」 제12조 제1항 및 제2항).

1. 해당 시·도의회 의원
2. 해당 시·도교육청 교원정책을 담당하는 국장급 공무원
3. 학생 생활지도 경력이 15년 이상인 교원
4. 대학이나 공인된 연구기관에서 조교수 이상 또는 이에 상당한 직에 재직하고 있거나 재직했던 사람으로서 교육활동 관련 전문지식이 있는 사람
5. 학교운영위원회, 학교폭력대책심의위원회 위원으로 활동하고 있거나 활동한 경험이 있는 학부모
6. 변호사 자격이 있는 사람
7. 해당 시·도 관할 학교폭력 담당 부서 소속 경찰공무원
8. 그 밖에 각급학교의 교육활동 관련 지식과 경험이 있는 사람

임기는 3년의 범위에서 교육감이 정하고, 한 차례만 연임이 가능하며, 위원장은 다음 각 호의 어느 하나에 해당하는 경우 회의를 소집하고, 그 의장이 된다(제3항 및 제4항).

1. 교육감이 요청하는 경우
2. 재적위원 1/4 이상이 요청하는 경우
3. 그 밖에 위원장이 필요하다고 인정하는 경우

회의는 재적위원 과반수의 출석으로 개의하고, 출석위원 과반수의 찬성으로 의결하며, 그 외에 시·도교권보호위원회의 구성 및 운영 등에 필요한 사안은 교육감이 정한다(제5항 및 제6항).

지역교권보호위원회 절차

지역교권보호위원회 절차 개요

1. 개회 선언 및 안건 상정

　위원회가 요건을 갖추어 소집되고, 재적위원 과반수의 출석으로 개의가 된다. 간사가 성원이 되었는지 보고하고, 위원장이 개회를 선언하며, 안건을 상정하게 된다(사안번호 2025-7호, ○○고등학교 A 교사, B 학생 사안).

2. 제척·회피 안내

위원장이 위원들에게 제척·회피 해당 여부를 확인한다.

3. 사안 조사 보고

간사가 해당 사안 조사 결과를 위원들에게 보고한다.

4. 당사자 진술 기회 부여

가. 피해교원 진술 청취

피해교원으로부터 기피 신청 여부를 확인받고, 사안 설명을 하며, 진술을 듣고 질의응답을 하게 된다. 또한 조치 결정에 대한 사항에 대해서 고지하게 된다.

나. 침해학생(보호자) 측 진술 청취

침해학생(보호자) 측으로부터 기피 신청 여부 확인, 사안 설명 이후, 진술을 듣고 질의응답을 하게 된다. 조치 결정 및 불복절차에 대한 안내를 한다.

4-1. 분쟁조정

만약 당사자들이 분쟁조정을 원한다면, 분쟁조정 단계로 돌입할 수 있다.

5. 교육활동 침해행위 사실 심의

사안 조사 결과, 당사자의 진술, 관련 자료 등을 종합하여 교육활동 침해 인정 여부를 결정하게 된다. 만약 교육활동 침해가 인정되지 않는다면, 조치를 할 수 없으므로 위원회는 이 단계에서 폐회하게 된다.

6. 침해자에 대한 조치 심의

교육활동 침해학생(보호자 등) 조치별 적용 기준을 참고하여 '침해행위의 심각성·지속성·고의성', '반성 정도 및 선도 가능성', '피해교원과의 관계회복정도'를 고려하여 점수를 매기고 그 점수에 따라 조치하게 되며, 가중·감경 요소가 있는 경우 이를 반영할 수 있고, 필요한 경우 특별교육 이수 등의 병과 조치를 하게 된다.

7. 피해교원 추가 보호조치 권고

간사는 피해교원에 대하여 실시한 학교장의 보호조치에 관하여 설명하고, 위원회에서는 필요한 경우 추가적인 보호조치에 대해서 권고하는 의결을 하게 된다.

8. 폐회 선언

모든 심의·의결을 마쳤다면, 위원회는 위원장의 폐회 선언과 함께 종료된다.

지역교권보호위원회에 변호사와 함께 출석할 수 있을까?
─

교육활동 침해 피해교원 T는 변호사 L을 선임하여 교권보호위원회 심의에 함께 참석하고자 하였으나, 위원회는 "교권보호위원회에 변호사 참여가 가능하다는 근거 규정이 별도로 없다."라는 이유로 L의 참여를 거부하였고, T만이 출석하였다.

지역교권보호위원회는 해당 사안을 '교육활동 침해행위 아님'으로 하여 종결하였다.

* 피해교원 T의 요청에도 불구하고
위원회가 변호사 L의 참여를 거부한 것은 적법한가?

O X

정답은 X다.

변호사의 참여를 거부한 것은 위법하다. 「교원지위법」에 별도로 근거가 없다고 하더라도, 행정절차에 관한 기본법인 「행정절차법」 제12조 제1항 제3호, 제2항 및 제11조 제4항에 따라 변호사를 대리인으로 선임할 수 있고, 대리인으로 선임한 변호사가 위원회에 함께 출석하여 필요한 의견을 개진할 수 있으며, 위원회는 정당한 이유 없이 변호사 참여를 거부할 수 없다(대법원 2018. 3. 13. 선고 2016두33339 판결).

이 경우에도 대리인으로 적법하게 선임되었는지 확인하여야 하므로 위임장(대리인 선임 통지서), 변호사 신분증 사본 등의 관계 서류의 제출은 필수이다.

절차별 변호사 지위 및 명칭

___

형사절차에서 피의자, 피고인 측 변호사	형사절차에서 피해자 측 변호사	민사·행정소송	행정절차, 행정심판, 소청심사, 헌법재판	보호사건 (소년보호, 아동보호, 가정보호)
변호인	피해자 변호사, 고소대리인	소송대리인	대리인	보조인

　각 절차에 따라 변호사를 부르는 명칭이나 지위가 조금씩은 다른데, 형사절차에서 피의자(수사단계), 피고인(기소 후 단계)을 조력하는 자를 '변호인', 형사절차에서 피해자나 고소인을 지원하는 자는 '피해자 변호사', '고소대리인'이라고 부르며, 민사·행정소송에서는 '소송대리인', 행정절차, 행정심판, 소청심사, 헌법재판 등에서는 '대리인', 소년보호, 아동보호, 가정보호와 같은 가정법원의 보호사건에서는 '보조인'이라 부른다.

변호사를 '산다'?

___

　간혹가다가 변호사를 '산다'라고 표현하는 사람이 있는데, 변호사는 물건이나 권리 등과 같은 매매의 대상이 아니기 때문에, '산다'라는 표현은 적절하지 않다. 변호사와 의뢰인 간의 계약은 「민법」상 매매계약이 아니라, 위임계약이기 때문에, 변호사, 변호인을 '선임한다'가 올바른 표현이다.

각종 명문의 규정에서도 '선임'한다고 표현하고 있다(「형사소송법」 제30조 등). 다만, 국선변호인의 경우에는 의뢰인이 직접 선임계약을 하는 것이 아니고, 변호인이 필요한 사건임에도 피고인에게 변호인이 없을 때 변호인의 조력권을 보장하기 위하여 법원이 직권 또는 청구에 따라 국선변호인을 붙여주는 것이므로 이 경우에는 '선임'이 아니라 '선정'이라는 표현을 쓴다(제33조).

특정 사건(성폭력범죄, 스토킹범죄, 인신매매 등)의 경우, 피해자에게 변호사가 없는 경우, 검사가 피해자의 권익 보호를 위하여 재량에 따라 피해자 국선변호사를 선정할 수 있다. 아동학대범죄 또는 19세 미만 성폭력범죄 피해자에게는 반드시 국선변호사를 선정하여야 한다.

변호인 선임권자

교육활동 중 아동학대로 신고된 교원으로서는 교육청이 직접 변호인 선임을 해주기를 원한다. 그러나 「형사소송법」 제30조에 따라 변호인 선임권자는 피고인 또는 피의자, 그의 법정대리인, 배우자, 직계존속과 형제자매로 제한된다. 결국 「형사소송법」 규정에 의하여 교육청이 직접 피의자의 변호인을 선임할 수는 없다. 다만, 교육청에서는 교원보호공제사업에 따른 변호사 선임비용 지원, 교육활동보호센터 소속 변호사와의 법률상담·자문, 외부 위촉·고문 변호사와의 연계 서비스 등을 지원하여 법적 테두리 내에서 최대한의 조력을 받을 수 있게끔 제도를 마련해 놓았다.

8

교원보호를 위한 제도:
교육활동보호센터와 직통번호
1395

교육활동보호센터

___

전국 17개 시·도교육청에서는 교육활동 침해행위를 예방하고, 피해교원의 정신적 피해에 대한 치유지원 등 심리적 회복이 필요한 교원을 지원하기 위하여 '교육활동보호센터'를 운영하고 있다.

교육활동보호를 위한 계획 수립, 교육활동보호 연수, 교육활동 침해 관련 법률상담, 법률지원단 운영, 심리상담 및 치료비 지원 등 다양한 프로그램을 실시하고 있다. 구체적인 내용은 각 시·도별 교육활동보호센터마다 차이가 있을 수 있다.

교육활동보호센터가 본청 건물에 있는 교육청도 있지만, 교원의 접근성 강화, 부담을 경감하고 편안한 분위기를 조성하기 위하여 별개의 독립된 공간에 두는 경우도 있다. 또한 센터 내 교권보호 변호사가 있는 곳도 있고, 그렇지 않고 외부 협약·고문, 법률지원단 변호사를 활용하는 교육청도 있으니, 사전에 문의가 필요하다.

전국 17개 시·도교육청 교육활동보호센터 현황

시·도별 교육활동보호센터	전화	주소
서울 (교육활동보호센터 공감)	02-399-9702~10	서울특별시 종로구 송월길 48, 보건안전진흥원 4층
부산(교원힐링센터)	051-862-1122	부산광역시 연제구 중앙대로 1077, 상계빌딩 10층
대구(교육권보호센터)	053-231-0540~4, 7	대구광역시 달서구 당산로 121, 대구광역시교육연수원 사도관 1층
인천(교육활동보호센터)	032-550-1781~4	인천광역시 남동구 인주대로591번길 71, 현영빌딩 4층
광주(교육활동보호센터)	1644-9575	동부: 광주광역시 북구 서양로 111, 동부교육지원청 서부: 광주광역시 서구 상무번영로 98, 서부교육지원청
대전(에듀힐링센터)	042-865-9363~5	대전광역시 유성구 대덕대로 507-115, 대전교육정보원 4층
울산(교육활동보호센터)	052-243-8721~2	울산광역시 중구 종가로 406-21, 울산비즈파크 C동 1층
세종(교육활동보호센터)	1522-9575	세종특별자치시 한누리대로 2150, 스마트허브 3층
경기 (경기교권보호지원센터)	1600-8787	경기도 수원시 영통구 도청로 28, 경기도교육청
강원(교육활동보호센터)	033-258-5341~4	강원특별자치도 춘천시 영서로 2854, 강원특별자치도교육청
충북(교육활동보호센터)	043-290-2251~8	충청북도 청주시 서원구 청남로 1929, 충청북도교육청
충남(교권보호센터)	1588-9331	충청남도 홍성군 홍북읍 선화로 22, 충청남도교육청
전북(교육활동보호센터)	063-237-0341~8	전북특별자치도 전주시 덕진구 정여립로 874, 전북교육인권센터
전남(교육활동보호센터)	061-260-0531, 6	전라남도 무안군 삼향읍 어진누리길 10, 전라남도교육청
경북(교육활동보호센터)	054-450-4363, 4343~4	경상북도 구미시 금오산로 198-14, 경상북도교육청연수원
경남(행복교권드림센터)	1811-7679	경상남도 창원시 성산구 중앙대로 241, 경상남도교육청 제2청사
제주(교육활동보호센터)	064-710-0075	제주특별자치도 제주시 문연로 5, 제주특별자치도교육청

이 표는 독자의 편의를 위해 만들어진 참고용이고, 변동 사항이 있을 수 있으므로 반드시 사전에 확인이 필요하다.

교육부 직통번호 1395

———

교육부는 2024년 3월 교육활동 침해 신고·상담이 가능한 직통번호를 마련하였다. 교원 누구나 전국 어디서든 '1395'를 누르면 상담센터 상담원과 교육활동 침해 신고, 마음건강 및 법률자문 등 맞춤형 지원을 제공하고 있고, 교권보호와 관련된 제반 사항에 대해서 안내를 받을 수 있다.

9

교원을 위한 안심보험: 교원보호공제사업

　교육청은 기존에도 민간 보험사와의 계약으로 교원배상책임보험을 운영하고 있었으나, 실효성 문제가 발생하자, 교원의 교육활동을 실질적으로 보호하고, 손해전보가 이루어질 수 있도록 보장의 범위를 확대하고자 학교안전공제회에 운영을 위탁하여 교원보호공제사업을 실시하고 있다(「교원지위법」 제22조).

　2025년 교육부 표준약관을 기준으로 교원보호공제사업의 구체적인 내용을 살펴보면 다음과 같다. 약관은 매년 변동이 있을 수 있으므로 사전 확인이 필요하다.

교원보호공제사업 표준약관 내용

담보명	보장내용	보장한도	주요 면책사유	
배상책임	교육활동으로 인한 사고에 대한 배상책임 (민사상 합의금 포함)	• 1사고당 2억원 • 소 제기 전 합의 시 1사고당 1억원	• 타법, 제도에 따라 지원이 가능한 경우	
민·형사 소송비용	학생·학부모 등과의 법률적 분쟁의 민·형사 소송 비용	• 심급별 660만원 • 검경 수사단계 330만원 (※ 구체적인 절차에 따라 지원금액이 상이함)	• 민사: 고의·중과실 • 형사: 유죄 확정	
상해치료 및 심리상담	• 교육활동 침해와 관련한 치료 및 요양, 심리상담 비용 • 소진교원 등 심리상담 비용	• 침해 관련 치료 및 요양, 심리상담 비용: 총 200만원 • 소진교원 심리상담 비용: 5회 범위 내	• 동일사유로 보호조치 지원을 받은 경우	
재산상 피해비용	휴대폰 훼손 등 비용	• 피해물품당 100만원	• 소지품 등의 보관·관리 를 현저히 해태한 경우	
위협대처 서비스	폭행·상해 등 중대사안 시 긴급 경호	• 1사고당 20일	–	
분쟁조정	분쟁사안 시 변호사 또는 공제회 담당자 등의 분쟁조정 서비스	• 한도 없음	• 소송이 진행 중인 분쟁	

(자료 출처: 교육부)

1. 배상책임: 교육활동으로 인한 사고에 대한 배상책임(1사고당 2억 원 한도)

2. 민·형사 소송비용: 학생, 학부모 등과의 법률상 분쟁이 생겼을 때 민·형사 소송비용(변호사 선임비용 등): 심급별(1심, 2심, 3심 각각) 660 만원, 검·경 수사단계 330만원(다만, 민사: 고의·중과실 인정, 형사: 유 죄판결 확정된 경우 지원 제외)(※ 구체적인 절차에 따라 지원금액이 상이함)

3. 교육활동 침해행위와 관련한 치료 및 요양, 심리상담 비용: 총 200만원, 소진교원 심리상담 비용: 5회 이내

4. 재산상 피해비용: 피해물품당 100만원까지 지원
5. 위협대처 서비스: 폭행·상해 등 중대사안 발생 시 긴급경호 서
   비스 지원
6. 분쟁조정: 교내 학부모 등과 분쟁사안 발생 때 공제회 담당자 등
   의 분쟁조정 서비스

유의할 점은 위 내용은 교육부 표준약관으로 예시에 불과하고, 실제 교육청 교원보호공제사업의 약관에 따라 보장내용, 보장한도, 면책사유 등이 상이할 수 있고, 상황에 따라 지원 가능 여부 및 그 범위가 달라질 수 있으므로 반드시 소속 시·도교육청 내 교육활동보호센터나 학교안전공제회에 문의가 필요하다.

표준약관이 최종적으로 만들어지기 전 초안에서는 소송비용 지원 금액이 현재의 것보다 낮았다. 그러나 본 저자가 교육부 회의에 참석하여 "변호사 선임비용 지원 금액이 부족하다. 실질적으로 변호사의 조력을 받을 수 있으려면 지원 금액이 현실화되어야 한다."라는 취지로 적극적으로 의견을 개진하였고, 다행히 의견이 일부 받아들여져 위 금액으로 증액이 되었다. 지역 법조계 시장을 고려하여 실질적으로 방어권을 보장받으려면 소송비용 지원 액수를 보다 더 증액할 필요가 있어 보인다.

소송비용은 민사절차에서는 고의·중과실의 경우, 형사절차에서는 유죄판결이 확정된 경우 지원대상에서 제외하고 있으니, 이를 유의하여야 할 것이다.

교원보호공제 지원 예시

교육부의 2025년 표준약관을 기준으로 교원보호공제를 통해 교원이 지원받을 수 있는 사례를 살펴보자.

(1) 수사단계 변호인 선임비용

교사 T가 학생 S로부터 아동학대로 고소를 당해 수사가 개시되었다. 변호인의 조력이 필요하다고 판단한 T는 경찰·검찰 수사단계에서 변호인을 선임하여 대응하였고, 결국 해당 사건은 검사의 혐의없음(증거 불충분) 처분으로 종결되었다. T는 학교안전공제회에 소송비용 지원 신청을 하여 변호인 선임비용으로 최대 330만원을 지원받을 수 있다.

(2) 공판단계 변호인 선임비용

교사 T가 학생 S로부터 아동학대로 고소를 당해 수사가 개시되었다. T는 수사단계에서는 변호인이 별도로 필요하지 않다고 판단하여 선임을 하지 않았으나, 검사가 기소하여 공판단계가 시작되자 그때부터 변호인을 선임하였다. 1심에서 변호인의 조력을 받아 방어권을 적절히 행사하여 무죄판결을 받았고, 검사가 항소하였으나, 2심(항소심)에서도 변호인을 선임하여 검사의 항소를 기각하는 판결을 받았다. 결국 검사가 상고하지 않아 무죄가 확정되었다. 이때 T가 변호인 선임비용 지원을 신청하여 받을 수 있는 금액은 최대 얼마까지일까?

정답은 1,320만원이다(1심: 660만원, 2심: 660만원).

심급당 660만원의 한도로 지원이 가능하고, 1, 2심을 거쳤기 때문에 1,320만원까지 지원이 가능하다.

(3) 수사 및 공판단계 변호인 선임비용

교사 T가 학생 S로부터 아동학대로 고소를 당하여 수사가 개시되었다. T는 수사단계에서 변호인을 선임하였으나, 검사는 T를 기소하였다. 1심에서 변호인의 도움을 받아 무죄판결을 선고받았고, 검사가 항소하였으나 2심(항소심)에서도 변호인을 선임하여 항소를 기각하는 판결을 받았으며, 검사는 상고하지 않아 무죄가 확정되었다.

이 경우 T가 변호인 선임비용 지원을 신청하여 지급받을 수 있는 금액은 얼마까지일까?

정답은 1,320만원이다(1심: 660만원, 2심: 660만원). 심급당 최대 660만원까지 지원이 가능하고, 수사단계에서의 330만원은 별도로 계산하는 것이 아니라 1심 단계의 660만원에 포함되기 때문에, 330만원 + 660만원=990만원이 아니라 660만원이 되는 것이다. 따라서 T는 수사단계부터 항소심까지 변호인 선임을 하였으므로 1,320만원이 최대로 지원받을 수 있는 금액이다.

(4) 상해치료비 및 재산상 피해비용

학생 S가 교육활동 중인 교사 T에게 폭행을 가하였다. 이로 인해 T

가 2주 상해를 입어 치료비가 30만원이 나왔고, 폭행을 막는 과정에서 손목에 차고 있던 스마트워치가 파손되어 수리비로 20만원이 나왔을 때, 교원보호공제사업을 통해 지원받을 수 있는 금액은 얼마일까?

정답은 50만원이다(상해치료비: 30만원 + 재산상 피해비용 20만원 모두 지원). 상해치료비는 200만원 범위 내에서, 재산상 피해비용은 100만원 범위 내에서 지원이 가능하다.

(5) 위협대처 서비스

학생의 아버지 F는 자신의 아들에 대한 지도가 마음에 들지 않는다는 이유로 화가 나 학교에 전화해 교장, 교감, 교사를 해치겠다는 말을 여러 차례 하였고, 실제 학교로 찾아와 행패를 부린 사실이 있으며, 다음에 올 때는 다 죽이겠다고 말하며 협박하였다. 이 경우 학교는 교원보호공제사업상 위협대처 서비스(긴급경호 서비스)를 이용할 수 있다. 학교 측에서는 긴급경호 서비스를 이용하는 것뿐만 아니라 만약 F의 공무집행방해 등의 범죄혐의가 발견될 시에는 경찰에 신고하여 즉각 대응할 수 있다.

(6) 분쟁조정 서비스

교육활동과 관련하여 학부모와의 분쟁이 발생하였으나, 관리자의 중재에도 불구하고 조정이 되지 않을 경우, 교원은 분쟁조정 서비스를 신청할 수 있다. 분쟁조정 서비스가 개시되면, 학교안전공제회 측 전문가가 중재자로서 양자 간의 입장을 조정하여 교육 당사자 간의 분쟁을 조기에 종결시키는 역할을 한다.

Part 2

교권보호
실전 전략

제1장
아동학대 신고에 대한 대응

교육현장에서 타당하지 않은 이유로 교원이 아동학대나 업무상과실치상, 직무유기 등으로 고소되는 경우가 종종 있다. 특히 아동학대로 신고되는 경우가 많은데, 아동학대는 그 절차에 있어서 특수한 점이 많으므로 아동학대의 정의, 절차, 판단기준 및 대응방법 등에 대해서 먼저 살펴본 다음 나머지 일반 형사범죄 순으로 알아보도록 하자.

아동학대 피소 시 형사절차

아동학대 피소 시 형사 절차

교육감의견 제출
(정당한 생활지도 or 의견 없음)

구약식
구공판

(무죄, 징역, 벌금 등)

| 경찰수사 | → | 검찰
결정 전 조사 | → | 기소 | → | 법원
(형사사건) | → | 형벌 |

+ 취업제한명령

사건
송치

불기소

아동보호사건
송치

(혐의없음, 기소유예 등)

전건 송치
(혐의가 있든 없든 검찰에 송치함)

아동보호사건
송치 → 가정법원 → 보호처분

(불처분 결정,
사회봉사 · 수강명령 등)

학생, 학부모가 교원에 대하여 아동학대로 고소하면, 경찰의 수사가 개시되고, 경찰에서 교원 소속 교육청에 의견제출 요청을 하게 된다. 교원의 행위가 정당한 생활지도에 해당하는지를 판단하여 의견서를 경찰에 제출하고, 경찰은 혐의가 있든 없든 전건 송치 규정(「아동학대처벌법」 제24조)에 따라 의견을 제시하여 검찰로 송치하게 되고, 검찰은 기소, 불기소, 아동보호사건 송치 중에서 하나를 결정하여 처분을 내리게 된다. 검사는 공소제기 여부 등의 처분을 결정하는 데 필요하다고 인정하면 관할 보호관찰소장에게 제반 사항*에 관한 조사를 요구할 수 있는데, 이를 '결정 전 조사'라고 한다(제25조).

기소

___

수사 결과 혐의가 있다고 판단하여, 형사처벌이 필요하다면, 구약식** 또는 구공판으로 기소하게 되고, 법원은 이에 따라 유 · 무죄 판단을 하게 되며, 유죄로 인정되면 그 형량을 결정하게 된다. 아동학대범죄의 유죄판결 시 원칙적으로 취업제한명령을 함께 부과하고, 각종 수강명령, 아동학대 치료프로그램 이수와 같은 이수명령을 병과할 수 있다.

검찰 단계에서 아동보호사건으로 송치될 수 있을 뿐만 아니라, 일단 검사가 기소한 후에도 아동보호사건으로 처리하는 것이 적절하다고 인정하는 경우에는 형사법원에서 가정법원으로 아동보호사건 송치할 수 있다(제29조). 따라서 설령 아동학대로 검사가 기소하더라도, 형사판결보다 아동보호처분이 피고인에게 더 적절한 처분이라는 점을 변호인의 조력을 받아 적극적으로 소명한다면, 사건이 가정법원으로 송

___

* 아동학대행위자의 경력, 생활환경, 양육능력이나 그 밖에 필요한 사항.

** 벌금형으로 처리하는 것이 적절한 경우, 정식 공판절차를 거치지 않고 서면만으로 처리하는 절차.

치되어 유죄판결을 피할 수도 있다. 무죄를 적극적으로 다툴 것인지, 아니면 범죄를 인정하되 정상참작 자료를 제출하고, 보호처분의 필요성을 소상히 설명하여 보호사건 송치 결정을 받을 것인지는 사건의 성질과 내용, 증거 유무, 증거가치 등을 종합적으로 고려하여 변호인의 전략적 접근이 필요하다.

불기소

혐의를 인정할 정도의 증거가 존재하지 않는다면, 혐의없음(증거불충분) 불기소 처분할 수 있다. 기소유예 역시 불기소 처분의 일종인데, 기소유예는 혐의는 인정되나, 「형법」 제51조의 여러 가지 사정을 참작하여 검사의 기소편의주의에 따라 공소제기를 하지 않는 것을 말하며, 그 근거는 「형사소송법」 제247조, 「검찰사건사무규칙」 제115조 제3항 제1호이다. 또한 「아동학대처벌법」 제26조에 따라 사건의 성질·동기 및 결과, 아동학대행위자의 성행 및 개선 가능성 등을 고려하여 상담, 치료 또는 교육받는 것을 조건으로 하는 조건부 기소유예도 할 수 있다.

아동학대로 신고되지 않는 것이 가장 좋을 것이나, 설사 아동학대로 신고되어 경찰의 수사가 개시된다고 하더라도, 검사로부터 혐의없음 처분을 받는 것이 가장 최선의 결과라고 할 것이다. 만약 경찰 단계에서 수사가 진행되지 않았다면(아직 입건조차 되지 않은 경우), 입건 전 종결(내사종결, 현장종결)로 수사 개시 전에 마무리 지을 수 있는 것이 최선이다.

아동보호사건 송치

「아동학대처벌법」제27조 및 제28조에 따라 검사는 아동학대범죄로서 제26조 각 호 사유를 고려하여 보호처분을 하는 것이 적절하다고 인정하는 경우에는 아동보호사건으로 가정법원에 송치할 수 있다. 만약 아동학대사건과 다른 형사범죄가 함께 수사단계에 있는 경우, 아동학대사건만을 분리하여 보호사건으로 송치할 수 있다.

> **「형사소송법」**
> **제247조(기소편의주의)** 검사는「형법」제51조의 사항을 참작하여 공소를 제기하지 아니할 수 있다.
>
> **「검찰사건사무규칙」**
> **제115조(불기소결정)** ③ 불기소결정의 주문은 다음과 같이 한다.
> 1. 기소유예: 피의사실이 인정되나「형법」제51조 각 호의 사항을 참작하여 소추할 필요가 없는 경우
>
> **「형법」**
> **제51조(양형의 조건)** 형을 정함에 있어서는 다음 사항을 참작하여야 한다.
> 1. 범인의 연령, 성행, 지능과 환경
> 2. 피해자에 대한 관계
> 3. 범행의 동기, 수단과 결과
> 4. 범행 후의 정황
>
> **「아동학대처벌법」**
> **제24조(사법경찰관의 사건송치)** 사법경찰관은 아동학대범죄를 신속히 수사하여 사건을 검사에게 송치하여야 한다. 이 경우 사법경찰관은 해당 사건을 아동보호사건으로 처리하는 것이 적절한 지에 관한 의견을 제시할 수 있다.

제25조(검사의 결정 전 조사) ① 검사는 아동학대범죄에 대하여 아동보호사건 송치, 공소제기 또는 기소유예 등의 처분을 결정하기 위하여 필요하다고 인정하면 아동학대행위자의 주거지 또는 검찰청 소재지를 관할하는 보호관찰소의 장에게 아동학대행위자의 경력, 생활환경, 양육능력이나 그 밖에 필요한 사항에 관한 조사를 요구할 수 있다.

제26조(조건부 기소유예) 검사는 아동학대범죄를 수사한 결과 다음 각 호의 사유를 고려하여 필요하다고 인정하는 경우에는 아동학대행위자에 대하여 상담, 치료 또는 교육 받는 것을 조건으로 기소유예를 할 수 있다.
1. 사건의 성질·동기 및 결과
2. 아동학대행위자와 피해아동과의 관계
3. 아동학대행위자의 성행(性行) 및 개선 가능성
4. 원가정보호의 필요성
5. 피해아동 또는 그 법정대리인의 의사

제27조(아동보호사건의 처리) ① 검사는 아동학대범죄로서 제26조 각 호의 사유를 고려하여 제36조에 따른 보호처분을 하는 것이 적절하다고 인정하는 경우에는 아동보호 사건으로 처리할 수 있다.

제28조(검사의 송치) ① 검사는 제27조에 따라 아동보호사건으로 처리하는 경우에는 그 사건을 제18조 제1항에 따른 관할 법원에 송치하여야 한다.
② 검사는 아동학대범죄와 그 외의 범죄가 경합(競合)하는 경우에는 아동학대범죄에 대한 사건만을 분리하여 관할 법원에 송치할 수 있다.

제29조(법원의 송치) 법원은 아동학대행위자에 대한 피고사건을 심리한 결과 제36조에 따른 보호처분을 하는 것이 적절하다고 인정하는 경우에는 결정으로 사건을 관할 법원에 송치할 수 있다.

②

아동보호사건은
무엇인가요?

아동보호처분 및 그 효과

    아동보호사건으로 송치된다면, 관할 가정법원에서 단독판사의 심리를 받게 되는데, 다음 표와 같이 「아동학대처벌법」 제36조 제1항 각 호에 따라 제1호 접근제한부터 제8호 상담위탁까지의 보호처분을 받을 수 있다. 각 호의 처분은 병과될 수 있으며, 일반적으로 제4호 수강명령 결정을 하게 된다(예를 들면, "행위자에게 40시간의 아동학대예방교육 수강을 명한다.").

아동보호처분의 종류 및 내용

구분	보호처분의 종류	기간 및 시간 제한	불이행 시 제재
제1호	아동학대행위자가 피해아동 또는 가정구성원에게 접근하는 행위의 제한	1년 (최대 2년)	2년 이하 징역 또는 2,000만원 이하 벌금 또는 구류*
제2호	아동학대행위자가 피해아동 또는 가정구성원에게 「전기통신기본법」 제2조 제1호의 전기통신을 이용하여 접근하는 행위의 제한	1년 (최대 2년)	
제3호	피해아동에 대한 친권 또는 후견인 권한 행사의 제한 또는 정지	1년 (최대 2년)	
제4호	「보호관찰 등에 관한 법률」에 따른 사회봉사 · 수강명령	각각 200시간 (최대 각각 400시간)	1,000만원 이하의 과태료
제5호	「보호관찰 등에 관한 법률」에 따른 보호관찰	1년 (최대 2년)	
제6호	법무부장관 소속으로 설치한 감호위탁시설 또는 법무부장관이 정하는 보호시설에의 감호위탁	1년 (최대 2년)	
제7호	의료기관에의 치료위탁	1년 (최대 2년)	
제8호	아동보호전문기관, 상담소 등에의 상담위탁	1년 (최대 2년)	

* 「형법」 제46조에 따라 1일 이상 30일 미만의 짧은 기간 동안 교도소 또는 경찰서 유치장에 구금되는 형벌을 말하며, 실무상 이를 선고하는 경우는 거의 없다.

아동보호사건에서의 보호처분을 받는 것만으로는 유죄판결을 받은 것과 동일한 효력이 부여되는 것이 아니다. 그러므로 흔히 말하는 전과에도 해당하지 않는다. 보호처분이 확정되면 동일한 사실로 다시 검사가 공소를 제기할 수 없다(제33조).

물론 보호사건에서 보호처분을 할 수 없거나 필요성이 인정되지 않으면 처분하지 아니한다는 결정(이른바 '불처분 결정')을 할 수 있다(제44조, 「가정폭력처벌법」제37조 제1항 제1호). 이는 사실상의 무죄와 동일한 취지라고 볼 수 있다. 그러나 제2호에 따라 사건의 성질·동기 및 결과, 아동학대행위자의 성행, 습벽 등에 비추어 아동보호사건으로 처리하는 것이 적당하지 아니할 때에는 불처분 결정과 함께 검사에게 역송치하거나 형사법원으로 이송하게 되므로 형사처벌의 가능성이 발생한다. 제1호 불처분 결정이 확정되어도 동일한 사실에 대해서 형사처벌을 받을 수 있다는 대법원 판결이 존재하나(대법원 2017. 8. 23. 선고 2016도5423 판결), 이는 예외적인 사정으로 말미암아 새롭게 기소한 것이기 때문에 일반적으로 제1호 사유에 따른 불처분 결정을 받은 경우에는 별도로 형사처벌을 받지 않는다.

「아동학대처벌법」
제33조(보호처분의 효력) 제36조에 따른 보호처분이 확정된 경우에는 그 아동학대행위자에 대하여 같은 범죄사실로 다시 공소를 제기할 수 없다. 다만, 제41조 제1호에 따라 송치된 경우에는 그러하지 아니하다.

제36조(보호처분의 결정 등) ① 판사는 심리의 결과 보호처분이 필요하다고 인정하는 경우에는 결정으로 다음 각 호의 어느 하나에 해당하는 보호처분을 할 수 있다.
1. 아동학대행위자가 피해아동 또는 가정구성원에게 접근하는 행위의 제한
2. 아동학대행위자가 피해아동 또는 가정구성원에게 「전기통신기본법」제2조 제1호의 전기통신을 이용하여 접근하는 행위의 제한
3. 피해아동에 대한 친권 또는 후견인 권한 행사의 제한 또는 정지
4. 「보호관찰 등에 관한 법률」에 따른 사회봉사·수강명령
5. 「보호관찰 등에 관한 법률」에 따른 보호관찰
6. 법무부장관 소속으로 설치한 감호위탁시설 또는 법무부장관이 정하는 보호시설에의 감호위탁
7. 의료기관에의 치료위탁
8. 아동보호전문기관, 상담소 등에의 상담위탁
② 제1항 각 호의 처분은 병과할 수 있다.

제44조(준용) 아동보호사건의 조사·심리·보호처분 및 민사처리에 관한 특례 등에 대하여는 「가정폭력처벌법」 제18조의2, 제19조부터 제28조까지, 제30조부터 제39조까지, 제42조, 제56조부터 제62조까지의 규정을 준용한다.

「가정폭력처벌법」
제37조(처분을 하지 아니한다는 결정) ① 판사는 가정보호사건을 심리한 결과 다음 각 호의 어느 하나에 해당하는 경우에는 처분을 하지 아니한다는 결정을 하여야 한다.
1. 보호처분을 할 수 없거나 할 필요가 없다고 인정하는 경우
2. 사건의 성질·동기 및 결과, 가정폭력행위자의 성행, 습벽(習癖) 등에 비추어 가정보호 사건으로 처리하는 것이 적당하지 아니하다고 인정하는 경우
② 법원은 제1항 제2호의 사유로 처분을 하지 아니한다는 결정을 한 경우에는 다음 각 호의 구분에 따라 처리하여야 한다.
1. 제11조에 따라 검사가 송치한 사건인 경우에는 관할 법원에 대응하는 검찰청의 검사에게 송치
2. 제12조에 따라 법원이 송치한 사건인 경우에는 송치한 법원에 이송
③ 제1항에 따른 결정을 한 경우에는 이를 가정폭력행위자, 피해자 및 검사에게 통지하여야 한다.

[대법원 2017. 8. 23. 선고 2016도5423 판결]

「가정폭력처벌법」 제37조 제1항 제1호의 불처분결정이 확정된 후에 검사가 동일한 범죄사실에 대하여 다시 공소를 제기하였다거나 법원이 이에 대하여 유죄판결을 선고하였더라도 이중처벌금지의 원칙 내지 일사부재리의 원칙에 위배된다고 할 수 없다.

아동보호사건 결정에 대한 불복절차: 항고 및 재항고

아동보호처분에 관하여 그 결정에 영향을 미칠 법령 위반이 있거나 중대한 사실 오인이 있는 경우 또는 그 결정이 현저히 부당한 경우에는 검사, 아동학대행위자, 그 법정대리인 또는 보조인은 가정법원본원 합의부에 항고할 수 있다. 또한 불처분 결정에 대해서는 그 결정이 현저히 부당할 때, 검사, 피해아동, 그 법정대리인, 또는 변호사는 항고

할 수 있다. 항고는 결정 고지일로부터 7일 이내에 해야 한다(「아동학대 처벌법」 제45조). 또한 항고기각 결정에 법령 위반이 있는 경우, 항고기 각 결정을 고지받은 날부터 7일 이내에 재항고할 수 있다. 항고 및 재 항고를 하더라도 집행정지의 효력이 없으므로 보호처분에 대한 집행 은 계속 진행된다(「가정폭력처벌법」 제50~54조).

보호처분 미이행 시 불이익: 형사처벌, 과태료 및 보호처분 취소

아동학대행위자가 가정법원으로부터 「아동학대처벌법」 제36조에 따 른 보호처분을 받고 그 보호처분이 확정되었음에도 이를 이행하지 않 았을 경우, 보호처분 불이행죄로 2년 이하의 징역 또는 2,000만원 이 하의 벌금 또는 구류에 처하거나(1~3호 보호처분 미이행), 1,000만원 이하 의 과태료*가 부과(4~8호 보호처분 미이행)될 수 있다(제59조 제1항 제2호 및 제63조 제1항 제5호). 또한 4~8호 보호처분 미이행 시 보호처분이 취소되 고 검사나 형사법원에 송치 · 이송 후 형사처벌받을 수 있다(제41조).

---

* 1차 위반: 300만원, 2차 위반: 500만원, 3차 이상 위반: 1,000만원.

③

아동학대 관련 통계

아동학대 통계 – 행위자(부모)

(단위: 건, %)

관계 \ 연도		2019년	2020년	2021년	2022년	2023년
부모	친부	12,371	13,471	16,944	12,796	12,414
		(41.2)	(43.6)	(45.1)	(45.7)	(48.2)
	친모	9,342	10,945	13,380	9,562	8,921
		(31.1)	(35.4)	(35.6)	(34.2)	(34.7)
	계부	557	578	702	511	511
		(1.9)	(1.9)	(1.9)	(1.8)	(2.0)
	계모	336	312	340	201	220
		(1.1)	(1.0)	(0.9)	(0.7)	(0.9)
	양부	58	40	68	29	24
		(0.2)	(0.1)	(0.2)	(0.1)	(0.1)
	양모	36	34	52	20	16
		(0.1)	(0.1)	(0.1)	(0.1)	(0.1)
	소계	22,700	25,380	31,486	23,119	22,106
		(75.6)	(82.1)	(83.7)	(82.7)	(85.9)

(자료 출처: 보건복지부)

아동학대 통계 - 행위자(교직원)

(단위: 건, %)

연도 관계	2019년	2020년	2021년	2022년	2023년
유치원 교직원	155 (0.5)	118 (0.4)	140 (0.4)	100 (0.4)	59 (0.2)
초·중·고 교직원	2,154 (7.2)	882 (2.9)	1,089 (2.9)	1,602 (5.7)	793 (3.1)

(자료 출처: 보건복지부)

아동학대 통계 - 발생장소

(단위: 건, %)

발생장소		건수	비율
가정 내	아동 가정 내	20,659	(80.3)
	학대행위자 가정 내	677	(2.6)
소계		21,336	(82.9)
집 근처 또는 길가		1,809	(7.0)
친척집		161	(0.6)
이웃집		55	(0.2)
어린이집		382	(1.5)
유치원		62	(0.2)
학교		889	(3.5)
학원		250	(1.0)
병원		40	(0.2)
복지 시설	아동 복지시설	154	(0.6)
	기타 복지시설	55	(0.2)
숙박업소		129	(0.5)
종교시설		27	(0.1)
기타		390	(1.5)
계		25,739	(100)

(자료 출처: 보건복지부)

연도별 아동학대 신고 및 사법처리(입건) 현황

(단위: 건)

구분	2020년	2021년	2022년	2023년
112신고	16,149	26,048	25,383	28,292
사법처리	5,551	11,572	11,970	13,008

(자료 출처: 경찰청)

피해자 연령 현황

(단위: 건)

구분	2021년	2022년	2023년
13세 미만	8,225	8,479	9,400
13세 이상	5,447	5,965	6,196

(자료 출처: 경찰청)

장소별 발생 현황

(단위: 건)

구분	2021년	2022년	2023년
가정 내	9,983	9,973	10,554
가정 외	1,589	1,997	2,454

(자료 출처: 경찰청)

아동학대 통계를 보면, 부모에 의한 학대가 대부분이었고(2022년: 82.7%, 2023년: 85.9%), 유·초·중·고등학교 교직원에 의한 것은 소수에 불과하였다(2022년: 6.1%, 2023년: 3.3%). 2023년 기준 아동학대 발생 장소는 가정이 82.9%, 유치원과 학교가 3.7%를 차지하였다.

이 통계에서 보듯이 대부분의 아동학대는 가정에서, 부모에 의해서 발생하고 있으며, 학교에서, 교원에 의한 비율은 극히 미미하였다.

4

고소가 되면, 경찰·검찰 수사는
얼마나 걸리나요?

"아동학대로 고소를 당했는데, 언제 결과가 나올까요?"라고 종종 질문이 들어온다. 하지만 사건의 복잡성, 난이도, 수사관의 업무처리 속도, 배당된 사건의 수, 당사자가 수사에 적극 협조하는지, 검사의 보완수사 요구 또는 재수사 요청이 있는지 등을 종합적으로 고려하여야 하므로 일률적으로 기간을 산정하기는 어렵다.

「형사소송법」 제257조 등에서 경찰·검찰이 고소를 수리한 날로부터 3개월 이내에 수사를 완료하여야 한다고 규정되어 있고, 아동학대범죄의 경우에는 「아동학대처벌법」 제24조에 따라 경찰에게 신속히 수사할 의무를 부과하고 있다. 그러나 이는 훈시규정에 불과하고, 실무에서는 여러 가지 사정으로 지켜지지 않는 것이 현실이다. 다만, 구속사건의 경우 구속기간의 제한이 있기 때문에 불구속 사건보다 더 우선

하여 진행하게 되어 수사단계에서나 공판단계에서나 매우 빠르게 진행된다는 특징이 있다.

「형사소송법」
제257조(고소등에 의한 사건의 처리) 검사가 고소 또는 고발에 의하여 범죄를 수사할 때에는 고소 또는 고발을 수리한 날로부터 3월 이내에 수사를 완료하여 공소제기여부를 결정하여야 한다.

「검사와 사법경찰관의 상호협력과 일반적 수사준칙에 관한 규정」
제16조의2(고소·고발 사건의 수리 등) ① 검사 또는 사법경찰관은 고소 또는 고발을 받은 경우에는 이를 수리해야 한다.
② 검사 또는 사법경찰관은 고소 또는 고발에 따라 범죄를 수사하는 경우에는 고소 또는 고발을 수리한 날부터 3개월 이내에 수사를 마쳐야 한다.

「경찰수사규칙」
제24조(고소·고발사건의 수사기간) ① 사법경찰관리는 고소·고발을 수리한 날부터 3개월 이내에 수사를 마쳐야 한다.
② 사법경찰관리는 제1항의 기간 내에 수사를 완료하지 못한 경우에는 그 이유를 소속수사부서장에게 보고하고 수사기간 연장을 승인받아야 한다.

「아동학대처벌법」
제24조(사법경찰관의 사건송치) 사법경찰관은 아동학대범죄를 신속히 수사하여 사건을 검사에게 송치하여야 한다. 이 경우 사법경찰관은 해당 사건을 아동보호사건으로 처리하는 것이 적절한 지에 관한 의견을 제시할 수 있다.

5

아동학대란 무엇인가요?

아동의 연령 기준

「아동복지법」에서 "아동"은 만 18세 미만인 사람을 말한다(제3조 제1호). 법적으로는 어린 영유아뿐만 아니라 고등학생도 아동학대의 객체에 해당한다. 다만, 일반적인 경우 생일이 지난 고등학교 3학년인 학생은 만 18세이기 때문에 더 이상 아동이 아니게 된다. 따라서 교사가 만 18세인 고등학생에게 폭행을 한다고 하더라도, 아동학대는 성립될 수 없고, 「형법」상 단순 폭행죄에 해당할 수 있을 뿐이다.

아동학대의 정의

———

"아동학대"란 보호자를 포함한 성인이 아동의 건강 또는 복지를 해치거나 정상적 발달을 저해할 수 있는 신체적·정신적·성적 폭력이나 가혹행위를 하는 것, 아동의 보호자가 아동을 유기하거나 방임하는 것을 말한다(「아동복지법」 제3조 제7호).

아동학대의 유형

———

아동학대의 유형으로는 신체적 학대, 정서적 학대, 성적 학대, 유기·방임으로 크게 4가지로 구분할 수 있다. 학대의 유형 여러 개가 결합한 중복학대도 자주 발생한다. 이 책에서는 교육현장에서 곧잘 문제가 되는 신체적 학대와 정서적 학대 위주로 살펴보도록 한다.

(1) 신체적 학대

아동의 건강을 해치거나 정상적 발달을 저해할 수 있는 신체적 폭력 또는 가혹행위로서 아동의 신체에 손상을 주거나 신체의 건강 및 발달을 해치는 행위를 말한다(제17조 제3호).

(2) 정서적 학대

아동의 건강을 해치거나 정상적 발달을 저해할 수 있는 정신적 폭력 또는 가혹행위로서 아동의 정신건강 및 발달에 해를 끼치는 정서적 학대행위를 말하며, 가정폭력에 아동을 노출시키는 경우도 포함한다(제17조 제5호).

헌법재판소에서 말하는 정서적 학대의 예시

[헌법재판소 2015. 10. 21. 선고 2014헌바266 결정]

정서적 학대 행위에는, 아동에 대한 악의적·부정적 태도에서 비롯된 것으로서, 폭언과 위협, 잠을 재우지 않는 행위, 벌거벗겨 내쫓는 행위, 억지로 음식을 먹게 하는 행위, 특정 아동을 차별하는 행위, 방 안에 가두어 두는 행위, 아이를 오랜 시간 벌을 세우고 방치하는 행위, 찬물로 목욕시키고 밖에서 잠을 자게 하는 행위, 음란물이나 폭력물을 강제로 시청하게 하는 행위 등이 있을 것이다.

---

(3) 성적 학대

아동의 건강을 해치거나 정상적 발달을 저해할 수 있는 성적 폭력 또는 성적 가혹행위로서 아동에게 음란한 행위를 시키거나 이를 매개하는 행위 또는 아동에게 성적 수치심을 주는 성희롱 등의 행위를 말한다(제17조 제2호).

(4) 유기·방임

자신의 보호·감독을 받는 아동을 보호받지 못하는 상태로 두는 행위(유기)와 의식주를 포함한 기본적 보호·양육·치료 및 교육을 소홀히 하는 행위(방임)를 말한다(제17조 제6호).

아동학대 양벌규정
___

어린이집 등에서 교사에 의해 아동학대가 발생하면 가해행위자를 처벌하는 것뿐만 아니라 양벌규정에 따라 원장 등도 벌금형에 처할 수 있다(제74조). 다만, 상당한 주의와 감독을 게을리하지 않았음을 소명하면 처벌을 면할 수 있다.

영아를 상습적으로 학대한 보육교사를 제대로 관리하지 못한 어린이집 원장에 대해서 양벌규정으로 벌금형을 부과한 사례가 있으나, 유치원이나 학교에서는 양벌규정을 적용하여 실제 처벌까지 이어진 사례는 많지 않다.

여기서 말하는 원장은 '실질적 사업주'를 의미한다. 대법원은 지방자치단체가 설립한 어린이집이라 하더라도, 구청으로부터 운영 전반을 위탁받은 원장이 운영 전반에 관한 책임귀속의 주체에 해당하여, 원장으로서 양벌규정의 수범자의 지위에 있다고 판시하였다(대법원 2023. 7. 13. 선고 2021도2761 판결).

사용자로서 관리감독 의무를 게을리하였는지에 대하여 대법원은 "당해 위반행위와 관련된 모든 사정 즉, 당해 법률의 입법 취지, 처벌

조항 위반으로 예상되는 법익 침해의 정도, 그 위반행위에 관하여 양벌조항을 마련한 취지 등은 물론 위반행위의 구체적인 모습과 그로 인하여 실제 야기된 피해 또는 결과의 정도, 법인의 영업 규모 및 행위자에 대한 감독가능성 또는 구체적인 지휘감독관계, 법인이 위반행위 방지를 위하여 실제 행한 조치 등을 전체적으로 종합하여 판단하여야 한다."라고 판시하였다(대법원 2016. 5. 12. 선고 2015도6781 판결).

6

아동학대 신고의무자

아동학대 신고의무 및 미이행 시 불이익

———

유치원장과 그 종사자, 학교의 장과 그 종사자는 직무를 수행하면서 아동학대범죄를 알게 된 경우나 그 의심이 있는 경우에는 지자체 또는 수사기관에 즉시 신고하여야 한다(「아동학대처벌법」 제10조 제2항 제13호 및 제20호). 여기서 신고의무자는 교원에 한정되지 않는다. 대법원에서는 학교의 특수교육실무사도 「아동학대처벌법」상 신고의무자에 해당한다고 보았다(대법원 2023. 10. 26. 선고 2020도13469 판결).

만약 정당한 사유가 없음에도 신고의무자가 신고하지 않으면 1,000

만원 이하의 과태료를 부과한다*(제63조 제1항 제2호 및 「아동학대처벌법 시행령」[별표]).

아동학대 신고의무자 가중처벌
―

「아동학대처벌법」제7조에서는 아동학대 신고의무자가 보호아동에 대해서 아동학대범죄를 범한 때에는 형의 1/2까지 가중한다는 규정을 두고 있다.

신체적 학대, 정서적 학대, 유기 · 방임의 법정형은 5년 이하 징역 또는 5,000만원 이하 벌금에 해당하는데(「아동복지법」제71조 제1항 제2호), 만약 아동학대 신고의무자가 위 아동학대 행위를 하였다면, 형의 1/2을 가중하여, 7년 6개월 이하 징역 또는 7,500만원 이하 벌금까지 가능해진다.

아동학대 신고의무자 가중처벌 규정은 위헌일까?
―

초등학교 5학년 담임교사 T는 2017.경 학생들에게 정서적 학대 6회, 성적 학대 4회를 하였다는 사실로 기소가 되었고, 형사재판 계속 중, 아동학대 신고의무자에 대해서 형의 1/2을 가중하는 「아동학대처

---

* 1차 위반: 300만원, 2차 위반: 500만원, 3차 이상 위반 1,000만원.

벌법」 제7조 규정은 '책임과 형벌 간의 비례원칙'*을 위배한다고 주장하며 헌법소원심판을 청구하였다.

그러나 헌법재판소는 아동을 보호해야 할 아동학대 신고의무자가 오히려 아동을 학대하는 것은 불법성과 비난가능성이 높으므로 이를 두고 행위자의 책임에 비해 지나치게 가혹하여 현저히 형벌체계상의 균형을 잃었다고 보기 어렵고, 사안의 경중, 구체적인 사정, 여러 요소 등을 종합적으로 고려하면 그 법정형의 범위 내에서 행위자의 책임에 따른 적절한 선고형을 결정할 수 있고, 경우에 따라 집행유예 선고도 얼마든지 가능하므로 과잉형벌이라고 볼 수 없다고 보았다(헌법재판소 2021. 3. 25. 선고 2018헌바388 결정). 결국 해당 조항은 합헌으로 결정되어, 현재까지도 형을 가중하는 규정은 여전히 존재한다.

결국 교사 T의 헌법소원심판청구는 기각되고, T는 형사재판에서 1심: 징역 1년, 집행유예 2년, 항소심: 징역 10월, 집행유예 2년(일부 무죄가 나와 감형), 상고심: 상고기각으로 판결이 확정되었다.

---

* 형벌은 범행의 경중과 행위자의 책임 사이에 비례성을 갖추어야 하고 특별한 이유로 형을 가중하는 경우에도 형벌의 양은 행위자의 책임의 정도를 초과해서는 안 된다는 원칙을 말한다.

7

아동학대 판단기준:
신체적 학대

신체적 학대의 의미 및 고의의 정도

「아동복지법」상 금지되는 신체적 학대행위란 '신체적 폭력이나 가혹
행위로서 아동의 신체건강 또는 복지를 해치거나 정상적 신체발달을
저해할 정도 혹은 그러한 결과를 초래할 위험을 발생시킬 정도에 이르
는 것'을 말한다.

반드시 아동에 대한 신체적 학대의 목적이나 의도가 있어야만 인정
되는 것은 아니고, 자기의 행위로 아동의 건강 및 발달을 저해하는 결
과가 발생할 위험 또는 가능성이 있음을 미필적으로 인식하면 충분하
다(대법원 2024. 10. 8. 선고 2021도13926 판결).

신체적 학대의 판단기준

신체적 학대에 해당하는지를 판단함에 있어서는 행위 발생장소, 시기, 행위에 이른 동기와 경위, 행위의 정도와 태양, 아동의 반응 등 구체적인 행위 전후의 사정과 더불어 아동의 연령 및 건강 상태, 행위자의 평소 성향이나 유사행위의 반복성 여부 및 기간까지도 고려하여 판단한다(대법원 2022. 10. 27. 선고 2022도1718 판결).

신체적 학대 관련 사례

(1) 부산 중학생 체벌 사건

부산에 있는 한 중학교 3학년 담임교사가 13~14세의 중학생들에게 3회에 걸쳐 체벌을 가함으로써 신체적 학대를 하였다는 내용으로 기소되었다. 구체적인 공소사실은 아래와 같다.

공소사실

1. 피고인은 2018. 4. 중순경 중학교 1학년 6반 교실에서 피해자 A(여, 13세) 등 3명의 학생들이 수업시간을 알리는 종이 울렸음에도 교실 뒤쪽에 서 있었다는 이유로 피해자들에게 "이 새끼들아, 싸가지 없는 것들이 수행평가 10점 감점시킨다."라고 욕설을 하며 약 3분간 엎드려뻗쳐를 시켰다.

2. 피고인은 2018. 8. 중순 08:40경 3학년 4반 교실에서 피해자 B(14세)가 교실 앞문으로 들어오고 뒷문으로 다시 들어오라는 지시에 말대꾸를 하였다는 이유로 손으로 피해자의 뺨을 1회 때렸다.

3. 피고인은 2018. 8. 하순 아침경 피해자 C(여, 14세)가 지각을 해서 교무실 앞에서 있는 것을 보고 "그게 교복이가, 다음 주에도 입으면 찢어버리겠다."라고 말하며 손바닥으로 피해자의 머리를 1회 때렸다.

사건경과

1심에서는 유죄판결을 받았고, 항소심에서는 무죄판결을 받았다. 대법원은 어떻게 판단하였을까?

대법원의 판단

대법원은 「초 · 중등교육법 시행령」 등 법령에서 금지하는 수단과 방법을 사용하였다면 훈육 또는 지도 목적으로 행하였더라도 신체적 학대행위에 해당한다고 하여 유죄 취지로 원심판결을 파기환송하였다.

관련 법령

「초 · 중등교육법 시행령」 제40조의3에 교원의 체벌을 금지하는 규정이 존재하고, 「유아교육법 시행령」에도 동일한 취지의 규정이 있다. 또한 「유아교육법」과 「아동복지법」에도 유아나 아동에게 신체적, 정신적 고통을 가하여서는 아니 된다고 규정하고 있다.

[대법원 2022. 10. 27. 선고 2022도1718 판결]

13세 내지 14세의 중학생인 피해자들에 대하여, 중학교 교사인 피고인이 한 행위가 「아동학대처벌법」이 가중처벌하는 '아동의 신체에 손상을 주거나 신체의 건강 및 발달을 해치는 신체적 학대행위'에 해당하는지를 판단함에 있어서도 「초·중등교육법 시행령」과 해당학교의 생활지도 규정이 적용되고, 따라서 위 법령과 규정에서 금지하는 수단과 방법을 사용하여 체벌을 하였다면 훈육 또는 지도 목적으로 행하여졌다고 할지라도 신체적 학대행위에 해당한다.

「초·중등교육법 시행령」
제40조의3[학생생활지도] ① 학교의 장과 교원은 법 제20조의2에 따라 다음 각 호의 어느 하나에 해당하는 분야와 관련하여 조언, 상담, 주의, 훈육·훈계 등의 방법으로 학생을 지도할 수 있다. 이 경우 도구, 신체 등을 이용하여 학생의 신체에 고통을 가하는 방법을 사용해서는 안 된다.

「유아교육법 시행령」
제25조의2[유아생활지도] ① 원장 등 교원은 법 제21조의3에 따라 다음 각 호의 어느 하나에 해당하는 분야와 관련하여 조언, 상담, 주의, 훈육·훈계 등의 방법으로 유아를 지도할 수 있다. 이 경우 도구, 신체 등을 이용하여 유아의 신체에 고통을 가하는 방법을 사용해서는 안 된다.

「유아교육법」
제21조의2[유아의 인권 보장] ② 교직원은 제21조에 따라 유아를 교육하거나 사무를 담당할 때에는 도구, 신체 등을 이용하여 유아의 신체에 고통을 가하거나 고성, 폭언 등으로 유아에게 정신적 고통을 가해서는 아니 된다.

「아동복지법」
제5조[보호자 등의 책무] ② 아동의 보호자는 아동에게 신체적 고통이나 폭언 등의 정신적 고통을 가하여서는 아니 된다.

(2) '야 일어나' 사건

사건 개요
담임교사 T, 초등학교 2학년 여학생 S

- 교사 T는 2019. 3. 14. 10:50경부터 12:10경까지 교실에서 '아
  프면 어떻게 하지'라는 주제로 모둠을 나누어 토의를 하고 모둠의
  대표가 발표하는 방식으로 수업을 진행하였다. 학생 S가 속한 모
  둠은 '가위바위보'를 통해 S를 발표자로 정하였다. S는 자신이 발
  표자로 선정되었다는 이유로 토라져 모둠 발표를 하지 않았고, 이
  후 '병원놀이' 방식으로 진행된 수업에도 전혀 참여하지 않았다.

- T는 오전 수업 종료에 즈음하여 학생들로 하여금 교실 앞으로 나
  와 노래를 부르고 율동을 따라 하는 활동을 하도록 하였으나, S
  는 율동에 참여하지 않았고, 점심시간이 되어 급식실로 이동하자
  는 T의 말에 따르지도 않았다.

- 그 과정에서 T는 "야 일어나."라고 말하면서 S의 팔을 잡아 일으
  키려고 하였으나, S는 T의 지시에 따르지 않았다.

- 이에 T는 S의 어머니에게 전화를 걸어 "제가 급식실로 지금 데리
  고 갈 수가 없어요. 지금 고집을 피우고 버티기 때문에 이야기도
  안 듣고 자기 자리에 앉아서 지금 버티는데 제가 지금 어떻게 더
  힘을 쓸 수가 없습니다. 다칠 것 같아서."라고 이야기하고, S 어

머니의 동의에 따라 S를 교실에 둔 채, 다른 학생들을 인솔하여 급식실로 이동하였다.

－ 점심시간 이후 S의 학부모가 학교로 찾아와 "아이를 잡아당겨 바닥에 내동댕이쳤다. 애가 손목을 다쳤다."라며 항의하고 T를 경찰에 고소하였다.

－ 검사는 'T는 2019. 3. 14. 초등학교 교실에서 학생들로 하여금 교실 앞으로 나와 노래를 부르고 율동을 따라 하는 활동을 하도록 하였는데, S가 율동에 참여하지 않고 급식실로 이동하자는 T의 말에 따르지 않자, 그 과정에서 S에게 "야 일어나."라며 소리를 지르고 S의 팔을 위로 세게 잡아 일으키려 하였다.'는 공소사실(신체적 아동학대)로 T를 약식기소 하였다.

법원은 어떤 판단을 내렸을까?

사건 결과

1심과 항소심에서는 유죄판결을 하고, 벌금 100만원을 선고하였으나(이유: 신체적 유형력을 통한 지도가 필요했던 상황이라고 보기 어렵다는 등), 상고심에서 "학교 교육에서 교원의 전문성과 교권은 존중되어야 하고, 교사는 지도행위에 관하여 일정한 재량을 가지며, 교사의 아동인 학생에 대한 지도행위가 법령과 학칙의 취지에 따른 것으로서 객관적으로 타당하다고 인정된다면 여전히 법령에 따른 교육행위의 범위에 속하는 것이고, 결국 「초ㆍ중등교육법 시행령」상 금지되는 체벌이 아닌 이상 지도행위에 다소의 유형력이 수반되었다는 사정만으로 교육행위의 범위에서 벗어난 것으로 볼 수 없다."라는 법리를 설시하면서 "해당 교사의 행위는 당시 상황에 비추어 구두지시 등 신체적 접촉을 배제한 수단만으로는 이러한 목적 달성이 어렵다고 판단하여 교사로서 가지는 합리적인 재량의 범위 안에서 적절하다고 생각하는 지도방법을 택한 것으로 보이며 교육 관계 법령의 취지에 비추어 객관적으로 타당한 교육행위로 볼 여지가 많다."는 이유로 무죄 취지로 원심판결을 파기환송하였다.

[대법원 2024. 10. 8. 선고 2021도13926 판결]

교사가 법령에서 정하는 바에 따라 아동인 학생을 교육하는 행위는 학생이 인격을 도야하고 자주적 생활능력과 민주시민의 자질을 갖추게 하는 등으로 학생의 복지에 기여하는 행위에 해당하므로, 특별한 사정이 없는 한 이를 두고 「아동복지법」이 금지하는 '학대행위'로 평가할 수 없다. 따라서 교사가 아동인 학생을 교육하는 과정에서 학생에게 신체적 고통을 느끼게 하였더라도, 그 행위가 법령에 따른 교육의 범위 내에 있다면 「아동복지법」 제17조 제3호를 위반하였다고 할 수 없다. 교사가 법령과 학칙으로 정하는 바에 따라 아동인 학생을 지도하는 행위는 법령에 따른 교육행위에 해당한다.

나아가, 법령과 학칙이 구체적 상황에 맞는 적절한 방법을 모든 경우에 걸쳐 망라하여 규정할 수 없고, 고정된 규정만으로 다양한 실제의 상황에 적절히 대응하는 데에는 한계가 있을 수밖에 없다. 학교교육에서 교원의 전문성과 교권은 존중되어야 하고(「교육기본법」 제14조 제1항, 「교육공무원법」 제43조 제1항), 교사는 지도행위에 관하여 일정한 재량을 가진다. 따라서 교사의 아동인 학생에 대한 지도행위가 법령과 학칙의 취지에 따른 것으로서 객관적으로 타당하다고 인정된다면 여전히 법령에 따른 교육행위의 범위에 속하는 것이고, 「초·중등교육법 시행령」 제31조 제8항(현 제40조의3 제1항)에 따라 금지되는 체벌에 해당하지 않는 한 지도행위에 다소의 유형력이 수반되었다는 사정만으로 달리 볼 수 없다.

해당 사안은 기소된 것 자체가 의아하다. 사실 교원의 정당한 생활지도로 충분히 볼 수 있었던 사안임에도 단순히 유형력이 있었다는 사실만으로 신체적 학대로 보아 검사가 기소한 것으로 보이고, 설령 검사가 기소했을지라도 1심이나 항소심에서 무죄가 나와야 했는데, 그러지 못했다. 재판 지연도 심각했다. 2019년 3월에 발생한 사건이 1심과 항소심(2021. 9. 30.)에서 유죄판결을 받았고, 2024. 10. 8. 대법원에서 무죄 취지로 뒤늦게나마 바로 잡혔다. 해당 교사에게는 자신의 지도행위가 1심, 항소심에서 아동학대로 판결이 선고되고, 재판이 지연되는 등으로 상당한 고통을 겪었을 것으로 보인다. 후술하겠지만, 교권보호 5법 개정으로 최근에 도입된 교육감의견서 제도가 당시에 시행이 되었더라면, 교육청은 해당 교사의 행위가 정당한 생활지도에 해당한다는 의견을 수사기관에 제시하였을 것이고, 수사기관이 이를 참고하여 불기소하는 것이 당연한 순리처럼 보이는데, 이 사건 당시에는 위와 같은 제도가 도입되기 전이어서 교육현장의 특수성과 어려움이 전혀 반영되지 못하였다. 이와 같은 사안을 아동학대 행위로 본다면, 교원의 교육활동은 더욱 위축될 것임이 자명하다. 앞으로 이런 일이 재발되지 않기를 간절히 바란다.

8

아동학대 판단기준: 정서적 학대

정서적 학대의 의미

「아동복지법」 제17조 제5호에서 말하는 정서적 학대행위란 정신적 폭력이나 가혹행위로서 아동의 정신건강 또는 복지를 해치거나 정신 건강의 정상적 발달을 저해할 정도, 혹은 그러한 결과를 초래할 위험 을 발생시킬 정도에 이르는 것을 말한다(대법원 2020. 3. 12. 선고 2017도 5769 판결).

정서적 학대의 고의: 미필적 고의로도 충분

반드시 아동에 대한 정서적 학대의 목적이나 의도가 있어야만 인정되는 것은 아니고, 자기의 행위로 아동의 정신건강 및 발달을 저해하는 결과가 발생할 위험 또는 가능성이 있음을 미필적으로 인식하면 충분하다(대법원 2015. 12. 23. 선고 2015도13488 판결).

정서적 학대의 판단기준

어떠한 행위가 정서적 학대에 해당하는지는 행위자와 피해아동의 관계, 행위 당시 행위자가 피해아동에게 보인 태도, 피해아동의 연령, 성별, 성향, 정신적 발달상태 및 건강상태, 행위에 대한 피해아동의 반응 및 행위를 전후로 한 피해아동의 상태 변화, 행위가 발생한 장소와 시기, 행위의 정도와 태양, 행위에 이르게 된 경위, 행위의 반복성이나 기간, 행위가 피해아동 정신건강의 정상적 발달에 미치는 영향 등을 종합적으로 고려하여 판단하여야 한다(대법원 2020. 3. 12. 선고 2017도5769 판결).

교사의 훈육 또는 지도 목적으로 한 행위와 정서적 학대

교사가 훈육 또는 지도의 목적으로 한 행위이더라도 정신적 폭력이나 가혹행위로서 아동인 학생의 정신건강 또는 복지를 해치거나 정신건강의 정상적 발달을 저해할 정도 혹은 그러한 결과를 초래할 위험을 발생시킬 정도에 이른다면, 초·중등교육 법령과 학칙이 허용하는 범위 내에서 그 요건과 절차를 준수하는 등으로 법령과 학칙의 취지를 따른 것이 아닌 이상, 「아동복지법」 제17조 제5호에서 금지하는 '정서적 학대행위'에 해당한다고 보아야 한다(대법원 2024. 9. 12. 선고 2020도 12920 판결).

교사의 훈육 또는 지도 목적으로 한 행위가 위법성이 조각되는지 판단기준

교사의 위와 같은 행위도 사회상규에 위배되지 아니하는 경우에는 위법성이 조각될 수 있으나, 이에 해당하는지 여부를 판단함에 있어서는 교사의 학생에 대한 악의적 · 부정적 태도에서 비롯된 것이 아니라 교육상의 필요, 교육활동 보장, 학교 내 질서유지 등을 위한 행위였는지, 학생의 기본적 인권과 정신적 · 신체적 감수성을 존중 · 보호하는 범위 내에서 이루어졌는지, 동일 또는 유사한 행위의 반복성이나 지속 시간 등에 비추어 교육의 필요성이 인정되는 합리적인 범위 내에서 이루어졌다고 평가되는지, 법령과 학칙의 취지를 준수하지 못할 긴급한 사정이 있었는지, 그 밖에 학생의 연령, 성향, 건강상태, 정신적 발달 상태 등이 종합적으로 고려되어야 한다(대법원 2024. 9. 12. 선고 2020도 12920 판결).

학생이 불쾌감 · 불안감을 느꼈다면, 정서적 학대가 인정되나요?

단지 훈육 과정에서 불쾌감이나 두려움 주는 수준에 그치는 언행만

으로 정서적 학대라고 단정할 수는 없다. 정서적 학대는 위와 같이 그 개념이 모호하고 판단이 곤란한 반면, 아동에 대한 훈육이나 지도 과정에서 훈육 지도의 목적으로 약간의 불쾌감 내지는 두려움을 줄 수 있는 언행은 학교에서 쉽게 발생할 수 있을 것인데, 이를 무턱대고 정서적 학대행위로 의율할 경우, 교사의 부적절한 언행이 문제가 될 때마다 도의적인 비난이나 교내에서의 징계책임을 넘어 형사책임과 더불어 취업제한을 통해 교사의 신분에까지 불이익을 줄 수 있으므로, 그 적용에 있어서 매우 엄격하고 신중할 필요가 있다.

특히 피해아동에게 직접적인 유형력이 동반되지 않은 경우 그것이 아동에 대한 악의적·부정적 태도에서 비롯된 것으로서 가학적인 성격이 뚜렷이 드러나거나, 그 행위 자체가 사회적·윤리적 비난가능성이 매우 높고, 나아가 그 행위가 반복적으로 이루어짐으로써 결과적으로 피해아동의 정신건강 및 발달에 해를 끼쳤거나 해를 끼칠 위험성이 있다고 인정되어야 '정서적 학대행위'로 볼 수 있을 것이다. 단지 훈육 지도 과정에서 피해아동에게 약간의 불쾌감이나 두려움을 주는 수준에 그치는 언행만으로는 정서적 학대행위에 해당하지 않는다(광주지방법원 2019. 10. 10. 선고 2019노1111 판결).

경찰의 아동학대 판단기준 지침

최근 2024. 10. 교육현장에서 훈육과 학대의 경계를 명확히 하기 위한 경찰청의 지침서가 발간되었다. 경찰청은 아동학대 사건에서 수사관들의 어려움을 해소하고, 교사의 훈육 과정에서 발생할 수 있는 위법행위를 방지하기 위해 총 172건의 사례를 기반으로 한 《가정 · 학교 내 아동학대 및 훈육 판단 지침서》(2024)를 제작, 배포하였다.

교권이 약화되는 현상으로 생활지도를 아동학대로 신고하는 사례가 늘어나며, 정당한 훈육 활동에 대한 사회적 논의가 요구되고 있다. 이에 따라 아동을 바르게 양육하고 교육하는 과정에서 의도와 달리 법에 저촉될 가능성을 막기 위해 명확한 훈육과 학대의 기준 확립이 필요했다.

지침서는 15가지 기준을 바탕으로 유무죄 판결 사례와 불송치, 불입건 사례들을 분석하여 정당한 훈육과 학대를 구분하고 있는데, 아동학대 여부나 정당한 생활지도 판단 여부에 큰 도움이 될 것으로 보고 있다. 해당 지침서는 경찰청 홈페이지를 통해 다운로드가 가능하다.

정서적 학대를 처벌하는 「아동복지법」 규정이 헌법에 위배되는가?

———

1. 죄형법정주의에서 말하는 '명확성의 원칙' 위반인가?*
2. '책임과 형벌 사이의 비례원칙' 위반인가?

———

* 　명확성의 원칙은 누구나 법률이 처벌하고자 하는 행위가 무엇이며, 그에 대한 형벌이 어떠한 것인지를 예견할 수 있고, 그에 따라 자신의 행위를 결정할 수 있도록 구성요건이 명확할 것을 의미한다.

「아동복지법」
제17조(금지행위) 누구든지 다음 각 호의 어느 하나에 해당하는 행위를 하여서는 아니
된다.
5. 아동의 정신건강 및 발달에 해를 끼치는 정서적 학대행위(「가정폭력처벌법」제2조 제1
   호에 따른 가정폭력에 아동을 노출시키는 행위로 인한 경우를 포함한다)

제71조(벌칙) ① 제17조를 위반한 자는 다음 각 호의 구분에 따라 처벌한다.
2. 제3호부터 제8호까지에 해당하는 행위를 한 자는 5년 이하의 징역 또는 5천만원 이하
   의 벌금에 처한다.

헌법재판소에 2015년, 2016년, 2020년 총 3차례나 헌법소원심판이 청구되었지만, 명확성 원칙과 책임과 형벌 사이의 비례원칙에 위배되지 않는다고 하여 해당 규정은 모두 합헌 결정이 되었고, 오늘날에도 유지되고 있다.

명확성 원칙 위배 여부

다소 추상적이고 광범위하게 보일 수 있으나, 다양한 형태의 정서적 학대행위로부터 아동을 보호함으로써 아동의 건강과 행복을 보장하는 「아동복지법」 전체의 입법취지를 실현하고자 하는 것으로 어떠한 행위가 정서적 학대행위에 해당하는지는 여러 사정 등에 비추어 법관의 해석에 의하여 구체화될 수 있으므로 명확성 원칙에 위배되지 않는다고 하였다.

책임과 형벌 사이의 비례원칙 위배 여부

단순히 학대행위자에게 형사처벌이 아니라 과태료 부과나 심리치료 등만으로는 아동학대의 예방과 근절이라는 입법목적을 달성할 수 없고, 징역형뿐만 아니라 벌금형도 선택형으로 두고 있고, 법정형의 하한을 정해놓지 않아 학대의 경위나 그 정도에 따라 집행유예나 선고유예도 선고하고 있으므로 지나치게 과중하다고 보기 어렵다고 하였다.

비록 헌법재판소는 명확성의 원칙에 위배되지는 않는다고 결정하였으나, 학교현장의 예측가능성과 교권보호를 위해 법령에 보다 더 구체적으로 명시하는 것이 바람직하다고 본다. 물론 아동의 보호도 중요한 가치이지만 교권 회복과 보호 또한 매우 막중하다. 따라서 이 부분은 입법적 개선이 필요하다. 정서적 아동학대의 문제점이 바로 모호성이다. 이현령비현령(耳懸鈴鼻懸鈴: 귀에 걸면 귀걸이 코에 걸면 코걸이)이라는 말이 나올 정도로 범죄 성립에 관한 해석이 명확하지 않다는 점이다. 교사에 대한 고소가 무분별하게 이루어지고 있는데 실제 기소되는 건수는 극히 미미하고, 혐의없음으로 불기소 처분되는 것이 대부분이다. 이처럼 무분별한 아동학대 고소를 막기 위해 구체적인 기준을 제시할 필요가 있고, 합헌 결정을 한 사안이므로 더 이상 헌법재판소에서의 위헌결정은 어려워 보이기 때문에 국회의 입법적 결단이 필요하다. 학생의 인권은 존중받고, 교사는 존경받는 조화로운 교육현장이 되기를 오늘도 기원한다.

[헌법재판소 2015. 10. 21. 선고 2014헌바266 결정 등]*

명확성 원칙 위배 여부

신체적·정서적 학대행위와 유기 및 방임행위를 동일한 법정형으로 처벌하도록 규정한 「아동복지법」의 입법체계, 관련 판례 및 학계의 논의 등을 종합할 때, "아동의 정신건강 및 발달에 해를 끼치는 정서적 학대행위"란, '아동이 사물을 느끼고 생각하여 판단하는 마음의 자세나 태도가 정상적으로 유지되고 성장하는 것을 저해하거나 이에 대하여 현저한 위험을 초래할 수 있는 행위로서, 아동의 신체에 손상을 주거나 유기 또는 방임하는 것과 같은 정도의 행위'를 의미한다고 볼 수 있다.

이 같은 해석이 다소 추상적이고 광범위하게 보일 수는 있으나, 이는 다양한 형태의 정서적 학대행위로부터 아동을 보호함으로써 아동의 건강과 행복, 안전과 복지를 보장하고자 하는 「아동복지법」 전체의 입법취지를 실현하고자 하는 것으로서 어떠한 행위가 정서적 학대행위에 해당하는지에 관하여는 아동에게 가해진 유형력의 정도, 행위에 이르게 된 동기와 경위, 피해아동의 연령 및 건강 상태, 가해자의 평소 성향이나 행위 당시의 태도, 행위의 반복성이나 기간 등에 비추어 법관의 해석과 조리에 의하여 구체화될 수 있으므로 죄형법정주의의 명확성원칙에 위배된다고 볼 수 없다.

책임과 형벌 사이의 비례원칙 위배 여부

정서적 학대행위가 오랫동안 지속될 경우, 그로 인한 피해는 신체 손상에 비하여 상대적으로 치유가 어렵고 원상회복이 어려운 경우가 적지 않아, 아동에 대해 미치는 부정적인 영향은 신체적·성적 학대행위 못지않게 심각할 수 있다. 그럼에도 불구하고 그동안 아동학대행위가 가정 내부의 문제 또는 아동 훈육의 문제로 취급되면서 국가의 개입이 소극적으로 이루어졌고, 학대행위자가 대부분 부모나 보호자라는 이유로 '원가정보호'라는 목적 하에 비교적 경미하게 처벌됨에 따라 아동학대가 근절되지 않고 있다. 이러한 상태에서 가해자에 대한 제재를 과태료 부과나 심리치료 등으로 대체하고 형사처벌을 아예 포기해 버린다면, 아동학대의 예방과 근절이라는 이 사건 법률조항의 입법목적은 달성될 수 없을 것이다.

나아가 이 사건 법률조항은 징역형을 규정하면서 벌금형도 선택형으로 규정하고 있고, 법정형의 하한에 제한을 두지 않아 학대의 경위나 피해 정도 등을 고려하여 집행유예나 선고유예를 선고할 수 있으므로, 지나치게 과중한 형벌을 규정하고 있다고 볼 수 없다.

그렇다면 이 사건 법률조항은 범죄의 죄질과 행위자의 책임 간의 비례원칙에 위배된다고 할 수 없다.

---

* [헌법재판소 2016. 3. 31. 선고 2015헌바264 결정]
　[헌법재판소 2020. 4. 23. 선고 2019헌바537 결정]

9

아동학대 신고·판결에 따른 불이익:
직위해제 + 취업제한명령 +
징계처분 + 당연퇴직

수사개시통보, 수사결과통보

아동학대뿐만 아니라 모든 형사범죄로 경찰이나 검찰에서 수사가 개시되거나 종료된 경우, 관련 법령에 따라 수사기관은 공무원이나 교원 등의 소속기관장에게 10일 내로 그 사실을 통보하여야 한다(「국가공무원법」 제83조 제3항, 「사립학교법」 제66조의3 제1항).

따라서 소속기관에 아무리 숨긴다고 하더라도, 수사기관은 피의자의 신분이 공무원이나 교원임을 안 이상 소속기관(교육청, 학교 등)에 통보하여야 하므로, 소속기관에서는 이를 인지할 수밖에 없다. 통보내용을 근거로 소속기관에서 교원에 대한 직위해제나 징계처분을 하게 된다. 다음 그림은 교원이 아동학대로 피소되었을 경우, 경찰과 검찰에서 소속기관으로 보내는 통보서(수사개시통보, 수사결과통보)의 예시이다.

「국가공무원법」
제83조[감사원의 조사와의 관계 등] ③ 감사원과 검찰·경찰, 그 밖의 수사기관은 조사나 수사를 시작한 때와 이를 마친 때에는 10일 내에 소속 기관의 장에게 그 사실을 통보하여야 한다.

「사립학교법」
제66조의3[감사원 조사와의 관계 등] ① 감사원, 검찰·경찰, 그 밖의 수사기관은 사립학교 교원에 대한 조사나 수사를 시작하였을 때와 마쳤을 때에는 10일 이내에 해당 교원의 임용권자에게 그 사실을 통보하여야 한다.

정 의 경 찰 서

제 2025-00011 호   2025. 3. 20.

수 신 : 행복남도교육감

제 목 : 공무원등 범죄 수사 개시 통보

아래 직원에 대하여 다음과 같이 수사를 개시하였으므로 국가공무원법 제83조 제3항에 의거 통보합니다.

피의자	성 명	김갑동	주민등록번호	800101-1234567
	주 거	행복남도 정의시 일등로 123		
	소속(직위)	일등고등학교 (교사)		

사 건 번 호	2025-000345	수사개시일자	2025. 3. 12.	신 병	불구속
죄 명	(고소) 아동학대범죄의처벌등에관한특례법위반(아동복지시설종사자등의아동학대가중처벌)등				

< 피의사실요지 >

피의자는 행복남도 정의시 일등로 123에 있는 일등고등학교 1학년 1반 담임교사로서 아동학대 신고의무자이고, 피해자 박병서(15세)는 위 학급 학생이다.

피의자는 2025. 3. 7. 09:40경 위 학교 1학년 1반 교실에서 피해자가 학급 분위기를 흐리게 하였다는 등의 이유로 피해자로 하여금 책상을 잡고 서게 한 후 나무 막대기(길이: 60cm, 굵기: 지름 3cm)로 피해자의 허벅지 뒷부분을 20회 정도 때려 2주간의 치료를 요하는 좌측 대퇴부 후면 타박상 등을 가하였다.

이로써 피의자는 아동학대 신고의무자로서 아동의 신체에 손상을 주거나 신체의 건강 및 발달을 해치는 신체적 학대행위를 하였다.

비 고	이 사건과 관련 행정조치를 취한 사실이 있으면 참고로 통보하여 주시기 바랍니다.

정 의 경 찰 서

사법경찰관 경감 **이을남**

수사결과통보서 예시

정 의 지 방 검 찰 청

(우)12345 / 주소 행복남도 정의시 진리로 1 / 전화: 1301 / 전송: 077)123-4567

등록번호   사무과-1111

수 신: 행복남도교육감   발 신: 정의지방검찰청 검사장 대리

                                  검 사: 홍길동 ㊞

제 목: **공무원 등 피의사건 결정결과통보**

　　　　귀 기관 소속 직원 김갑동에 대한 사건이 다음과 같이 결정되었으므로, 「국가공무원법」 제83조제3항에 따라 통보합니다.

사 건 번 호		2025형제999호	
피 의 자	성 명	김갑동	
	주민등록번호	800101-1234567	
	소속 및 지위	일등고등학교 교사	
결 정 일 자		죄 명	결 정 내 용
2025-06-10		아동학대범죄의처벌등에관한특례법위반(아동복지시설종사자등의아동학대가중처벌)등	혐의없음(증거불충분)
피 의 사 실 요 지		별첨과 같음	
비 고		귀 기관 소속 직원에 대한 사건이 위와 같이 결정되었으므로 위 조항에 따라 통보하오니 적절히 조치하시고 그 결과를 통보하여 주시기 바랍니다.	

직위해제

직위해제는 당해 공무원, 교원이 장래에 계속 직무를 담당하게 될 경우, 예상되는 업무상의 장애 등을 예방하기 위하여 일시적으로 당해 공무원에게 직위를 부여하지 아니함으로써 직무에 종사하지 못하도록 하는 잠정적인 조치로, 임용권자가 일방적으로 보직을 박탈시키는 것을 의미한다.

이러한 직위해제는 비위행위에 대한 징벌적 제재인 징계와 법적 성질이 다르지만, 해당 공무원에게 보수·승진·승급 등 다양한 측면에서 직간접적으로 불리한 효력을 발생시키는 침익적 처분이라는 점에서 그것이 부당하게 장기화될 경우에는 결과적으로 해임과 유사한 수준의 불이익을 초래할 가능성까지 내재되어 있으므로, 직위해제의 요건 및 효력 상실·소멸시점 등은 문언에 따라 엄격하게 해석하여야 한다(대법원 2022. 10. 14. 선고 2022두45623 판결 참조).

아동학대 신고가 교원에게 들어오면, 임용권자는 잠정적인 조치로서 직위해제 처분을 할 가능성이 있고, 교원 입장에서는 가장 먼저 걱정해야 하는 불이익한 처분이다.

국공립학교 교원은, 아동학대로 신고된 경우, 「교육공무원법」 제44조의2 제1항 제4호 마목에 따라, 사립학교 교원은 「사립학교법」 제58조의2 제1항 제4호, 같은 법 시행령 제24조의5 제5호에 의하여 임용권자의 판단에 따라 직위해제가 될 수 있다[*].

즉, 교원이 아동학대로 경찰 등 수사기관에서 수사를 받고 있고, 비위의 정도가 중대하고 정상적인 업무수행을 기대하기 현저히 어려운 자에 해당하면 임용권자의 재량판단에 따라 직위해제가 가능한데, 학부모가 이를 악용하여 담임에서 배제시키거나 담임을 교체할 목적으로 무고성 아동학대 신고를 하여 직위해제가 되는 경우가 종종 있었다. 교육활동이 위축되는 것을 막고 무분별한 아동학대로부터 교원을 보호하기 위하여 교권보호 5법이 개정되었고, 위와 같은 직위해제 규정에도 불구하고 교원이 아동학대로 신고된 경우 정당한 사유 없이는 직위해제 처분을 하여서는 아니 된다는 규정을 신설하였다(「교원지위법」 제6조 제3항).

따라서 아동학대로 피소되었다는 사실만으로 곧바로 임용권자가 직위해제를 할 수는 없고, 직위해제 요건을 더욱더 엄격하게 판단하여야 할 것이다. 물론 직위해제를 꼭 하여야만 하는 특별한 사정이 있다면 할 수는 있겠지만, 예전처럼 쉽게 직위해제가 되는 일은 없을 것이다.

---

* 사립학교 교원의 직위해제에 관한 규정인 「사립학교법」에서는 「교육공무원법」과는 달리 아동학대범죄가 열거되어 있지 않지만, 시행령 제25조의5 제5호에 따라 교원으로서의 품위를 크게 손상하여 그 직위를 유지하는 것이 부적절하다고 판단되는 행위에 해당할 수 있으므로 사립학교 교원 역시 아동학대로 피소된다면 직위해제가 가능하다.

국공립학교 교원의 경우

「교육공무원법」

제44조의2(직위해제) ① 임용권자는 다음 각 호의 어느 하나에 해당하는 자에게는 직위를 부여하지 아니할 수 있다.

1. 직무수행 능력이 부족하거나 근무성적이 극히 나쁜 자
2. 파면 · 해임 · 강등 또는 정직에 해당하는 징계의결이 요구 중인 자
3. 형사사건으로 기소된 자(약식명령이 청구된 자는 제외한다)
4. 금품비위, 성범죄 등 다음 각 목의 비위행위로 인하여 감사원 및 검찰 · 경찰 등 수사기관에서 조사나 수사 중인 자로서 비위의 정도가 중대하고 이로 인하여 정상적인 업무수행을 기대하기 현저히 어려운 자

   가. 「국가공무원법」 제78조의2 제1항 각 호의 행위
   나. 「성폭력처벌법 특례법」 제2조에 따른 성폭력범죄 행위
   다. 「성매매알선 등 행위의 처벌에 관한 법률」 제4조에 따른 금지행위
   라. 「아동 · 청소년의 성보호에 관한 법률」 제2조 제2호에 따른 아동 · 청소년대상 성범죄 행위
   마. 「아동복지법」 제17조에 따른 금지행위
   바. 교육공무원으로서의 품위를 크게 손상하여 그 직위를 유지하는 것이 부적절하다고 판단되는 행위

사립학교 교원의 경우

「사립학교법」

제58조의2(직위의 해제) ① 사립학교 교원이 다음 각 호의 어느 하나에 해당하는 경우에는 그 교원의 임용권자는 직위를 부여하지 아니할 수 있다.

1. 직무수행능력이 부족하거나 근무성적이 매우 불량하거나 교원으로서 근무태도가 매우 불성실한 경우
2. 징계의결이 요구 중인 경우
3. 형사사건으로 기소된 경우(약식명령이 청구된 경우는 제외한다)
4. 금품비위, 성범죄 등 대통령령으로 정하는 비위행위로 인하여 감사원 및 검찰 · 경찰 등 수사기관에서 조사나 수사 중인 경우로서 비위의 정도가 중대하고 이로 인하여 정상적인 업무수행을 기대하기 현저히 어려운 경우

「사립학교법 시행령」
제24조의5(직위해제 대상 비위행위) 법 제58조의2 제1항 제4호에서 "금품비위, 성범죄 등 대통령령으로 정하는 비위행위"란 다음 각 호의 행위를 말한다.
1. 「국가공무원법」 제78조의2 제1항 제1호에 해당하는 행위
2. 다음 각 목의 어느 하나에 해당하는 것을 횡령(橫領), 배임(背任), 절도, 사기 또는 유용(流用)하는 행위
   가. 「국가공무원법」 제78조의2 제1항 제2호 각 목의 어느 하나에 해당하는 것
   나. 법 제29조(법 제51조에서 준용하는 경우를 포함한다)에 따른 회계에 속하는 수입이나 재산
   다. 법 제32조의2에 따른 적립금
3. 「성폭력처벌법」 제2조에 따른 성폭력범죄 행위
4. 「성매매알선 등 행위의 처벌에 관한 법률」 제4조에 따른 금지행위
5. 교원으로서의 품위를 크게 손상하여 그 직위를 유지하는 것이 부적절하다고 판단되는 행위

「교원지위법」
제6조(교원의 신분보장 등) ③ 교원이 「아동학대처벌법」 제2조 제4호에 따른 아동학대범죄로 신고된 경우 임용권자는 정당한 사유 없이 직위해제 처분을 하여서는 아니 된다.

취업제한명령의 부과

아동학대관련범죄로 형을 선고하는 경우, 10년의 범위 내에서 일정기간 동안 학교, 유치원, 어린이집, 학원·교습소, 청소년시설 등에서의 취업을 할 수 없도록 하는 명령을 판결과 동시에 하게 되는데, 이를 '취업제한명령'이라 한다. 아동학대관련범죄로 형 선고 시 함께 부과하는 것이 원칙이나, 예외적으로 재범의 위험성이 현저히 낮은 경우나 그 밖에 취업을 제한하여서는 아니 되는 특별한 사정이 있다고 판단하

는 경우에는 취업제한명령을 면제할 수 있다(「아동복지법」 제29조의3).

　일반적으로 초범이고, 형사처벌 전력이 없는 자로서 사안이 비교적 경미하며, 상습적이지 않고, 취업제한명령을 내리는 것이 해당 교원에게 가혹하다고 보여지는 경우에는 취업제한명령이 면제되는 편이기는 하다. 그러나 사안이 중대하고 상습적이며, 피해아동의 수가 여러 명이고, 재범의 위험성이 높은 경우에는 원칙에 따라 취업제한명령이 부과되는 것이 일반적이다.

취업제한명령의 예시

주　문

피고인을 징역 6월에 처한다.
피고인에게 40시간의 아동학대 치료강의 수강을 명한다.
피고인에 대하여 아동관련기관에 3년간 취업제한을 명한다.

주　문

피고인을 벌금 4,000,000원에 처한다.
피고인이 위 벌금을 납입하지 아니하는 경우 100,000원을 1일로 환산한 기간 피고인을 노역장에 유치한다.
피고인에게 40시간 아동학대 치료프로그램 이수를 명한다.
피고인에 대하여 아동관련기관에 1년간 취업제한을 명한다.

취업제한명령 면제의 예시

1. 취업제한명령 면제

「아동복지법」 제29조의3 제1항 단서(아동학대 전과가 없으며 불특정 피해자 상대 범죄가 아닌 점 등 피고인의 나이, 직업, 환경, 재범의 위험성, 범행의 내용과 동기, 취업제한명령으로 인하여 피고인이 입는 불이익의 정도와 예상되는 부작용 등을 종합적으로 고려하여 볼 때, 피고인에 대하여 취업제한명령을 하여서는 아니 될 특별한 사정이 있다고 판단할 수 있다)

1. 취업제한명령 면제

「아동복지법」 제29조의3 제1항 단서(범행의 경위와 피해자와의 관계에 비추어 아동학대 치료강의를 수강할 경우 재범의 위험성이 현저히 낮다고 판단되므로)

○ 피고인이 초범인 점, 범행의 내용 및 경위, 취업제한명령으로 인하여 피고인이 입는 불이익의 정도와 예상되는 부작용, 그로 인해 달성할 수 있는 아동학대범죄의 예방 및 피해아동 보호 효과 등을 종합적으로 고려하여 볼 때 피고인에 대하여 아동관련기관에 취업을 제한하여서는 아니 되는 특별한 사정이 있다고 판단되므로 「아동복지법」 제29조의3 제1항 단서에 따라 취업제한명령은 하지 않는다.

취업제한 명령의 면제

피고인은 이 사건 범행 외에는 아무런 형사처벌 전력이 없는 자로서, 피고인의 연령, 재범 위험성, 범행의 내용과 동기, 범행의 방법과 결과 및 죄의 경중, 취업제한명령으로 인하여 피고인이 입을 불이익의 정도와 예상되는 부작용, 그로 인해 달성할 수 있는 아동학대범죄의 예방효과, 피해자 보호 효과 등을 종합적으로 고려하여 볼 때, 「아동복지법」 제29조의3 제1항 단서에 따라 아동관련기관에 취업제한을 명하여서는 아니 되는 특별한 사정이 있다고 판단되므로, 피고인에 대하여 취업제한명령을 선고하지 아니한다.

취업제한명령의 효과

---

* 만약 공립 초등학교 교사 T가 아동학대관련범죄로 벌금형을 함께
취업제한명령 1년을 선고받았다면, 당연퇴직의 효과를 가질까?

O X

정답은 X다.

'교원지위법정주의'*와 "형의 선고나 징계처분 또는 이 법에서 정하
는 사유에 의하지 아니하고는 본인의 의사에 반하여 강임·휴직 또는
면직을 당하지 아니한다."라는 「교육공무원법」 제43조 제2항의 취지에
따라 당연퇴직 요건으로 별도로 아동학대범죄로 벌금형을 선고받거나
취업제한명령을 받은 경우를 규정하고 있지 않으므로 취업제한명령을
선고받았다는 사실만으로 당연히 퇴직하는 것은 아니고, 고용관계를
종료해야 하는 것도 아니다. 따라서 취업제한명령을 받은 것만으로는
교원으로서의 신분관계 변동이 발생하는 것은 아니고, 다만, 학교에서
사실상 근무를 하지 못하는 효과에 지나지 않는다(법제처 2020. 5. 21. 회

---

* 「헌법」 제31조 제6항에 따라 교원의 지위에 관한 기본적인 사항은 법률로 정하도록 한
것을 말한다.
특별히 교원의 지위를 법률로 정하도록 한 헌법규정의 취지나 교원이 수행하는 교육이
라는 직무상의 특성에 비추어 볼 때, 교원의 지위에 관한 '기본적인 사항'은 교원이 자주
적·전문적·중립적으로 학생을 교육하기 위하여 필요한 중요한 사항으로서 교원의 신
분이 부당하게 박탈되지 않도록 하는 최소한의 보호의무에 관한 사항이 포함된다(헌법재
판소 2014. 4. 24. 선고 2012헌바336 결정).

신 19-0506).

그러므로 교사 T는 교원으로서의 신분은 유지한 채 교육청연수원, 교육지원청 등 아동관련기관이 아닌 곳에서 근무하고, 취업제한명령 기간이 지나면 다시 학교에서 근무할 수 있다. 다만, 형사벌과 징계벌은 입법취지와 목적이 상이하므로 형사처벌과는 별도로 징계는 받을 수는 있다. 즉, 형사벌로서 받는 아동학대관련범죄 벌금형과 취업제한 명령만으로는 퇴직의 효과가 발생하는 것은 아니지만, 징계벌로 파면, 해임과 같은 배제징계를 받는다면 교원으로서의 신분은 상실할 것이나, 이는 징계에 따른 효과이지, 벌금형이나 취업제한명령에 따른 직접적인 결과는 아니다.

「아동복지법」
제29조의3〔아동관련기관의 취업제한 등〕 ① 법원은 아동학대관련범죄로 형 또는 치료감호를 선고하는 경우에는 판결(약식명령을 포함한다. 이하 같다)로 그 형 또는 치료감호의 전부 또는 일부의 집행을 종료하거나 집행이 유예·면제된 날(벌금형을 선고받은 경우에는 그 형이 확정된 날을 말한다)부터 일정기간(이하 "취업제한기간"이라 한다) 동안 다음 각 호에 따른 시설 또는 기관(이하 "아동관련기관"이라 한다)을 운영하거나 아동관련기관에 취업 또는 사실상 노무를 제공할 수 없도록 하는 명령(이하 "취업제한명령"이라 한다)을 아동학대관련범죄 사건의 판결과 동시에 선고(약식명령의 경우에는 고지를 말한다)하여야 한다. 다만, 재범의 위험성이 현저히 낮은 경우나 그 밖에 취업을 제한하여서는 아니 되는 특별한 사정이 있다고 판단하는 경우에는 그러하지 아니하다.
8. 「유아교육법」 제2조 제2호의 유치원
18. 「초·중등교육법」 제2조 각 호의 학교 및 같은 법 제28조에 따라 학습부진아 등에 대한 교육을 실시하는 기관
② 제1항에 따른 취업제한기간은 10년을 초과하지 못한다.

취업제한명령 관련 헌법재판소 결정

앞서 본 바와 같이, 취업제한명령은 아동학대관련범죄로 형 선고 시 원칙적으로 10년의 범위에서 함께 선고되는데, 과거 2018. 12. 11. 이전에는 아동학대관련범죄로 형 선고를 받아 확정된 경우 일률적으로 10년 동안 아동관련기관에 취업하지 못하도록 하였다.

과거 「아동복지법」 규정
제29조의3(아동관련기관의 취업제한 등) ① 아동학대관련범죄로 형 또는 치료감호를 선고받아 확정된 사람은 그 확정된 때부터 형 또는 치료감호의 전부 또는 일부의 집행이 종료(종료된 것으로 보는 경우를 포함한다)되거나 집행을 받지 아니하기로 확정된 후 10년까지의 기간 동안 다음 각 호에 해당하는 시설 또는 기관(이하 "아동관련기관"이라 한다)을 운영하거나 아동관련기관에 취업 또는 사실상 노무를 제공할 수 없다.

위 규정이 현재의 조문으로 개정이 되었는데, 그 개정의 계기가 된 헌법재판소 결정을 소개하고자 한다.

사건 개요

청구인 A는 초등학교 교사로 아동학대관련범죄로 벌금 50만원의 형(약식명령)이 확정되어 10년 동안 초등학교에 근무할 수 없게 되자, 교육지원청으로 발령받았다.

청구인 B는 고등학교 체육교사로 아동학대관련범죄로 벌금 100만원의 형(약식명령)이 확정되어 10년 동안 학교에 근무할 수 없게 되었다.

청구인들은 해당 규정이 헌법에 위반된다고 하면서 헌법재판소에 헌법소원심판을 청구하였다.

헌법재판소 결정요지

[헌법재판소 2018. 6. 28. 선고 2017헌마130 결정]
아동학대관련범죄로 형을 선고받아 확정되면 10년 동안 일률적으로 학교 등에 취업할 수 없도록 한 규정은 위헌이다.

이 사건 법률조항은 아동학대관련범죄전력만으로 그가 장래에 동일한 유형의 범죄를 다시 저지를 것을 당연시하고, 형의 집행이 종료된 때부터 10년이 경과하기 전에는 결코 재범의 위험성이 소멸하지 않는다고 보며, 각 행위의 죄질에 따른 상이한 제재의 필요성을 간과함으로써, 아동학대관련범죄전력자 중 재범의 위험성이 없는 자, 아동학대관련범죄전력이 있지만 10년의 기간 안에 재범의 위험성이 해소될 수 있는 자, 범행의 정도가 가볍고 재범의 위험성이 상대적으로 크지 않은 자에게까지 10년 동안 일률적인 취업제한을 부과하고 있는데, 이는 침해의 최소성원칙과 법익의 균형성 원칙에 위배된다. 따라서 이 사건 법률조항은 청구인들의 직업선택의 자유를 침해한다.

　　범행의 정도가 가볍고 재범의 위험성이 크지 않은 자에게까지 10년
동안 일률적으로, 아무런 예외없이, 무조건 취업제한을 부과하는 것
은 자신의 행동에 대한 책임과 불이익의 정도를 비교형량해 보았을 때
너무나도 가혹하므로 과잉금지의 원칙을 위배하여 헌법에 위반된다고
본 것이다.

　　청구인 A, B는 아동학대관련범죄로 벌금 50만원, 100만원의 약식
명령을 받은 것으로 그 범행의 경위나 정도 등에 있어서 비교적 경미
한 내용으로 보이는데, 만약 청구인들에게 개정된 법률이 적용된다면,
위 사정을 참작하여 취업제한명령이 면제될 것으로 보인다.

수강명령 또는 이수명령의 병과

　　법원은 아동학대행위자에 대하여 유죄판결을 선고하면서 200시간
의 범위에서 재범예방에 필요한 수강명령이나 아동학대 치료프로그램
의 이수명령을 병과할 수 있다. 수강명령은 집행유예를 선고할 때 집
행유예기간 내에서 병과하고, 이수명령은 벌금형 또는 징역형 실형을

선고할 때 병과한다(「아동학대처벌법」제8조).

이는 취업제한명령과는 별도의 제도로서 취업제한명령과 함께 부과될 수 있다. 주로 40시간의 아동학대 재범예방 강의 수강명령이나, 아동학대치료 프로그램의 이수명령이 많이 병과되는 편이다.

수강명령 또는 이수명령의 예시

주 문

피고인을 벌금 3,000,000원에 처한다.
피고인이 위 벌금을 납입하지 아니하는 경우 100,000원을 1일로 환산한 기간 위 피고인을 노역장에 유치한다.
피고인에게 40시간의 아동학대치료 프로그램의 이수를 명한다.

주 문

피고인을 징역 8월에 처한다.
다만, 이 판결 확정일부터 2년간 위 형의 집행을 유예한다.
피고인에게 40시간의 아동학대 재범예방강의 수강을 명한다.

주 문

피고인을 벌금 200만원에 처한다.
피고인이 위 벌금을 납입하지 아니하는 경우 100,000원을 1일로 환산한 기간 위 피고인을 노역장에 유치한다.
다만, 이 판결 확정일부터 1년간 위 형의 집행을 유예한다.
피고인에게 80시간의 아동학대 재범예방강의 수강을 명한다.

징계처분과 당연퇴직

———

전술한 바와 같이 징계벌은 공무원·교원의 의무 위반행위에 대하여 부과하는 처분으로서 형사벌과는 별개이다. 따라서 아동학대로 유죄판결을 받거나 아동보호사건에서 보호처분을 받는 것뿐만 아니라 임용권자로부터 징계처분도 함께 받을 수 있으며, 이는 일사부재리 원칙에 저촉되는 것이 아니다.

다만, 신체적 학대나 정서적 학대와 같은 아동학대범죄로 금고 이상의 형(집행유예 포함)을 선고받아 확정된 경우에는 당연퇴직되어 공무원이나 교원으로서의 신분은 상실되므로 신분관계를 전제로 한 징계벌은 과할 수 없다*.

———

* 미성년자 대상 성폭력범죄와 성적 아동학대를 포함한 아동·청소년 대상 성범죄의 경우에는 벌금 이하의 형이 확정되어도 당연퇴직된다(「교육공무원법」 제43조의2 제1항 및 제10조의4 제2호).

공무원이나 교원에게 품위유지의무 위반 등의 징계사유가 인정되는 이상 형사사건의 진행여부와 관계없이 징계처분이 가능하다(대법원 1984. 9. 11. 선고 84누110 판결). 수사 또는 재판은 상당한 시간을 소요할 수밖에 없으므로 그 기간을 기다리기에는 징계업무의 막대한 지장을 초래할 수 있어 실무적으로 형사판결의 확정과는 관계없이 징계절차를 진행하는 편이다.

공무원·교원의 형사범죄 행위에 대하여 검사가 기소, 기소유예 처분, 보호사건 송치 등의 결정을 하게 되면, 임용권자가 이를 통보받고, 그에 맞게 징계의결요구를 하게 된다. 이후 징계위원회의 징계의결을 통해 징계처분이 부과되는 것이다. 실무상 검사의 기소 등 결정이 있으면, 임용권자가 징계위원회의 의결을 거쳐 징계처분을 부과하는 것이 일반적이다. 물론 유·무죄 사실관계에 다툼이 있어 검사의 기소만으로는 징계위원회에서 징계 여부 및 그 양정을 결정하기 어려운 경우에는 1심 판결 선고시까지 의결을 보류하고, 이후 1심 판결 선고 결과에 따라 징계위원회의 의결을 거쳐 징계처분을 하는 경우도 있다. 형사사건에서 무죄판결을 받았을지라도 징계사유가 인정되는 이상 징계처분은 가능하다(대법원 1967. 2. 7. 선고 66누168 판결).

아동학대로 기소, 기소유예 또는 보호처분을 받는 것은 교원의 품위유지의무 위반에 해당하고, 징계양정은 비위의 정도 및 과실에 따라 파면부터 견책까지 가능하다. 아동학대로 인한 교원의 징계는「교육공무원 징계양정 등에 관한 규칙」[별표] 징계기준 '7. 품위유지의무 위반 –

하. 학생에 대한 신체적 · 정신적 · 정서적 폭력 행위'를 기준으로 한다*.

징계 사건을 의결할 때에는 징계혐의자의 비위 유형, 비위 정도 및 과실의 경중과 혐의 당시 직급, 비위행위가 공직 내외에 미치는 영향, 평소 행실, 공적, 뉘우치는 정도 또는 그 밖의 사정 등을 고려하여 판단한다(「교육공무원 징계령」 제15조, 「교육공무원 징계양정 등에 관한 규칙」 제2조, 「사립학교법 시행령」 제25조의2 제1항).

교원에게 표창 공적이 있다고 하더라도, 아동학대로 인한 징계에 대해서는 표창 감경을 할 수 없다(「교육공무원 징계양정 등에 관한 규칙」 제4조 제2항 제5호, 「사립학교법 시행령」 제25조의4 제2항 제5호).

■ 교육공무원 징계양정 등에 관한 규칙 [별표]

징계기준(제2조제1항 관련)

비위의 정도 및 과실 비위의 유형	비위의 정도가 심하고 고의가 있는 경우	비위의 정도가 심하고 중과실인 경우 또는 비위의 정도가 약하고 고의가 있는 경우	비위의 정도가 심하고 경과실인 경우 또는 비위의 정도가 약하고 중과실인 경우	비위의 정도가 약하고 경과실인 경우
7. 품위유지의무 위반 　하. 학생에 대한 　　신체적 · 정신적 · 　　정서적 폭력 행위	파면–해임	해임–강등	강등–정직	감봉–견책

* 「사립학교 교원 징계규칙」 제2조 준용규정에 따라 사립학교 교원도 해당 기준에 의한다.

아동학대 신고 · 판결에 따른 불이익 사례

사례

공립학교 교사 A는 2023. 6. 1. 학생들에게 상습적으로 신체적, 정서적 학대를 하였다는 이유로 신고되었고, 교육청은 A를 직위해제하여야만 하는 정당한 이유가 있다고 판단하여 2023. 6. 12. A를 직위해제하였다. 경찰은 A의 아동학대 혐의가 인정된다는 의견으로 검찰에 송치하였고, 검사는 2023. 9. 25. A를 아동학대 혐의로 구공판 기소하였다.

검찰로부터 A가 구공판 기소가 되었다는 통보를 받은 교육청은 징계위원회에 징계의결요구를 하였다. 교육청은 징계위원회 의결을 거쳐 2023. 11. 21. A에게 **정직 3월의 징계처분**을 하였다.

형사재판 1심 법원은 2024. 1. 25. A에 대한 혐의를 모두 유죄로 판단하고 징역 1년, 집행유예 2년 및 **취업제한명령 3년**을 선고하였다. A는 항소와 상고를 하였으나, 모두 기각되어 2024. 12. 20. 위 판결이 확정되었다. 징역형의 집행유예 판결이 확정되어 A는 2024. 12. 20.자로 **당연퇴직**되었다.

결국 교사 A는 ① 2023. 6. 12.자 직위해제 처분, ② 2023. 11. 21.자 정직 3월 징계처분, ③ 2024. 12. 20.부터 취업제한명령 3년, ④ 2024. 12. 20.자 당연퇴직을 받는 불이익을 받게 되었다.

A는 교사로서의 신분을 상실하였고, 취업제한명령에 따라 그 기간 동안 학교뿐만 아니라 학원이나 교습소에서도 근무할 수 없다. 또한 금고 이상 형의 집행유예를 선고받으면 유예기간 종료 후부터 2년까지 공무원임용 결격사유에도 해당하게 된다(「국가공무원법」 제33조 제4호).

　이처럼 아동학대로 신고되어 유죄판결을 받으면 형사적·신분적 불이익이 막대하므로 아동학대로 피소가 된다면, 적극적으로 법률전문가의 조력을 받는 등 전략적인 대응이 필요하다.

⑩

아동학대와
정당한 생활지도

"정당한 생활지도는 아동학대로 보지 않는다."는 규정 신설

___

무분별한 아동학대 신고로부터 교원을 보호하고자 교권보호 5법이 개정되었고, 대표적인 조항 중 하나가 바로 "교원의 정당한 교육활동과 생활지도는 아동학대로 보지 아니한다."라는 규정이다.

「초·중등교육법」 제20조의2 제2항, 「유아교육법」 제21조의3 제2항에서는 "법령에 따른 교원의 정당한 학생(유아)생활지도에 대해서는 「아동복지법」 제17조 제3호, 제5호 및 제6호의 금지행위 위반으로 보지 아니한다."라고 규정하고 있다*.

___

*   제3호: 신체적 학대, 제5호: 정서적 학대, 제6호: 유기·방임.

또한 「아동학대처벌법」에서도 "「유아교육법」과 「초·중등교육법」에 따른 교원의 정당한 교육활동과 학생생활지도는 아동학대로 보지 아니한다."라는 규정을 신설하였다(제2조 제3호 단서).

사실 이 규정이 신설되기 전에도, 교원의 법령에 따른 정당한 생활지도는 「형법」 제20조(정당행위)에 의해서 아동학대의 위법성이 조각되었는데, 교권보호 5법에서 해당 규정의 신설로 범죄의 구성요건 자체가 성립하지 않게 되었고, 교원의 교육활동을 더 강하게 보호할 수 있게 되었다는 점에서 시사하는 바가 크다.

정당한 생활지도가 아닌 경우 곧바로 아동학대가 성립하는가?

정당한 생활지도인 경우, 아동학대가 성립하지 않는다는 점은 앞서 본 바와 같다. 그러나 만약 정당한 생활지도가 아니라고 해서, 곧바로 아동학대가 성립한다고는 볼 수 없다. 비록 교원의 생활지도가 부적절한 면이 없지는 않으나, 해당 행위가 아동의 신체적 발달이나 정서적 발달에 해를 끼쳤다고 단정할 수 없다는 이유로 무혐의나 무죄판결이 가능하기 때문이다. 즉, 정당한 생활지도가 아니라는 점만으로 바로 아동학대로 단정하여 평가할 수는 없는 것이고, 정당한 생활지도로서 부적절한 수준을 넘어 별도의 아동학대범죄 구성요건을 충족하여야 한다는 것이다. 이는 엄격한 증명에 의하여야 한다는 형사법의 대원칙에 따른 것으로 아동학대범죄에서도 예외일 수는 없다. 정당한 생활지도와 아동학대와의 관계는 다음의 표와 같다.

정당한 생활지도와 아동학대의 관계

정당한 생활지도	아동학대
O	X
X	O
X	X

교사의 행위가 훈육방식에 있어서 다소 부적절한 행위를 한 측면이 없지는 아니하나, 아동의 발달을 저해시켰다고 단정하기 어렵고, 고의로 아동학대범죄를 행하였다는 구성요건을 충족할 만한 증거가 부족하다고 하여 무죄판결을 한 사례도 다수 있다(대전지방법원 2018. 1. 11. 선고 2017고단2563 판결 등).

[대전지방법원 2018. 1. 11. 선고 2017고단2563 판결]: 무죄

피고인이 유치원 교사로서 그 훈육방식에 있어서 다소 과격하게 피해자의 몸을 잡아당겼다가 밀치는 등 부적절한 행위를 한 측면이 없지는 아니하나, 피고인의 위와 같은 행위가 아동이 사물을 느끼고 생각하여 판단하는 마음의 자세나 태도가 정상적으로 유지되고 성장하는 것을 저해하거나 이에 대하여 현저한 위험을 초래할 수 있는 행위라거나 아동의 신체에 손상을 주거나 유기 또는 방임하는 것과 같은 정도의 행위라고 단정하기는 어려운 점, 검사가 제출한 증거들만으로는 피고인이 피해자의 정신건강 및 정상적인 발달을 저해할 만한 행위를 하였다고 인정하기에 부족하고 달리 이를 인정할 증거가 없다.

[대전지방법원 2018. 10. 26. 선고 2018노198 판결]: 무죄

피해자는 다른 아동에게 장난감을 던지는 등 거친 행동을 보였고, 피고인이 피해자를 훈육하고 생활지도를 하는 과정에서 피고인의 행위가 거칠고 부적절한 점은 있으나, 그로 인하여 학대행위에 이르렀다고 보기는 어렵다.

[인천지방법원 2020. 9. 15. 선고 2019고정2108 판결]: 무죄*

피고인들의 피해아동에 대한 행동이 다소 감정적으로 부적절한 행위라고는 보이나, 피고인들의 각 행위의 전후 경위 및 피고인들이 평소 피해아동을 비롯한 아동들을 대하는 태도, 피해아동의 특성, 피고인들의 언동, 이에 대한 피해아동의 반응과 행동 등에 비추어 보면, 검사가 제출한 증거만으로는 피고인들의 이 사건 각 행위가 형사처벌의 대상이 되는 정서적 학대행위라거나 피해아동에 대한 학대의 의사를 가지고 한 행위라는 점이 증명되었다고 보기 어렵다.

아동의 의사에 반하거나 다소 부적절한 훈육행위가 아동의 정신건강 및 발달에 해를 끼친다는 이유로 아무런 제한 없이 모두 '정서적 학대행위'에 해당한다고는 볼 수 없다.

피고인들의 위 각 행위가 보육교사로서 부적절한 행위이고, 충분히 다른 교육적 방법이 존재하는 상황이었다는 점에서 비판을 받는 것은 별론으로 하더라도, 피고인들의 이 사건 각 행위가 형사처벌의 대상이 되는 피해아동의 사물을 느끼고 생각하여 판단하는 마음의 자세나 태도가 정상적으로 유지되고 성장하는 것을 저해하거나 이에 대하여 현저한 위험을 초래할 수 있는 행위로서 피해아동의 신체에 손상을 주거나 유기 또는 방임하는 것과 같은 정도에 이르렀다고 보기는 어렵다.

*   항소심- 인천지방법원 2021. 11. 5. 선고 2020노3288 판결(검사 항소 기각), 상고심- 대법원 2022.
1. 27. 선고 2021도15836 판결(검사 상고 기각): 무죄로 최종 확정.

[울산지방법원 2022. 8. 19. 선고 2020고단2906 판결]: 무죄*

피고인의 행위가 정서적 학대에 해당한다거나 피고인에게 학대의 고의가 있다고 인정하기에 부족하고, 달리 이를 인정할 증거가 없다.
아동에게 교육의 일환으로 행해진 훈육행위가 교육적으로 바람직하지 않거나 다소 과도하다거나 훈육보다는 특별한 개입과 돌봄이 더 바람직하다고 해서 그러한 훈육행위가 곧바로 '고의로 아동을 정서적으로 학대하였다'고 평가할 수는 없다. 행위의 정도가 과도하여 피해아동의 정서발달을 저해하였다거나 그에 대한 현저한 위험을 초래하였다고 인정하기도 어렵다.

*   항소심인 울산지방법원 2022. 12. 16. 선고 2022노887 판결도 검사의 항소를 기각하였다.

생활지도의 법적 근거

———

그렇다면 정당한 생활지도는 무엇인가? 바로 법령에 따른 생활지도를 말하는데, 그 근거 법령은 초·중등학교와 유치원이 다르다.

초·중·고등학교

「초·중등교육법」 제20조에서 교원은 법령에서 정하는 바에 따라 학생을 교육할 의무를 지니고, 제20조의2에 따라 교원은 학생의 인권을 보호하고 교원의 교육활동을 위하여 필요한 경우에는 법령과 학칙으로 정하는 바에 따라 학생을 지도할 수 있으며, 「초·중등교육법 시행령」 제40조의3에 따라 교원은 조언, 상담, 주의, 훈육·훈계 등의 방법으로 학생을 지도할 수 있다. 지도 분야는 '1. 학업 및 진로, 2. 보건 및 안전, 3. 인성 및 대인관계, 4. 그 밖에 학생생활과 관련되는 분야'를 의미한다. 이 경우 도구, 신체 등을 이용하여 학생의 신체에 고통을 가하는 방법을 사용해서는 안 된다. 구체적인 지도의 범위, 방식 등에 대해서는 「학생생활지도 고시」에서 그 기준을 정하고 있다. 생활지도의 범위와 방식의 구체적인 내용은 다음 표와 같다.

학생생활지도의 범위와 그 내용

생활지도 범위	구체적인 내용
학업 및 진로	1. 교원의 수업권과 학생의 학습권에 영향을 주는 행위 2. 학교의 면학 분위기에 영향을 줄 수 있는 물품의 소지·사용 3. 진로 및 진학과 관련한 사항
보건 및 안전	1. 자신 또는 타인의 건강에 영향을 주는 사항 2. 건전한 성장과 발달에 영향을 미치는 사항 3. 자신 또는 타인의 안전을 위협하거나 위해를 줄 우려가 있는 행위
인성 및 대인관계	1. 전인적 성장을 위한 품성 및 예절 2. 언어 사용 등 의사소통 행위 3. 학교폭력 예방 및 대응, 학생 간의 갈등 조정 및 관계 개선
그 밖에 학생생활과 관련되는 분야	1. 특수교육대상자와 다문화 학생에 대한 인식 및 태도 2. 건전한 학교생활 문화 조성을 위한 용모 및 복장 3. 비행 및 범죄 예방 4. 그 밖에 학칙으로 정하는 사항

학생생활지도의 방법과 그 내용

생활지도 방법	정의 및 구체적인 방식
조언	학교의 장과 교원이 학생 또는 보호자에게 말과 글로(정보통신망을 이용한 경우를 포함한다) 정보를 제공하거나 권고하는 지도 행위
상담	학교의 장과 교원이 학생 또는 보호자와 학생의 문제를 해결해 나가는 일체의 소통활동
주의	학교의 장과 교원이 학생 행동의 위험성 및 위해성, 법령 및 학칙의 위반 가능성 등을 지적하여 경고하는 지도 행위
훈육	학교의 장과 교원이 지시, 제지, 분리, 소지 물품 조사, 물품 분리보관 등을 통해 학생의 행동을 중재하는 지도 행위
훈계	학교의 장과 교원이 학생을 대상으로 바람직한 행동을 하도록 문제행동을 지적하여 잘잘못을 깨닫게 하는 지도 행위
보상	학교의 장과 교원이 학생의 바람직한 행동을 장려할 목적으로 유형·무형의 방법으로 동기를 부여하는 지도 행위

학급 담당교사는 수업 방해 등 문제를 일으키는 학생의 행동을 고치기 위하여 어떤 방법을 사용할지를 결정할 권한이 있다(대법원 2015. 8. 27. 선고 2012다95134 판결).

만약 학생이 교원의 정당한 생활지도에 불응하고 의도적으로 교육활동을 방해하는 경우, 「교육활동 침해 고시」 제2조 제4호에 따른 교육활동 침해행위로 보아 이에 대한 조치가 이루어질 수 있다.

유치원

유치원 교원의 유아생활지도 근거는 「유아교육법」 제21조의3, 「유아교육법 시행령」 제25조의2에 있는데, 원장 등 교원은 유아의 인권을 보호하고 교원의 교육활동과 돌봄활동을 위하여 필요한 경우에는 법령과 유치원 규칙으로 정하는 바에 따라 유아를 지도할 수 있고, '1. 학업, 2. 보건 및 안전, 3. 인성 및 대인관계, 4. 그 밖에 유아생활과 관련되는 분야'에 대해서 조언, 상담, 주의, 훈육·훈계 등의 방법으로 유아를 지도할 수 있다. 다만, 이 경우 도구, 신체 등을 이용하여 유아의 신체에 고통을 가하는 방법을 사용해서는 안 된다. 구체적인 지도의 범위, 방식 등에 관해서는 「유치원 교원 고시」에서 그 기준을 정하고 있다.

「유치원 교원 고시」 제4조에서는 생활지도의 범위를 아래와 같이 10가지 사항으로 규정하고 있다.
  1. 교원의 수업권과 타인의 학습권에 영향을 주는 행위
  2. 유치원의 학급분위기에 영향을 줄 수 있는 물품의 소지·사용

3. 자신 또는 타인의 건강에 영향을 주는 행위

4. 건전한 성장과 발달에 영향을 미치는 사항

5. 자신 또는 타인의 안전을 위협하거나 위해를 줄 우려가 있는 행위

6. 전인적 성장을 위한 품성 및 예절

7. 언어 사용 등 의사소통 행위

8. 유아 간의 갈등조정 및 관계개선

9. 특수교육대상자와 다문화유아에 대한 인식 및 태도

10. 그 밖에 유치원 규칙으로 정하는 사항

「유치원 교원 고시」에서 규정하고 있는 생활지도의 방식으로는 조언, 상담, 주의, 훈육, 보상이 있다. 「유아교육법 시행령」에서 훈계를 규정하고 있음에도 「유치원 교원 고시」에서는 훈계를 생활지도의 방식에서 제외하고 있다.

생활지도 방법의 내용을 구체적으로 보면, 아래 표와 같다.

유아생활지도의 방법과 그 내용

생활지도 방법	정의 및 구체적인 방식
조언	원장과 교원이 유아 또는 보호자에게 말과 글로(정보통신망을 이용한 경우를 포함) 정보를 제공하거나 권고하는 지도 행위
상담	원장과 교원이 유아 또는 보호자와 유아의 문제를 해결해 나가는 일체의 소통 활동
주의	원장과 교원이 유아 행동의 위험성 및 위해성 등을 지적하여 경고하는 지도 행위
훈육	원장과 교원이 지시, 제지, 물품 분리보관 등을 통해 유아의 행동을 중재하는 지도 행위
보상	원장과 교원이 유아의 바람직한 행동을 장려할 목적으로 유형·무형의 방법으로 동기를 부여하는 지도 행위

만약 생활지도에 불응하여 의도적으로 교육활동을 방해하는 경우에는 교육활동 침해행위로 볼 수 있고, 이에 따라 조치할 수 있다.

「초·중등교육법」
제20조의2[학교의 장 및 교원의 학생생활지도] ① 학교의 장과 교원은 학생의 인권을 보호하고 교원의 교육활동을 위하여 필요한 경우에는 법령과 학칙으로 정하는 바에 따라 학생을 지도할 수 있다.
② 제1항에 따른 교원의 정당한 학생생활지도에 대해서는 「아동복지법」 제17조 제3호, 제5호 및 제6호의 금지행위 위반으로 보지 아니한다.

「초·중등교육법 시행령」
제40조의3[학생생활지도] ① 학교의 장과 교원은 법 제20조의2에 따라 다음 각 호의 어느 하나에 해당하는 분야와 관련하여 조언, 상담, 주의, 훈육 · 훈계 등의 방법으로 학생을 지도할 수 있다. 이 경우 도구, 신체 등을 이용하여 학생의 신체에 고통을 가하는 방법을 사용해서는 안 된다.
1. 학업 및 진로
2. 보건 및 안전
3. 인성 및 대인관계
4. 그 밖에 학생생활과 관련되는 분야
② 교육부장관은 제1항에 따른 지도의 범위, 방식 등에 관한 기준을 정하여 고시한다.

「학생생활지도 고시」
제1조[목적] 이 고시는 「초 · 중등교육법」 제20조의2 및 「초 · 중등교육법 시행령」 제40조의3에서 학교의 장과 교원에게 부여한 학생생활지도 권한의 범위 및 방식 등에 관한 기준을 정함을 목적으로 한다.

「유아교육법」
제21조의3[원장 등 교원의 유아생활지도] ① 원장 등 교원은 유아의 인권을 보호하고 교원의 교육활동과 돌봄활동을 위하여 필요한 경우에는 법령과 유치원규칙으로 정하는 바에 따라 유아를 지도할 수 있다.
② 제1항에 따른 교원의 정당한 유아생활지도에 대해서는 「아동복지법」 제17조 제3호, 제5호 및 제6호의 금지행위 위반으로 보지 아니한다.

「유아교육법 시행령」
제25조의2(유아생활지도) ① 원장 등 교원은 법 제21조의3에 따라 다음 각 호의 어느 하나에 해당하는 분야와 관련하여 조언, 상담, 주의, 훈육·훈계 등의 방법으로 유아를 지도할 수 있다. 이 경우 도구, 신체 등을 이용하여 유아의 신체에 고통을 가하는 방법을 사용해서는 안 된다.
1. 학업
2. 보건 및 안전
3. 인성 및 대인관계
4. 그 밖에 유아생활과 관련되는 분야
② 제1항에 따른 지도의 범위, 방식 등에 관한 기준은 교육부장관이 정하여 고시한다.

「유치원 교원 고시」
제1조(목적) 이 고시는 「교원지위법」 제14조 제2항에 의한 교원의 교육활동 보호를 위해 필요한 생활지도의 기준을 정함을 목적으로 한다.

「아동학대처벌법」
제2조(정의) 이 법에서 사용하는 용어의 뜻은 다음과 같다.
3. "아동학대"란 「아동복지법」 제3조 제7호에 따른 아동학대를 말한다. 다만, 「유아교육법」과 「초·중등교육법」에 따른 교원의 정당한 교육활동과 학생생활지도는 아동학대로 보지 아니한다.

⑪
교육감의견 제출 제도

교육감의견 제출 제도 신설

—

소속 교원의 지도행위가 아동학대범죄로 신고되어 수사 · 조사가 진행된 경우, 관할 교육감은 수사기관 등에 해당 사안에 대한 의견을 신속히 제출하여야 한다(「교원지위법」 제17조).

교육감의견 제출 제도 역시 교권보호 5법에 따라 신설된 것으로, 이전까지는 수사기관이 교육현장에 대한 이해가 부족하여 학교현장의 특수성을 반영하지 못하고, 기소를 하는 경우가 종종 있었다. 이를 보완하기 위하여 수사기관이 혐의유무 판단 및 처분 시 교육현장의 목소리가 반영될 수 있도록 한 것이다.

진행 절차

———

교원이 아동학대로 신고가 되면, 수사 · 조사기관은 관할 교육청에 교육감의견서 제출을 요청하게 된다. 교육지원청과 교육청이 사안 조사 · 확인 후 정당한 생활지도 여부에 대해서 판단하여 교육감의견서를 작성하고 부득이한 사유가 없는 한 이를 수사기관과 지방자치단체(지자체)에 7일 이내에 제출한다(「교원지위법 시행령」 제11조).

교육감의견서를 제출받은 수사기관과 지자체는 아동학대 사례 판단 및 결정 시 교육감의견을 참고하여야 한다(「아동학대처벌법」 제11조의2 및 제17조의3). 여기서 유의할 점은 문구 그대로 수사 · 조사기관은 이를 참고하여야 하는 것이지, 교육감의견서의 내용을 반드시 따라야 할 기속력까지 부여한 것은 아니라는 것이다. 즉, 수사 · 조사기관의 자체 판단으로 교육감의견서 내용과 다르게 결정할 수 있다.

「교원지위법」
제17조(아동학대 사안에 대한 교육감의 의견 제출) ① 교육감은 「유아교육법」 제21
조의3 제1항에 따른 교원의 정당한 유아생활지도 및 「초·중등교육법」 제20조의2 제1항
에 따른 교원의 정당한 학생생활지도 행위가 「아동학대처벌법」 제2조 제4호에 따른 아동
학대범죄로 신고되어 소속 교원에 대한 조사 또는 수사가 진행되는 경우에는 해당 시·
도, 시·군·구(자치구를 말한다) 또는 수사기관에 해당 사안에 대한 의견을 신속히 제출
하여야 한다.
② 제1항에 따른 의견 제출의 기한, 방법, 절차 등에 필요한 사항은 대통령령으로 정한다.

「교원지위법 시행령」
제11조(아동학대 사안에 대한 교육감의 의견 제출) 교육감은 법 제17조 제1항에 따
른 소속 교원에 대한 조사 또는 수사가 진행되는 경우에는 그 사실을 안 날부터 7일 이내
에 해당 시·도, 시·군·구(자치구를 말한다) 또는 수사기관에 해당 사안에 대한 의견을
서면으로 제출해야 한다. 다만, 부득이한 사유가 있는 경우에는 그 기간을 7일의 범위에서
1회 연장할 수 있다.

「아동학대처벌법」
제11조의2(조사) ② 시·도지사 또는 시장·군수·구청장은 「유아교육법」 및 「초·중등
교육법」에 따른 교원의 교육활동 중 행위가 아동학대범죄로 신고되어 조사 중인 사건과
관련하여 관할 교육감이 의견을 제출하는 경우 이를 「아동복지법」 제22조 제3항 제3호에
따른 아동학대 사례의 판단에 참고하여야 한다.

제17조의3(교원에 대한 아동학대범죄사건 처리에서의 특례) ① 사법경찰관은 「유
아교육법」 및 「초·중등교육법」에 따른 교원의 교육활동 중 행위가 아동학대범죄로 신고되
어 수사 중인 사건과 관련하여 관할 교육감이 의견을 제출하는 경우 이를 사건기록에 편철
하고 아동학대범죄사건 수사 및 제24조 후단에 따른 의견을 제시할 때 참고하여야 한다.
② 검사는 제1항과 같은 아동학대범죄사건을 수사하거나 결정할 때 사건기록에 편철된 관
할 교육감의 의견을 참고하여야 한다.

교육감의견 제출 제도 현황 및 효과

———

교육감의견 제출 제도가 도입된 2023. 9. 25.[*]부터 2024. 6. 30.까지 교육감의견 제출 제도 관련 현황을 보면, 전체 553건 중에 '정당한 교육활동'으로 의견이 제출된 건수는 387건으로 약 70%를 차지하였다. 해당 387건 중 종결된 160건 중에 기소된 건수는 7건(4.4%)에 불과하다. 교육감의견 제출 제도가 도입되기 전인 2022년보다 불기소율이 59.2%에서 69.8%로 약 10%p 증가하였다. 이를 고려하면 교육감의견 제출 제도가 교원의 정당한 생활지도 입증에 어느 정도 도움을 주고 있는 것으로 보인다. 앞에서 본 '야 일어나' 사건도 만약 당시 교육감의견 제출 제도가 도입되어 있었다면, 해당 사안에 대해서 정당한 생활지도로 교육감의견이 제출되었을 것이고 수사기관은 이를 고려하여 불기소 처분하였을 것이다.

전술한 바와 같이, 정당한 생활지도라고 보기 어려운 경우에도 곧바로 고의로 아동을 학대하였다고 평가할 수는 없고, 아동학대 여부를 별도로 수사기관이나 법원에서 판단하기 때문에, '의견없음(정당한 생활지도라고 보기 어려움)'이라고 교육감의견이 제출되더라도 수사기관이 자체 판단에 따라 혐의없음으로 불기소 처분을 하거나 법원이 무죄판결을 할 수 있다.

———

[*] 교육감의견 제출 제도의 근거 법률인 「교원지위법」 제17조는 2024. 3. 28.부터 시행이 되었으나, 교원의 교육활동 보호에 대한 시급성을 고려하여 관계기관과의 협의를 통해 2023. 9. 25.부터 전격 실시되었다.

교육감의견 제출 사례

───

교사가 아동학대로 신고된 사안에서 정당한 생활지도에 해당한다는 교육감의견을 참고하여 불기소 결정을 한 사례는 아래와 같다.

사례 1. 교사가 학생생활지도 중 학생을 제지하는 과정에서 학생의 팔을 잡았고 이에 '신체적 학대'로 아동학대 신고

사례 2. 담배 피우는 학생 대상 생활지도를 한 교사를 '정서적 학대'로 아동학대 신고

사례 3. 학교폭력 사안 처리 과정에서 교사의 지도 및 사안 처리 과정에 불만을 품은 학부모가 교사를 '정서적 학대'로 아동학대 신고

사례 4. 수업 중 태블릿으로 다른 콘텐츠를 보는 학생을 지도한 교사를 학부모가 '정서적 학대'로 아동학대 신고

사례 5. 교사가 엎드려 있는 학생을 지도하기 위해 일으켜 세우자 학부모가 교사를 '신체적 학대'로 아동학대 신고

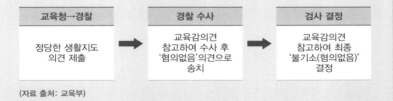

교육청→경찰	경찰 수사	검사 결정
정당한 생활지도 의견 제출	교육감의견 참고하여 수사 후 '혐의없음'의견으로 송치	교육감의견 참고하여 최종 '불기소(혐의없음)' 결정

(자료 출처: 교육부)

사례 6. 독립된 공간에서 학생을 지도하는 과정에서, 교사가 학생의 어깨를 쳤고 위협적으로 학생을 지도하였다고 주장하며, 학부모가 교사를 '신체적·정서적 학대'로 신고

사례 7. 교사가 학생을 교실과 복도 등에서 꾸짖었고, 이에 학부모가 교사를 '정서적 학대'로 아동학대 신고

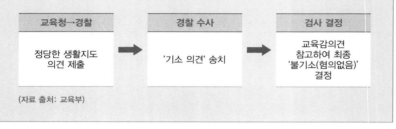

교육청→경찰	경찰 수사	검사 결정
정당한 생활지도 의견 제출	'기소 의견' 송치	교육감의견 참고하여 최종 '불기소(혐의없음)' 결정

(자료 출처: 교육부)

12

교원 아동학대 무죄 판례

신체적 학대: 훈계 중 왼쪽 팔뚝 부위를 잡은 경우

가. 공소사실

대전 동구에 있는 한 초등학교 2학년 5반 담임교사인 피고인은 2018. 9. 21. 08:40경 교실 앞에서 피해자(남, 8세)가 같은 학급 여자아이들과 싸워 훈계하던 중임에도 본인 자리로 돌아가자 쫓아가 피해자의 왼쪽 팔뚝 부위를 세게 잡아 피해자에게 약 2주간의 치료가 필요한 좌 상완부 좌상 및 찰과상을 가하여 신체적 학대로 기소되었다.

나. 법원의 판단: 무죄

교사는 아동들을 학교 내 괴롭힘 등으로부터 보호하고 기본적인 질서와 규칙을 훈육하여야 할 의무가 있다고 판단되고, 다른 아동에게 위해를 가할 우려가 있고 말로 제어가 되지 않는 아동의 양팔을 잡고 그와 같은 행위를 제지하는 정도의 유형력의 행사는 사회통념상 허용되는 행위로서 학대라 보기에는 무리가 있다.

[대전지방법원 2022. 6. 30. 선고 2021고정992 판결]

피해자의 진술, 진단서, 피해부위사진(왼쪽 팔뚝) 등에 의하면, 피고인의 행위로 인해 피해자의 왼팔에 상처가 난 사실은 인정된다.

그러나 증인의 법정 및 경찰 진술, 진료차트, 목격자의 경찰 진술 등에 의하면, 당시 피해자가 초등학교 2학년 5반 교실 내에서 같은 반 여자친구를 괴롭혀서 담임교사이던 피고인이 피해자의 행동을 제지하는 등 훈육을 위해 피해자의 양팔을 잡았는데 피해자가 팔을 빼는 과정에서 피고인의 손톱에 의해 피해자의 팔에 상처가 난 것으로 보인다. 담임교사인 피고인에게는 지도하는 아동들을 학교 내 괴롭힘 등으로부터 보호하고, 기본적인 질서와 규칙을 훈육하여야 할 의무가 있다고 판단되는 점, 피고인은 수십년간 초등학교 교사로 근무해 왔고 평소 성향은 순박하며 아이들을 꼬집거나 신체적으로 학대하는 성향이 없었던 것으로 보이는 점, 다른 아동에게 위해를 가할 우려가 있고 말로는 제어가 되지 않는 아동의 양팔을 잡고 그와 같은 행위를 제지하는 정도의 유형력의 행사는 사회통념상 허용되는 행위로 볼 수 있는 점 등에 비추어 보면, 검사가 제출한 증거들만으로는 피고인이 피해자를 신체적으로 학대하였다거나 아동학대의 고의가 있었다고 보기 어렵고, 달리 이를 인정할 증거가 없다.

정서적 학대: 컵타* 수업에 참여하지 못하게 한 사건

___

가. 공소사실

피고인**은 2019. 11. 11. 13:40경 파주시 소재 모 초등학교 2학년 1반 교실에서 '컵타' 수업을 시작하면서 피해자(남, 8세)의 수업태도가 불량하여 수업진행에 방해가 된다는 이유로 피해자에게 수업재료인 컵과 악보를 주지 아니한 채 교실 뒤편 책상에 엎드리도록 지시하여 피해자로 하여금 수업이 끝날 때까지 약 40분간 책상에 혼자 엎드려 있게 하고, 계속하여 2019. 11. 18., 2019. 11. 25.에도 위와 같은 방법으로 피해자를 '컵타' 수업에 참여시키지 아니하고 약 40분간 책상에 혼자 엎드려 있게 하는 등으로 모두 3회에 걸쳐 피해자에게 정서적 학대행위를 하였다는 내용으로 기소되었다.

나. 법원의 판단: 무죄

장기적 관점에서 보다 적절하고도 근본적인 훈육방식을 강구하지 않은 채 피해아동의 정서적 안정에 대한 충분한 배려 없이 이루어진 것이라고 볼 여지는 있으나, 이를 넘어 정신적 폭력이나 가혹행위로서 아동의 정신건강 또는 복지를 해치거나 정신건강의 정상적 발달을 저해할 정도 혹은 그러한 결과를 초래할 위험을 발생시킬 정도에 이르는

___

* 컵으로 하는 난타.

** 학교 계약직 강사나 학생 대상 수업을 하는 과정에서 발생한 사건이다.

것이라고 보기 어렵다.

[의정부지방법원 고양지원 2021. 1. 14. 선고 2020고정520 판결]*

피해아동은 피고인의 수업 과정에서 어느 정도 소외감을 느꼈을 가능성이 있고(피해아동은 '속상했다'고 표현하고 있다), 피해아동에 대한 수업 배제가 일정 횟수 반복된 점, 훈육을 위한 다른 수단을 강구한 정황이 발견되지 않는 점 등을 고려할 때 피해아동의 정서적 안정을 충분히 배려하지 못한 피고인의 교육방식이 타당한 것이라고 평가하기는 어렵다.

피고인이 피해아동을 수업에 참여시키지 않은 것은 단순한 충동적 감정이나 분노에 따른 조치가 아니라 피고인 나름의 교육관과 고심에 따른 결과물이라고 볼 여지가 있다.

피고인으로서는 수업 진행자로서 피해아동의 행위가 반복될 경우 다른 아동들이 피해를 볼 상황을 우려해야 했기에 우선은 피해아동에 대한 임시적인 조치가 필요한 상황이기도 했고, 피고인이 피해아동의 수업태도가 개선되지 않는다 하여 피해아동을 수업에서 거듭하여 배제하기보다는 담임교사나 부모와의 상담을 통해 보다 적절하고도 근본적인 훈육 방식을 모색해 보지 않았다는 점에서 피고인의 행위에 일정한 잘못이 있기는 하다. 그러나 돌봄 전담교사가 같은 교실에서 피고인의 행위를 지켜보고 있었다는 점에서 그와 같은 조치를 하지 않았던 것에 은폐 목적이 결부되어 있었던 것으로 보이지는 않는다.

피고인의 행위는 장기적 관점에서 보다 적절하고도 근본적인 훈육 방식을 강구하지 않은 채 피해아동의 정서적 안정에 대한 충분한 배려 없이 이루어진 것이라고 볼 여지는 있으나, 이를 넘어 정신적 폭력이나 가혹행위로서 아동의 정신건강 또는 복지를 해치거나 정신건강의 정상적 발달을 저해할 정도 혹은 그러한 결과를 초래할 위험을 발생시킬 정도에 이르는 것이라고 보기 어렵고, 달리 이를 인정할 증거가 없다.

---

* 항소심–항소기각(의정부지방법원 2021. 10. 28. 선고 2021노217 판결), 상고심–상고기각(대법원 2022. 1. 13. 선고 2021도15458 판결)으로 확정되었다.

정서적 학대: '명심보감' 사건

────

가. 공소사실

경기도 고양시에 있는 초등학교 5학년 1반 담임교사인 피고인은 2015. 4. 13.경 교실에서 수업시간 중 모자를 빼앗는 장난을 친 학생 A는 벌을 주지 아니하고, 모자를 빼앗긴 학생 B와 옆에 있었던 피해아동 C에게만 명심보감을 쓰는 벌을 주는 등 지속적으로 피해아동 C만 혼을 내는 차별행위를 하여 정서적 학대 혐의로 기소되었다.

나. 법원의 판단: 무죄

피해아동만 쫓아내거나 명심보감을 쓰게 한 것이 아니라 다른 아동들에게도 행해진 행위로 차별적 행위라 보기 어렵고, 아동의 행위를 지적하기 위한 목적으로 개인감정 있었다고 보이지 않아 학대라 보기에 무리가 있다.

피해자 이외에 다른 학생도 함께 명심보감을 썼다는 것이므로 피해자에 대해서만 차별행위를 하였다고 단정하기 어려운 점, 피해자를 다른 학생들과 차별하여 탓하려는 의도보다는 다른 학생들과 함께 급식을 치워야 한다는 취지의 말을 하면서 다만 적절치 않은 표현을 사용한 것으로도 볼 수 있는 점, 한편 증인은 이 법정에서 피고인이 지속해서 피해자만 혼을 낸 것은 아니고 잘못한 일이 있으면 다른 학생들도 같이 혼냈다는 취지로 진술하고 있는 점, 이 사건 행위를 할 당시 피고인에게 훈육의 의사가 전혀 없었다고도 볼 수 없는 점 등에 비추어 보면, 검찰이 제출한 증거들만으로는 이 사건 행위를 할 당시 피고인에게 피해자를 다른 학생들과 차별할 의사가 있었다는 사실을 합리적 의심 없이 인정하기에 부족하고, 달리 이를 인정할 만한 증거가 없다.

피고인에게 훈육의 의사가 있었던 것으로 보이는 이상 사실관계를 정확하게 확인하지 아니하고 한 피고인의 이 사건 행위가 담임교사로서 적절치 않은 행위였다고 볼 수 있음은 별론으로 하고 '아동의 정신건강 및 발달에 해를 끼치는 정서적 학대행위'에 해당한다고까지는 볼 수 없어, 이 부분 공소사실은 범죄사실의 증명이 없는 때에 해당한다 할 것이다.

'피고인이 피해자를 다른 학생들과 차별할 의사로 그와 같은 행위를 하였다'고 인정할 수 없으므로, 피고인의 위 행위가 '아동의 정신건강 및 발달에 해를 끼치는 정서적 학대행위'에 해당한다고 할 수 없다.

정서적 학대: '너 감금이야' 사건

가. 공소사실

피고인은 2018. 9. 12.경 피해아동 A(남, 10세)가 책을 읽고 발표하는 수업 중에 손을 들지 않고 발표를 하였다는 이유로 피해아동 A에게 "너 감금이야."라고 말하면서 수업이 끝난 후 교실에 남아 밖으로 절대 나가면 안 된다고 말하는 등으로 정서적 학대 혐의로 기소되었다.

나. 법원의 판단: 무죄

"수업 전에 떠들거나 수업 중에 잘못을 하면 교실에 남아 생각하는 시간을 갖게 하겠다."고 미리 말한 다음 아동들을 30분~1시간 30분간 교실에 남게 하였고, 교실 안에서 이 행동을 크게 제약하지 않은 점, 다른 아동들 진술에 따르면 교실 안의 분위기가 지나치게 강압적이거나 폭력적이었던 것은 아니라고 보이는 점 등을 고려하여 무죄로 판단하였다.

1심: [광주지방법원 순천지원 2019. 5. 31. 선고 2019고단554 판결]
항소심: [광주지방법원 2020. 5. 12. 선고 2019노1462 판결]

피고인의 행위에 다소 부적절한 부분이 있다고 하더라도, 그것이 정서적 학대행위에 이르렀다고 단정하기 어렵고, 달리 이를 인정할 증거가 없다. 피고인은 아동들로 하여금 일정 시간 동안 교실 밖으로 나가지 못하게 하였을 뿐, 가급적 자리에 앉아 있도록 한 것을 제외하고는 교실 안에서의 행동을 크게 제약하지 않았다.

아동들을 교실에 남겨둔 이유에 대해서 피고인은 수업 중의 잘못을 스스로 반성하게 할 목적에서 아이들을 교실에 남게 하였다고 진술하고 있고, 피고인은 지역아동센터 독서지도 교사로서 아이들을 훈육할 권한이 있는 사람이다.

피고인의 행동은 30분 내지 1시간 30분 정도 아동들로 하여금 교실을 나가지 못하게 한 것으로 당시 아동들이 다소 기분이 나빴던 것으로 보이기는 하나 이 사건 당시 피고인과 아동들의 행동, 이후 생활모습 등에 비추어 보면, 초등학교 4학년 내지 6학년인 아동들이 신체적 학대나 유기·방임에 상당하는 정신적 고통을 느꼈을 것으로 보기는 어렵다.

정서적 학대: '타임아웃' 사건

가. 공소사실

피고인은 울산 북구 유치원 담임교사이다. 피고인은 2020. 1. 21. 14:14경 유치원 지혜반 교실에서, 유치원 원생인 피해아동(남, 6세)이 친구들과 다투었음에도 마스크를 쓰고 말을 제대로 하지 않는다는 이유로 피해아동의 팔을 잡아당기고 손으로 마스크를 거칠게 벗기면서 턱을 밀친 후, 벗긴 마스크를 책상 위에 던지듯이 놓았다. 피고인은 이를 비롯하여 2019. 12. 4.경부터 위 일시경까지 총 17회에 걸쳐 피해아동을 수업에 참여시키지 않거나, 다른 아동들이 보는 앞에서 차별하는 등의 방법으로 정서적 학대행위를 하였다는 사실로 기소되었다.

나. 법원의 판단: 무죄

아동에게 교육의 일환으로 행해진 훈육행위가 교육적으로 바람직하지 않거나 다소 과도하다거나 훈육보다는 특별한 개입과 돌봄이 더 바람직하다고 해서 그러한 훈육행위가 곧바로 "고의로 아동을 정서적으로 학대하였다."고 평가할 수는 없다. 피고인의 위와 같은 행위 당시에는 타임아웃 방법의 훈육이 허용될 만한 피해아동의 문제행동이 상당부분 있었던 것으로 보이고, 피고인과 피해아동 사이에 교류가 시사되는 모습이 일부 확인되기도 한다.

수업배제 등 이른바 타임아웃 방법의 훈육과 관련하여서도, 피고인이 시간, 장소 등 위 훈육방법에 따른 적절한 절차를 제대로 지키지는 않았던 것으로 보인다. 그러나 아동에게 교육의 일환으로 행해진 훈육행위가 교육적으로 바람직하지 않거나 다소 과도하다거나 훈육보다는 특별한 개입과 돌봄이 더 바람직하다고 해서 그러한 훈육행위가 곧바로 '고의로 아동을 정서적으로 학대하였다'고 평가할 수는 없다. 피고인의 위와 같은 행위 당시에는 타임아웃 방법의 훈육이 허용될 만한 피해아동의 문제행동이 상당 부분 있었던 것으로 보이고, 피고인과 피해아동 사이에 교류가 시사되는 모습이 일부 확인되기도 한다. 또한 피고인은 피해아동의 담임교사가 될 당시부터 상당기간 문제행동을 교정하기 위해 나름대로 노력한 것으로 보인다(피고인이 타임아웃을 최초로 실시한 것은 학기 후반인 12월경이다). 피고인과 같은 단순 보육교사에게 그와 같은 보육환경에서 타임아웃 방법의 훈육을 실시하기 위한 절차를 모두 제대로 지킬 것을 기대하기는 어려울 뿐만 아니라, CCTV영상만으로는 구체적 상황에 대한 피고인의 변소를 배척하고 행위의 정도가 과도하여 피해아동의 정서발달을 저해하였다거나 그에 대한 현저한 위험을 초래하였다고 인정하기도 어렵다.

피해아동은 또래보다 사회적으로 미성숙하고 상황에 맞게 자신의 충동이나 욕구를 조절하는 데 어려움이 있어 다른 아동에게 피해를 주는 행동을 하거나 보육교사의 지도를 무시하고 완강하게 고집을 피우는 등 보육교사인 피고인이 훈육하는 데 상당한 어려움을 겪은 것으로 보이고, 피해아동 포함 만 6세의 아동 총 28명을 보육하는 담임교사로서는 당해 보육환경 및 피해아동의 특성상 문제행동을 교정하고 다른 아동들의 원만한 보육을 위해 특별한 개입과 훈육이 불가피했던 것으로 보이는 점, 피고인이 다소 거칠게 피해아동을 대하는 모습도 일부 보이기는 하나 그 경위, 행위의 태양, 전후의 정황을 살펴보면, 피해아동의 문제행동에 대응하는 과정에서 교육적 의도와 목적에 터 잡은 것으로, 같은 상황이라면 가정 내에서도 보호자가 자녀를 양육하면서 할 수 있는 정도의 행위로서 정신적 폭력이나 가혹행위에 해당한다고 단정하기는 어려운 점을 알 수 있고, 이와 같은 사정까지 보태어 보면, 검사가 제출한 증거만으로는 피고인의 행위가 정서적 학대에 해당한다거나 피고인에게 학대의 고의가 있다고 인정하기 부족하다는 이유로 이 사건 공소사실을 무죄로 인정한 원심의 판단은 정당하다.

유기 · 방임: 통학버스 방치 사건

가. 공소사실

피고인 A는 고양시에 있는 유치원의 운전기사이고, 피고인 B는 위 유치원을 운영하는 원장으로서 자신의 보호 · 감독을 받는 피해아동 (남, 4세)에 대해 기본적 보호 · 양육 · 치료 및 교육을 소홀히 하는 방임 행위를 하여서는 아니 됨에도 불구하고, 2018. 7. 4. 12:45경 피해아동이 유치원 통학버스에서 하차하는 것을 확인하지 않아 피해아동을 혼자 버스 안에서 약 13분 동안 방치하여 피해아동에 대한 기본적인 보호를 소홀히 하였다는 혐의로 기소되었다.

나. 법원의 판단: 무죄

피고인들에게 과실에 의한 책임을 물을 여지가 있음을 별론으로 하되, 피고인들의 행위가 방임행위에 이르렀다거나 방임의 고의가 있었다는 점이 합리적인 의심의 여지 없이 증명되었다고 보기에는 부족하다. 피고인들은 피해아동에 대해 학대하고자 마음먹을 동기가 될 만한 특별한 사정이 있다고 볼 자료가 없다. 피고인들은 바로 피해아동을 찾기 위한 조치를 취하였고, 피해아동이 버스에 혼자서 방치된 시간은 약 13분 정도에 불과하다. 피고인들은 피해아동을 발견한 다음 바로 피해아동을 유치원에 데려왔고, 돌아오는 길에 울음을 터뜨리는 등 놀란 피해아동을 달래며 음료와 점심식사를 챙겨주었으며, 피해아동의 어머니에게 전화하여 그날 있었던 상황을 설명하였다.

「아동복지법」제17조 제6호가 금지하고 있는 '방임행위'란 아동의 건강 또는 복지를 해치거나 정상적 발달을 저해할 수 있는 행위로서 신체적·정서적 학대행위 및 유기행위에 준하는 정도로 피해아동에 대하여 의식주와 같은 기본적인 보호·양육·치료 및 교육을 소홀히 하는 행위라고 봄이 타당하다.

방임행위는 신체적·정신적·성적 폭력 또는 유기행위와는 달리 부작위에 의하여 이루어지는 것이므로, 최소한 보호·감독자가 아동에게 그러한 보호·양육·치료 및 교육이 필요한 상황이 발생하였다는 사실을 인식하면서도 그 결과 발생을 용인한 채 위 상황에 필요한 조치를 취하지 않는다는 고의가 인정되어야 할 것이다.

피고인들에게 위 과실에 의한 책임을 물을 여지가 있음은 별론으로 하되, 검사가 제출한 증거들만으로는 피고인들의 행위가 「아동복지법」이 처벌하고자 하는 아동학대의 하나인 '방임행위'에 이르렀다거나 피고인들에게 그와 같은 방임의 고의가 있었다는 점이 합리적인 의심의 여지없이 증명되었다고 보기에 부족하다.

피고인들은 피해자를 발견한 다음 바로 피해자를 유치원에 데려왔고, 돌아오는 길에 울음을 터뜨리는 등 놀란 피해자를 달래면서 음료와 점심식사를 챙겨주었다. 피해자가 유치원에 돌아온 이후 긴급한 처치가 필요할 정도의 건강상태를 보였다거나 그럼에도 불구하고 피고인들이 그러한 조치를 취하지 않은 채 피해자를 방치하였다고 볼만한 사정은 없다.

제2장
교육현장에서 발생할 수 있는
법률문제 해결

학교현장에서는 다양한 법률문제가 발생한다. 학교에서 휴대전화를 수거하는 문제나, 아동학대로 신고되는 것을 넘어 업무상과실치상, 직무유기 등으로 고소되는 일도 있다. 형사문제뿐만 아니라 교사를 상대로 민사상 손해배상청구를 하는 경우도 있다. 또한 형사범죄를 저지른 학생의 형사처벌, 소년 보호처분과 학교장 통고제도 등에 대해서도 함께 살펴본다.

1

학교에서 휴대전화를 수거하는 것이 인권침해일까요?

전라남도의 한 고등학생 S는 2023. 3.경 "학칙을 근거로 휴대전화를 일괄 수거해 쉬는 시간과 점심시간 등에도 쓸 수 없게 하는 건 인권침해에 해당한다."고 주장하며 국가인권위원회(인권위)에 진정을 제기하였다.

* 인권위는 고등학생 S의 진정에 대해서 어떠한 결정을 하였을까?
인권침해에 해당할까?

정답은 X다.

인권위는 2024. 10. 7. '고등학교 교칙에 따라 일과 시간에 학생 휴대전화를 수거·보관하는 일은 인권침해'라는 진정을 8대2로 기각하여, 인권침해가 아니라고 결정했다. 인권위는 2014. 11. 이래로 학생 휴대전화 수거가 인권침해라고 보아왔는데, 10년 만에 의견을 바꾼 것이다.

인권침해가 아니라는 이유는 아래와 같다.

⑴ 휴대전화 소지를 허용함으로써 수업 불법촬영 등으로 인한 교육 활동 침해로 발생하는 인권침해가 단순 수거로 인한 인권침해보다 더 크다.
⑵ 휴대전화 사용으로 인한 갈등·징계 논란으로 교사의 교권과 학생의 학습권 침해 피해가 휴대전화 사용 허용으로 인한 인권 보장보다 크다.
⑶ 학생들이 휴대전화에 과몰입하는 탓에 다른 학생과 제대로 상호작용을 하지 못한다는 점도 문제이다.

②

학생이 학교에서 사고로 다쳤는데, 교사가 업무상과실치상으로 처벌받나요?

학교에서 학생이 장난을 치다가 다쳤다. 그렇다면 교사가 책임을 지는가? 이는 「학교안전법」상 학교안전사고에 해당하므로 일단 치료비는 학교안전공제회를 통해 요양급여 등으로 보전받을 수 있다.

형사적으로는 업무상과실치사상이 문제가 되는데, 「형법」 제268조는 업무상과실로 사람을 사망하거나 상해에 이르게 한 자는 5년 이하의 금고 또는 2,000만원 이하의 벌금에 처한다고 규정한다.

형사법의 원칙은 고의범을 처벌하되, 예외적으로 과실범도 처벌하는 규정이 있으면 그에 따라 처벌할 수 있다. 교통사고와 같이 업무상과실치상죄가 과실범의 대표적인 예이다. 여기서 과실이란 '주의의무위반(정상적으로 기울여야 할 주의를 게을리한 경우)'을 의미한다.

물론 교사는 교육활동 및 이와 밀접 불가분의 관계에 있는 생활영역에서 학생을 보호감독 할 의무가 있다. 그러나 단순히 사고가 발생하였다는 이유만으로 교사에게 형사책임을 물을 수는 없고, 사고 발생의 '예견가능성'과 '회피가능성'이 있어야 한다. 즉, 아이가 다쳤다고 해서 무조건 업무상과실치상죄가 성립하는 것은 아니고, 별도로 주의의무 위반이 인정되어야 하며, 예견가능성과 회피가능성이 인정되지 않는다면 과실범 성립은 부정된다.

　만약 업무상과실치상으로 고소가 된다면, 사건발생 당시 업무상 주의의무를 다하였고, 사고발생에 대한 예견가능성과 회피가능성이 없었다는 점을 객관적인 사정과 함께 성실히 소명하여야지 그 책임에서 벗어날 수 있다. 결국에는 업무상과실치상 사건에서는 법리보다는 사실관계를 중요시한다. 판례는 구체적인 사실관계(자리를 이탈하였는지, 업무상 주의의무가 구체적으로 부여되었는지, 해당 학생이 예견할 수 없는 행동을 돌발적으로 한 것인지 등)에 따라 업무상과실치상을 인정하기도 하고, 부정하기도 한다. 따라서 유사한 듯 보여도 세상에 완전히 동일한 사건은 없고, 사실관계에 따라 결과가 천차만별이기 때문에 해당 판례를 자신에게 유리하게만 해석하지 않아야 하며 구체적 내용을 고려해야 한다.

　민사적으로 고의·중과실은 없고 경과실만 있는 경우에는 「국가배상법」에 따라 공무원은 면책이 되지만, 형사적으로 업무상과실치상은 경과실만 있더라도 처벌받을 수 있다. 교원의 교육활동이 위축되지 않도록 교원이 교육활동 중에 발생한 사고에 대해서 경과실만 있거나 자신의 의무를 다한 경우에는 면책이 되는 등 실질적으로 보호하는 규정을 마련해야 할 것이다. 최근 2024. 12. 20.자로 「학교안전법」이 개정되어 2025. 6. 21. 시행을 앞두고 있는데, 신설 규정은 "교원은 학생에 대한 학교안전사고 예방 및 안전조치의무를 다한 경우에는 학교안전사고에 대하여 민·형사상 책임을 면제한다."라는 내용으로, 교육활동이 위축되는 것을 방지하기 위해 도입된 것이다. 비록 선언적인 규정에 불과하다고 볼 수도 있겠지만, 위 규정을 통해 학교안전사고 발생 시 교원의 책임이 어느 정도 감면될 것으로 보이므로 바람직한 입법방향이라고 할 것이다. 다만, 해당 규정은 모호한 부분이 있어 시행령 등을 통해 구체화될 필요가 있고, 그 과정에서 학교현장에 실질적인 도움이 될 수 있도록 현장 의견이 최대한 반영되어야 할 것이다.

학교안전사고 업무상과실치사상 관련 판례

(1) 학생이 교실 유리창을 닦다가 추락사한 사례

서울에 있는 한 여자중학교에서 발생한 사안이다. 담임교사가 학생들에게 유리창 청소를 지시하면서 교실 안쪽에서 닦을 수 있는 유리창만 닦도록 지도하였는데도 한 학생만이 수업시간 종료 후 베란다로 넘어가 떨어져 사망한 경우, 담임교사에게 형사상 책임을 물을 수 없다고 대법원은 판시하였다.

(2) 아이를 진정시키려다가 아이의 팔이 탈골된 사례

경기도 용인에 있는 한 어린이집에서 발생한 사안이다. 소리 지르는 아이를 진정시키려고 양팔을 잡아 의자에 앉히는 바람에 아이가 팔이 빠졌고, 이에 검사는 교사를 업무상과실치상으로 기소하였다.

이 경우 업무상과실치상이 성립할까? 법원은 당시 교사에게 아이의 탈골 발생에 대한 예견가능성을 인정하기 어려워 업무상 주의의무 위반을 부정하여 무죄판결을 선고하였다.

(3) 수영장 현장학습 중 초등학생이 물에 빠져 사망한 경우 담임교사에게까지 업무상과실치사죄의 책임을 물을 수 있는지

제주의 한 초등학교 1학년 학생(남, 7세)이 물놀이 현장체험학습 중 수영장에서 익사하였다. 검사는 담임교사, 해당 수영장 관리자 등을 업무상과실치사로 기소하였다. 이에 대해 여러 가지 사정(키 120cm 가 넘는 어린이의 경우 자유롭게 출입이 허용된 풀장이었고 피해학생의 당시 키가 133cm이었던 점, 교사가 현장을 이탈하지 않고 학생들을 관찰하고 있었던 점 등) 에 비추어 교사에게 업무상 주의의무 위반을 인정하기 어렵다고 하여 무죄를 선고하였다. 다만, 수영장 관리자에 대해서는 업무상과실이 있다고 하여 유죄판결을 선고하였다.

> **[대법원 2012. 1. 12. 선고 2010도327 판결]**
>
> 해당 수영장의 자체 안전기준에 의하더라도 키가 120cm가 넘는 어린이의 경우는 유수풀의 출입을 자유롭게 허용해온 점에 비추어 피해자(키 133cm)가 유수풀에 입장하지 못하도록 피고인이 통제하지 않은 점을 가지고 피고인에게 과실이 있다고 보기 어렵고, 피해자가 특별한 관리를 요하는 학생이었다고 볼 만한 근거도 부족하여 피고인에게 피해자를 지속적으로 주의 깊게 관찰할 의무가 있었다고 보기도 어려울 뿐 아니라, 피고인이 사고 직전인 12:34에 피해자가 노는 모습을 촬영하는 등 현장을 이탈하지 않고 자신이 인솔한 학생들을 관찰하고 있었던 것으로 보이는 점 등에 비추어, 피고인의 업무상 주의의무 위반을 인정하기 어렵다.

(4) 중학교 야외수업으로 계곡 물놀이 중 학생이 익사한 사례

경남의 한 중학교에서 발생한 사안이다. 야외수업의 일환으로 학교

옆 계곡에 물놀이를 가게 되었는데, 교사 2명이 자리를 비운 상황에서 중학생이 익사하였고, 검사는 해당 교사들을 업무상과실치사로 기소하였다.

사안에서 해당 계곡이 수심의 차가 크고, 최대 수심이 3m 60cm, 폭도 17m에 이른 점, 군수와 소방서장 명의의 수영금지 경고문과 출입금지 펜스가 설치되어 있었던 점, 구명조끼를 지급하지 않고, 수상안전요원도 배치하지 않은 채, 교사 A가 학교대책회의로 잠시 자리를 비우고, 교사 B가 사고 발생지점에서 35m 떨어진 채 라면을 끓이고 있었던 점 등을 고려하면 업무상 주의의무 위반의 과실이 있다고 하여 유죄판결(각 벌금 400만원)을 선고하였다.

앞서 3번 판례와 비교해 보면 학생이 익사한 것은 동일하지만, 수영하기에 적법한 장소였는지, 수상안전요원을 배치하였는지, 사고 발생 당시 현장을 이탈하였는지 여부 등에 있어서 차이가 있었기 때문에 유·무죄가 엇갈린 것이다.

(5) 요양호 등록 학생이 체육시간 중 상해를 입은 사례

대구에 있는 한 중학교에서 발생한 사건이다. 중학교 1학년 학생 S는 선천성 폐쇄비대성 심장근육증 환자로서 심장에 부담을 주는 운동을 피해야 할 '요양호 학생'으로 등록되어 있었으나, 체육교사 T는 이에 대한 별도의 조치를 하지 않고, S를 포함한 학생들로 하여금 운동장을 뛰도록 지시하여 S로 하여금 허혈성 뇌손상 및 사지부전마비 등의 상해를 입히게 하여 검사는 T를 업무상과실치상으로 기소하였다.

이에 대해 법원은 S가 '요양호 학생'으로 등재되어 있었던 점, 사건 발생 전 S의 어머니가 T에게 특별히 무리한 운동을 하지 않도록 부탁을 한 사실이 있었던 점 등의 사정을 고려하여 유죄판결(벌금 300만원)을 선고하였다.

[대구지방법원 2006. 4. 7. 선고 2005고단7697 판결]

피해자의 어머니가 학교를 방문하여 피고인에게 위 피해자가 달리기나 팔벌려뛰기 등의 무리한 운동을 하지 않도록 하여 달라는 부탁까지 한데다 위 피해자는 위 질병으로 인하여 요양호 학생으로 등재되어 있었으므로 학생들을 친권자 등 법정감독의무자에 대신하여 감독을 하여야 할 의무가 있는 체육교사인 피고인으로서는 위 피해자에 대하여 각별한 주의를 하여 위 피해자에게 부담이 되거나 위험한 운동으로부터 위 피해자를 배제시켜야 할 의무가 있다.

달리기 등 수업에 참가할 것인지 여부를 피해자 스스로 몸 상태를 보아가며 결정하게 하는 것에 불과하여 피고인이 피해자에 대한 주의의무를 다하였다고 하기 어렵고 나아가 위 피해자를 구체적으로 지칭하여 수업에서 제외시킴으로써 위 피해자가 달리기를 비롯한 그와 동등하거나 더 격한 운동을 못하도록 주의를 기울였어야 마땅하다.

따라서 피고인에게는 이 사건 달리기에서 열외 여부를 피해자 스스로 결정하도록 하였을 뿐, 적극적으로 위 피해자를 달리기에서 배제시키지 못한 과실이 있어, 체육교사로서의 그 업무상 주의의무를 다하지 못하였다고 할 것이다.

3

학부모가 자신의 요구를
들어주지 않는다는 이유로
직무유기로 고소했어요

「형법」제122조에서 말하는 직무유기죄는 공무원이 정당한 이유 없이 그 직무수행을 거부하거나 그 직무를 유기한 때에는 1년 이하의 징역이나 금고 또는 3년 이하의 자격정지에 처하는 범죄이다. 주체가 공무원이어야 하므로, 공무원이 아닌 자가 직무를 유기하여도 직무유기죄는 성립하지 않는다. 즉, 사립학교 교원은 공무원의 지위에 있지 않기 때문에, 직무유기죄가 성립될 수는 없고, 징계벌의 문제만 있을 뿐이다. 다만, 대법원은 공립학교 기간제교사에 대해서는 직무유기죄의 주체가 될 수 있다고 보았다(대법원 2022. 6. 30. 선고 2021도8361 판결).

직무유기죄에서 '직무를 유기한 때'란 공무원이 법령, 내규 등에 의한 추상적 성실의무를 태만히 하는 일체의 경우에 성립하는 것이 아니라 직장의 무단이탈, 직무의 의식적인 포기 등과 같이 국가의 기능을 저해하고 국민에게 피해를 야기시킬 가능성이 있는 경우를 가리킨다. 그리하여 일단 직무집행의 의사로 자신의 직무를 수행한 경우에는 직무집행의 내용이 위법한 것으로 평가된다는 점만으로 직무유기죄의 성립을 인정할 것은 아니고, 공무원이 태만·분망 또는 착각 등으로 인하여 직무를 성실히 수행하지 아니한 경우나 형식적으로 또는 소홀히 직무를 수행한 탓으로 적절한 직무수행에 이르지 못한 것에 불과한 경우에도 직무유기죄는 성립하지 아니한다(대법원 2014. 4. 10. 선고 2013도229 판결).

따라서 단순히 착각 등으로 직무를 성실히 수행하지 않거나 소홀히 직무를 수행한 것만으로는 별도의 성실의무 위반이라는 징계사유가 될 수 있음은 별론으로 하더라도, 형사상 직무유기 범죄 요건을 충족하였다고 보기 어려우며 직무의 의식적인 방임, 포기에 이르러야 직무유기죄가 성립할 수 있다.

교사의 직무유기와 관련된 사례를 통하여 성립요건에 대해서 알아보자.

교사의 직무유기 관련 사례

(1) 담임교사가 학교폭력 사안에 대하여 적절한 조치를 취하지 않아 피해학생이 자살한 사례

서울 양천구에 있는 한 중학교에서 발생한 사안이다. 담임교사는 피해학생 S의 부모로부터 S에 대한 괴롭힘과 학교폭력에 대해서 적절한 조치를 해달라고 여러 번 요청을 받았음에도 당시 상황을 과소평가하여 「학교폭력예방법」에 따라 학교장에게 통보하거나 다른 적절한 대책을 마련하지 않아, S가 괴롭힘에 시달리다 자살하였다. 검사는 담임교사를 직무유기죄로 기소하였다.

1심 법원은 직무유기죄가 인정된다며 유죄판결을 하였으나, 항소심과 대법원은 담임교사가 자신의 직무를 의식적으로 방임 내지 포기하였다고 보기 어렵다고 보아 무죄를 선고하였다.

항소심: [서울남부지방법원 2016. 1. 7. 선고 2015노1145 판결]
상고심: [대법원 2016. 7. 14. 선고 2016도1368 판결]

검사가 제출한 증거만으로는 교사인 피고인이 학교폭력에 대한 대처를 소홀히 한 정도를 넘어 자신이 담당하는 구체적인 직무를 의식적으로 방임 내지 포기하였다고 보기 어렵고 달리 이를 인정할 증거가 없다.

피고인은 위와 같은 학부모의 요청에 대해 학부모가 학교 측에 S가 폭행당한 사정을 알린 것이 가해학생들에게 알려지면 S가 피해 입을 것을 염려하여 정식 징계절차보다는 비공식적인 보호를 요청하는 취지로 이해하여 가해학생들을 과학실로 불러 훈계하고 친구들과 사이좋게 지내라고 주의를 주었다.

피고인이 학부모의 4차례에 걸친 요청이 있었음에도 「학교폭력예방법」에 따라 학교의 장에게 통보하지 않은 사실은 있으나, 이는 피고인이 당초 위 요청에 대해 학교폭력 사실이 공개되어 S에게 피해가 가지 않도록 우회적인 방법으로 조치를 취하여 달라는 취지로 이해한 사정으로 말미암아 자체적으로 해결하려고 안일하게 판단한 데에 기인한 것일 뿐 직무에 관한 의식적인 포기라고 보기는 어렵다.

(2) 기간제교사가 학교에서 무단이탈한 후 연락도 받지 않은 채 시험 답안지와 채점결과를 인계하지 않아 학교 성적이 산출되지 못한 사례

교사 T는 2017. 10. 18. 인천의 한 공립 중학교에서 기간제교사로 채용되어 2017. 11. 17.경까지 근무하면서 사회과목을 담당하였다. 2017. 11. 14. 3학년 학생들의 2학기 사회과목 답안지를 교부받고 채점과 그 결과를 학교에 인계하여 2017. 11. 29.경까지 고등학교 입학 전형을 위한 중학교 석차연명부를 작성할 수 있도록 하여야 하나, 무단으로 결근하고 연락 두절하여 결국 채점결과를 인계하지 않아 학교 석차연명부를 작성하지 못하게 하였고, 이에 검사는 T를 직무유기로 기소하였다.

형사재판에서 T는 자신은 기간제교사였으므로 직무유기죄의 주체인 공무원에 해당하지 않는다고 하였으나, 1심과 항소심은 T가 교육공무원에 해당함을 전제로 직무유기죄를 인정하고, 징역 6월에 집행유예 2년을 선고하였다.

그러나 대법원에서는 T가 교육공무원에 해당하기는 하나, T가 결근하게 된 사정, 피고인이 자신의 직무를 성실히 수행하지 못한 것이라고 할 수 있을지언정 자신의 업무를 의식적으로 방임하거나 포기하려는 것이었다고 단정하기 어렵기 때문에 직무유기죄에 해당한다고 볼 수 없고, 임기종료 이후의 사정은 T가 공무원의 지위를 상실한 이후의 사정에 불과하다고 하여 무죄 취지로 원심판결을 파기하였고, 파기환송심에서 무죄판결을 선고하여 사건이 확정되었다.

[대법원 2022. 6. 30. 선고 2021도8361 판결]

무단이탈로 인한 직무유기죄 성립 여부는 결근 사유와 기간, 담당하는 직무의 내용과 적시 수행 필요성, 결근으로 직무수행이 불가능한지, 결근 기간에 국가기능의 저해에 대한 구체적인 위험이 발생하였는지 등을 종합적으로 고려하여 신중하게 판단해야 한다. 특히 근무기간을 정하여 임용된 공무원의 경우에는 근무기간 안에 특정 직무를 마쳐야 하는 특별한 사정이 있는지 등을 고려할 필요가 있다.

피고인이 자신의 직무를 성실히 수행하지 못한 것이라고 할 수 있을지언정 직무유기죄에 해당한다고 단정할 수 없다. 그 이유는 다음과 같다.

(1) 피고인이 채점할 답안지를 받은 날은 2017. 11. 14.이고, 임기 종료일은 그로부터 3일 뒤인 2017. 11. 17.까지였다. 학사일정상 성적 처리에 관한 업무를 최종적으로 마치기로 예정한 날은 2017. 11. 24.까지였다. 이러한 학사일정에 비추어 보면, 반드시 피고인이 근무기간 안에 채점을 마쳐야만 최종적인 성적 산출 업무 처리가 가능했다고 단정하기 어렵다.

(2) 피고인이 무단으로 결근한 날짜는 임기 종료 직전 2일인데, 결근하게 된 사유는 기간제 임기가 종료됨에 따라 다른 기간제 교원 관련 면접을 보려고 했으나 연가가 승인되지 않았기 때문으로 보인다. 또한 근무 마지막 날에 대한 병가신청이 승인되어 이후로는 더 이상 출근이나 업무 수행을 할 의무가 없었다. 이러한 사정에 비추어 보면, 피고인이 자신의 업무를 의식적으로 방임하거나 포기하려는 것이었다고 단정하기 어렵다.

(3) 피고인이 임기 종료 이후 성적 처리에 관한 최종 업무 종료일인 2017. 11. 24. 이후까지 답안지와 채점결과를 학교 측에 인계하지 않았으나, 이는 피고인의 임기가 종료되어 공무원으로서의 지위를 상실한 이후의 사정으로서 직무유기죄를 구성하는 행위로 평가할 수 없다.

4

교원의 민사적 책임 문제:
학부모가 교사를 상대로
민사소송을 제기했어요

학교에서 학생이 다치거나 사망한 경우, 업무상과실치사상이라는 형사상 책임을 질 수도 있다는 점은 앞서 본 바와 같다. 그렇다면 이 경우 교원이 민사적 책임을 지는지 문제가 된다. 일반적으로 학교안전 사고의 경우에는 「학교안전법」에 따라 학교안전공제회에서 공제금을 부담하게 되므로 구상금 청구를 받지 않는 이상 직접적으로 민사적 책임을 지지 않는다고 보면 되지만, 학부모가 직접 교사를 상대로 민사상 손해배상청구를 할 수도 있다.

우선 교원에게 학생에 대한 보호감독의무가 있는지에 대해서 대법원은 학교의 교장이나 교사는 학생을 보호·감독할 의무를 지는 것이나, 그러한 보호감독의무는 교육관계법령에 따라 학생들을 친권자 등 법정감독의무자에 대신하여 보호·감독하여야 하는 의무로서 학교의 교육활동 중에 있거나 그것과 밀접 불가분의 관계에 있는 생활관계에 있는 학생들에 대하여 인정되며, 보호감독의무를 소홀히 하여 학생이 사고를 당한 경우에도 그 사고가 통상 발생할 수 있다고 예상할 수 있는 것에 한하여 교사 등의 책임을 인정할 것인바, 그 예견가능성은 학생의 연령, 사회적 경험, 판단능력 등을 고려하여 판단하여야 한다고 판시하였다(대법원 1996. 8. 23. 선고 96다19833 판결).

유치원생이 귀가 도중 교통사고로 사망한 사안에서, 담임교사가 귀가에 관한 일정한 조치를 취하는 등 유치원 교사로서 통상 요구되는 주의를 현저히 게을리한 것으로 볼 수는 없다(중과실 X, 경과실 O)고 하여, 교사 개인의 손해배상책임을 부정하고 소속 지방자치단체의 손해배상책임만을 인정하였다.

여기서 공무원의 '중과실'이라 함은, 공무원에게 통상 요구되는 정도의 상당한 주의를 하지 않더라도 약간의 주의를 한다면 손쉽게 위법, 유해한 결과를 예견할 수 있는 경우임에도 만연히 이를 간과함과 같은, 거의 고의에 가까운 현저한 주의를 결여한 상태를 의미한다.

학생, 학부모가 교사를 상대로 민사소송을 제기한 경우

아래 사안은 사실관계를 단순화하여 학생, 학부모가 교원에게 직접 손해배상청구를 한 경우로 상정한다.

① 공립학교의 경우

예컨대 공립학교(서울특별시교육감이 설립·경영) 재학 중인 학생 A에게 교육활동 중 사고가 발생하여 학생 A와 그의 학부모가 교사 B와 지방 자치단체를 상대로 보호감독책임을 물어 「국가배상법」에 따라 손해배상청구 소송을 제기하였다면, 교사 B의 고의·과실의 유무 및 그 정도에 따라 책임 범위가 달라진다.

학생 A 측이 원고가 되고, 피고 1이 서울특별시(법률상 대표자: 서울특별시교육감), 피고 2는 담임교사 B가 된다. 이를 도식화하면 아래와 같다.

공립학교 민사상 손해배상청구 소송 구조

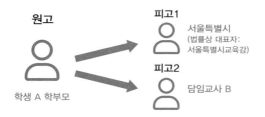

공립학교 담임교사 B는 교육공무원이므로 「민법」이 아니라 특별법인 「국가배상법」이 적용된다. 「국가배상법」에 따라 공무원에게 고의·중과실이 있는 경우에는 불법행위로 인한 손해배상책임을 지지만, 공무원에게 경과실만 있는 경우에는 공무원 개인은 손해배상책임을 부담하지 않는다(대법원 1996. 8. 23. 선고 96다19833 판결).

⑴ 만약 담임교사 B에게 고의 · 중과실이 있는 경우에는 피고 1 서울특별시, 피고 2 교사 B 모두 손해배상책임을 지게 된다.

⑵ 만약 담임교사 B에게 경과실만 있는 경우는 피고 1 서울특별시만 책임이 있고, 피고 2 교사 B는 손해배상의 책임이 없다.

⑶ 만약 담임교사 B에게 고의 · 과실이 모두 없다면, 과실책임의 원칙에 따라 피고 1, 2 모두 손해배상책임이 없게 된다.

그 내용은 아래 표와 같다.

공립학교 교사의 고의·과실에 따른 지방자치단체와 교사의 배상 책임 유무

담임교사 B의 고의 · 과실 유무에 따른 책임	피고 1. 서울특별시의 손해배상책임	피고 2. 담임교사 B의 손해배상책임
(1) B 고의 · 중과실 O	O	O
(2) B 경과실만 O	O	X
(3) B 고의 · 과실 모두 X	X	X

「국가배상법」
제2조(배상책임) ① 국가나 지방자치단체는 공무원 또는 공무를 위탁받은 사인(이하 "공무원"이라 한다)이 직무를 집행하면서 고의 또는 과실로 법령을 위반하여 타인에게 손해를 입히거나, 「자동차손해배상 보장법」에 따라 손해배상의 책임이 있을 때에는 이 법에 따라 그 손해를 배상하여야 한다.
② 제1항 본문의 경우에 공무원에게 고의 또는 중대한 과실이 있으면 국가나 지방자치단체는 그 공무원에게 구상(求償)할 수 있다.

② 사립학교의 경우

위와 같은 사안이 사립학교에서 발생한 경우, 손해배상책임 범위가
공립학교와는 다소 차이가 있다.

사립학교(학교법인 일등학원 설치·경영) 재학 중인 학생 C에게 교육활
동 중 사고가 발생하여 학생 C와 그의 학부모가 교사 D와 학교법인을
상대로 보호감독책임과 「민법」 사용자책임에 따라 손해배상청구 소송
을 제기하였다면, 교사 D의 고의·과실의 유무에 따라 책임 범위가 달
라진다.

학생 C 측이 원고가 되고, 피고 1은 학교법인 일등학원, 피고 2는 교
사 D가 된다. 이를 도식화하면 아래와 같다.

사립학교 민사상 손해배상청구 소송 구조

담임교사 D와 학교법인 일등학원은 사립학교 교원과 사립학교법인
에 해당하여, 「민법」이 적용된다. 학교법인은 사립학교 교원의 불법행
위에 관하여 제756조의 사용자책임을 부담한다(서울고등법원 2018. 5.

11. 선고 2017나2066092 판결).

(ⅰ) 만약 담임교사 D에게 고의 · 중과실이 있는 경우에는 피고 1 학
교법인, 피고 2 교사 D 모두 손해배상책임을 지게 된다.

(ⅱ) 만약 담임교사 D에게 경과실만 있는 경우에도 피고 1 학교법인
과 피고 2 교사 D 모두 책임이 있다.

(ⅲ) 만약 담임교사 D에게 고의 · 과실이 모두 없다면, 과실책임의 원
칙에 따라 피고 1, 2 모두 손해배상책임이 없게 된다.

그 내용은 아래 표와 같다.

사립학교 교사의 고의·과실에 따른 학교법인과 교사의 배상 책임 유무

담임교사 D의 고의 · 과실 유무에 따른 책임	피고 1. 학교법인 일등학원의 손해배상책임	피고 2. 담임교사 D의 손해배상책임
(ⅰ) D 고의 · 중과실 O	O	O
(ⅱ) D 경과실만 O	O	O
(ⅲ) D 고의 · 과실 모두 X	X	X

「민법」
제750조(불법행위의 내용) 고의 또는 과실로 인한 위법행위로 타인에게 손해를 가한
자는 그 손해를 배상할 책임이 있다.

제756조(사용자의 배상책임) ① 타인을 사용하여 어느 사무에 종사하게 한 자는 피용
자가 그 사무집행에 관하여 제삼자에게 가한 손해를 배상할 책임이 있다. 그러나 사용자
가 피용자의 선임 및 그 사무감독에 상당한 주의를 한 때 또는 상당한 주의를 하여도 손
해가 있을 경우에는 그러하지 아니하다.

학생, 학부모가 교사를 상대로 민사소송을 제기한 경우,
교원보호공제를 통해 손해배상금 지원을 받을 수 있는지 여부

「교원지위법」
제22조(교원보호공제사업) ② 교원보호공제사업의 범위에는 다음 각 호의 사항이 포함된다.
1. 교원의 교육활동으로 발생한 손해배상금의 지원 및 구상권 행사 지원(교원의 고의 또는 중과실이 있는 경우는 제외한다)

「교원지위법」 제22조에 따라 교원보호공제사업 제도로 교원에게 손해배상금을 지원하고 있는데, 교원의 고의·중과실이 있는 경우는 지원을 제외하고 있다.

앞서 본 바와 같이 공·사립 교원 여부 및 고의·과실의 정도에 따라 6가지(공립: (1) ~ (3), 사립: (i)~(iii))의 경우의 수가 있다. 각 경우에 따라 지원 가능 여부는 아래 내용과 같다.

(1) 만약 공립교사 B에게 고의·중과실이 있는 경우에는 피고 1 서울특별시, 피고 2 교사 B 모두 손해배상책임을 지게 된다.
   : 법률, 약관상 교원에게 고의·중과실이 있는 경우에는 지원을 제외하고 있다.
(2) 만약 공립교사 B에게 경과실만 있는 경우는 피고 1 서울특별시만 책임이 있고, 피고 2 교사 B는 손해배상의 책임이 없다.
   : B에게 손해배상책임이 없으므로 지원이 불필요하다.

(3) 만약 공립교사 B에게 고의·과실이 모두 없다면, 과실책임의 원칙에 따라 피고 1, 2 모두 손해배상책임이 없게 된다.

: B에게 손해배상책임이 없으므로 지원이 불필요하다.

(ⅰ) 만약 사립교사 D에게 고의·중과실이 있는 경우에는 피고 1 학교법인, 피고 2 교사 D 모두 손해배상책임을 지게 된다.

: 법률, 약관상 교원에게 고의·중과실이 있는 경우에는 지원을 제외하고 있다.

(ⅱ) 만약 사립교사 D에게 경과실만 있는 경우는 피고 1 학교법인과 피고 2 교사 D 모두 손해배상 책임이 있다.

: 손해배상책임이 있는 D에게 경과실만 있으므로 지원이 가능하다.

(ⅲ) 만약 사립교사 D에게 고의·과실이 모두 없다면, 과실책임의 원칙에 따라 피고 1, 2 모두 손해배상책임이 없게 된다.

: D에게는 손해배상책임이 없으므로 지원이 불필요하다.

위 6가지 경우의 수를 그림으로 표현하면 아래 표와 같다.

공립교사 B의 고의·과실 유무에 따른 책임	피고 1. 서울특별시의 손해배상책임	피고 2. 담임교사 B의 손해배상책임	교원보호공제 지원 가능 여부
(1) B 고의·중과실 O	O	O	X (교원에게 고의, 중과실이 있는 경우는 지원을 제외하고 있음)
(2) B 경과실만 O	O	X	– (B에게 손해배상책임이 없으므로 지원이 불필요함)
(3) B 고의·과실 모두 X	X	X	– (B에게 손해배상책임이 없으므로 지원이 불필요함)

사립교사 D의 고의 · 과실 유무에 따른 책임	피고 1. 학교법인 일등학원의 손해배상책임	피고 2. 담임교사 D의 손해배상책임	교원보호공제 지원 가능 여부
(i) D 고의 · 중과실 O	O	O	X (교원에게 고의, 중과실이 있는 경우는 지원을 제외하고 있음)
(ii) D 경과실만 O	O	O	O (손해배상책임이 있는 D에게 경과실만 있으므로 지원 가능)
(iii) D 고의 · 과실 모두 X	X	X	– (D에게 손해배상책임이 없으므로 지원이 불필요함)

'(ii) 사립학교 교원의 경과실로 손해배상책임이 인정되었을 때'만 교원보호공제의 손해배상금 지원을 받을 수 있고, 나머지의 경우에는 지원이 불가능하거나 불필요하다. 결국 공립학교 교원은 어느 경우에도 지원받을 수 없는 맹점이 발생하게 된다.

교원보호공제 손해배상금 지원 제도의 실효성에 대해서 의문이 있고, 교원의 교육활동보호라는 입법취지와 목적 달성을 위해서는 위와 같은 허점을 보완할 필요가 있다. 예를 들어 교원보호공제에서 지원 제외대상을 '고의 · 중과실이 있는 교원'에서, '고의로 손해배상책임을 야기한 교원만'으로 개정하는 등으로 제도를 개선하여야 한다고 본다.

5

촉법소년?
학생은 형사처벌을 받지 않나요?

초등학교 6학년 학생의 담임교사 폭행 사건

2023. 6.경 서울의 한 초등학교에서 6학년 학생이 담임교사를 여러 차례 폭행한 사건이 발생하였다. 서울특별시교육청은 1차 교권보호위원회 심의에서 해당 학생이 만 12세이기 때문에 고발을 보류하였으나, 2차 교권보호위원회 심의에서 사건의 심각성과 상징성을 고려하여 고발하기로 결정하고, 서울특별시교육감 명의로 해당 학생을 경찰에 고발하였다(해당 학생은 교권보호위원회 심의·의결을 거쳐 전학처분과 특별교육 12시간 이수 조치를 받았다).

일반적으로 초등학교 6학년 학생은 만 11세~12세이다. 형사상 처벌을 받지 않는 형사미성년자는 만 14세를 기준으로 하고, 만 14세가 되지 않은 자의 행위는 처벌하지 않는다(「형법」 제9조). 비록 형사처벌은 받지 않더라도 해당 학생은 촉법소년이기 때문에 가정법원에서 소년 보호처분은 받을 수 있다. 고발장을 받은 경찰은 「소년법」 제4조 제2항에 따라 해당 학생을 관할법원인 서울가정법원 소년부에 송치하면, 서울가정법원은 소년 보호처분을 하게 된다.

소년범 연령: 범법소년, 촉법소년, 범죄소년 및 우범소년

형사범죄를 저지른 소년의 나이에 따라 부과되는 처분이 달라지는데, 그 용어와 연령을 자세히 살펴보면 아래와 같다.

(1) 범법소년: 만 10세 미만은 이른바 '범법소년'이라 하고, 형사처벌, 소년 보호처분 모두 받지 않는다.

(2) 촉법소년: 만 10세 이상 14세 미만인 소년은 '촉법소년'이라고 하며 형사처벌은 받지 않으나 소년 보호처분은 받을 수 있다(제4조 제1항 제2호).

(3) 범죄소년: 만 14세 이상 19세 미만인 소년을 '범죄소년'이라 하고, 검사와 법원의 판단에 따라 형사처벌 또는 소년 보호처분을 받을 수 있다(제1호).

(4) 우범소년: 비록 형사상 범죄를 저지른 것은 아니나 집단적으로 몰려다니며 주위 사람들에게 불안감을 조성하는 성벽이 있고, 정당한 이유 없이 가출하며, 술을 마시고 소란을 피우는 등의 사유가 있고, 그의 성격이나 환경에 비추어 앞으로 형벌 법령에 저촉

되는 행위를 할 우려가 있는 만 10세 이상 19세 미만 소년을 '우
범소년'이라 한다. 형사상 범죄를 저지른 것이 아니므로 형사처
벌은 받지는 않으나 소년의 환경조정과 품행 교정을 위한 소년
보호처분은 가능하다(제3호).

형사범죄 소년범 연령

10세 미만 〈범법소년〉	10세 이상 ~ 14세 미만 〈촉법소년〉	14세 이상 ~ 19세 미만 〈범죄소년〉
형사처벌 X	형사처벌 X	형사처벌 O
소년 보호처분 X	소년 보호처분 O	소년 보호처분 O

	형벌 법령 저촉 우려 있는 10세 이상 ~ 19세 미만 〈우범소년〉	
	형사처벌 X	
	소년 보호처분 O	

「형법」
제9조(형사미성년자) 14세되지 아니한 자의 행위는 벌하지 아니한다.

「소년법」
제4조(보호의 대상과 송치 및 통고) ① 다음 각 호의 어느 하나에 해당하는 소년은
소년부의 보호사건으로 심리한다.
1. 죄를 범한 소년(범죄소년)
2. 형벌 법령에 저촉되는 행위를 한 10세 이상 14세 미만인 소년(촉법소년)
3. 다음 각 목에 해당하는 사유가 있고 그의 성격이나 환경에 비추어 앞으로 형벌 법령에
   저촉되는 행위를 할 우려가 있는 10세 이상인 소년(우범소년)
   가. 집단적으로 몰려다니며 주위 사람들에게 불안감을 조성하는 성벽(性癖)이 있는 것
   나. 정당한 이유 없이 가출하는 것
   다. 술을 마시고 소란을 피우거나 유해환경에 접하는 성벽이 있는 것
② 제1항 제2호 및 제3호에 해당하는 소년이 있을 때에는 경찰서장은 직접 관할 소년부
에 송치(送致)하여야 한다.
③ 제1항 각 호의 어느 하나에 해당하는 소년을 발견한 보호자 또는 학교·사회복리시
설·보호관찰소의 장은 이를 관할 소년부에 통고할 수 있다.

소년 보호사건의 절차

---

(1) 경찰, 검찰, 형사법원의 송치 및 학교장 등의 통고

가정법원 소년부로 보호사건이 접수될 수 있는 경우는 아래와 같이 4가지로 나눌 수 있다.

① 경찰의 송치: 촉법소년이나 우범소년의 경우 경찰서장이 직접 관할 가정법원 소년부에 송치한다(제4조 제2항).

② 검사의 송치: 검사가 소년에 대한 피의사건을 수사한 결과 보호처분에 해당하는 사유가 있다고 인정하는 경우에는 관할 가정법원 소년부에 송치하는 제도이다(제49조 제1항).

③ 형사법원의 송치: 검사가 기소하였더라도 형사법원이 심리한 결과 보호처분에 해당할 사유가 있다고 인정하면 결정으로 사건을 관할 가정법원 소년부로 송치한다(제50조).

④ 학교장 등의 통고: 보호자, 학교·사회복리시설·보호관찰소의 장은 범죄소년, 촉법소년, 우범소년을 발견한 경우 관할 가정법원 소년부에 통고할 수 있다(제4조 제3항). 통고는 보호자, 학교장 등이 수사기관을 거치지 않고 직접 사건을 법원에 접수하는 절차이고, 소년이 수사를 받게 되는 부담을 덜어주고 법원의 적절한 개입을 통해 소년 문제를 해결하는 효과가 있다.

하지만 학교장 통고제도는 학교 입장에서는 부담이 될 수밖에 없고, 여러 가지 이유로 주저하는 경우가 상당히 많아 유명무실한 제도로 취급 받아오고 있다. 전과나 수사 기록이 남지 않고 처벌보다는 교육, 치료를 중심으로 진행되어 학생을 올바른 길로 선도할 수 있다는 장점이 있기에 필요할 때에는 통고제도를 적극적으로 활용하는 것도 하나의 방법이 될 수 있다.

(2) 소년 보호사건 심리절차

소년 보호사건으로 접수된 사건은 조사관의 조사를 거친 후 소년부 판사가 송치서, 조사보고 등을 검토하여 심리를 개시할 수 없거나 개시할 필요가 없다고 인정하면 '심리 불개시 결정'을 한다. 사안이 가볍다는 이유로 심리 불개시 결정을 할 때에는 소년에게 훈계하거나 보호자에게 소년을 엄격히 관리하도록 고지할 수 있다(제19조).

심리를 개시하는 결정을 하면, 실제 심리로 나아가며 심리는 소년의 보호를 위해 비공개로 한다. 소년과 보호자를 소환하고, 심리 개시 사유와 보조인(변호사)을 선임할 수 있다는 내용도 함께 알린다(제20조 및 제24조). 보호자와 보조인 등은 심리에 관하여 의견을 진술할 수 있다(제25조). 피해자 등의 진술권도 있으므로 피해자 등의 신청으로 심리 기일에서 의견을 진술할 기회를 부여받을 수 있다(제25조의2). 피해교원도 신청에 따라 피해자의 지위에서 의견진술을 할 수도 있다.

가정법원 소년부 판사는 심리 결과 3가지 종류의 결정을 할 수 있는데, ① 불처분 결정, ② 검사 송치, ③ 소년 보호처분 결정으로 나눌 수 있다.

① 불처분 결정: 보호처분을 할 수 없거나 할 필요가 없다고 인정하는 경우에는 불처분 결정을 한다(제29조).

② 검사 송치: 검사로부터 송치받은 사건을 심리한 결과 그 동기와 죄질이 금고 이상의 형사처분을 할 필요가 있다고 인정한 때에는 결정으로써 해당 검사에게 송치할 수 있다(검사에게 역으로 보낸다고 해서 실무상 '역송'이라고 부른다)(제49조 제2항).

③ 보호처분 결정: 보호처분을 할 필요가 있다고 인정하는 경우에 하는 결정이고, 10가지 보호처분 중에서 선택하게 되는데, 그중에서 여러 가지 보호처분을 묶어서 할 수도 있다(예를 들어, 5호 + 8호 보호처분 결정)(제32조).

소년범 사건 처리 절차

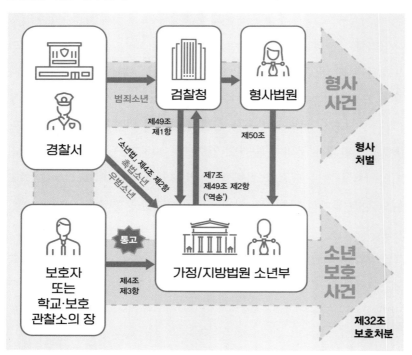

(3) 소년 보호처분의 종류

소년 보호처분은 「소년법」에 따라 반사회성이 있는 소년의 환경조정과 품행 교정을 위하여 소년에 대해서 부과하는 처분이다. 가정법원 소년부 판사는 심리결과 보호처분을 할 필요가 있다고 인정하면 개별 소년의 환경, 성격 등을 파악하여 소년의 환경을 바꾸고 소년의 성격과 행동을 나아지게 하는 데 가장 적절한 보호처분을 선택하고, 가능한 범위 내에서 병과한다.

그 종류와 기간, 적용연령에 대해서는 아래의 표와 같다.

소년 보호처분 종류 및 내용

종류	내용	기간(연장)	적용연령
1호	보호자 감호위탁	6월(+6월)	10세 이상
2호	수강명령	100시간 이내	12세 이상
3호	사회봉사명령	200시간 이내	14세 이상
4호	단기 보호관찰	1년	10세 이상
5호	장기 보호관찰	2년(+1년)	10세 이상
6호	아동복지시설, 소년보호시설 감호위탁	6월(+6월)	10세 이상
7호	병원, 요양소, 의료재활소년원 위탁	6월(+6월)	10세 이상
8호	1개월 이내 소년원 송치	1월 이내	10세 이상
9호	단기 소년원 송치	6개월 이내	10세 이상
10호	장기 소년원 송치	2년 이내	12세 이상

'형사미성년자'인지 여부 판단기준 시점

"생일이 아직 안 지난 중학교 2학년 학생 A가 있는데(만 13세), 범죄를 저지른 이후에, 생일이 지나서 만 14세가 되었으면 형사처벌이 가능하지 않나요?"라고 묻는 분이 종종 있다. 과연 A에게 형사처벌을 부과할 수 있을까?

사례

중학교 2학년 학생 S(남, 2010. 11. 2.생)는 2024. 5. 2. 교육활동 중인 교사 T를 위험한 물건인 커터 칼을 휴대하여 폭행하였다. 교사 T는 학생 S를 형사 고소하였다. 이에 검사는 학생 S를 기소하였다.

* (1) 법원은 2024. 10. 2. 학생 S(만 13세)에 대하여 유죄판결(형사처벌)할 수 있는가?

* (2) 법원은 2024. 12. 2. 학생 S(만 14세)에 대하여 유죄판결(형사처벌)할 수 있는가?

정답은 (1), (2) 모두 X다.

형사미성년자인지 여부 판단은 "범행 시"를 기준으로 판단한다. 범행 시인 2024. 5. 2. 기준 만 13세이므로 아직 만 14세가 되지 않아 형사미성년자이고, 이후 시간이 지나 14세가 되더라도 행위 당시 13세였음은 변함이 없으므로 형사처벌이 불가능하다. 다만, 소년 보호처분은 가능하다(대법원 1991. 12. 10. 선고 91도2478 판결).

제3장
사례로 보는 교육활동 침해 대응방법

아래 사례를 통해 교육활동 침해 상황에 따라 어떻게 대응하는지 살펴보자.

1. 교육활동 침해 피해를 입었다면?
2. 무고성 아동학대나 업무상과실치상 등으로 신고 · 고소를 당했다면?
3. 학부모의 악성민원이 반복적으로 제기된다면?
4. 학부모가 불법 비밀녹음을 했다면?

1

교육활동 침해 피해를
입었다면?

가. 교육활동 침해 신고

「교원지위법」에 따라 신고하여 피해교원에 대한 보호조치를 받고, 침해학생 또는 보호자 등에 대한 조치를 요청한다.

나. 형사 고소

만약 침해행위가 형사범죄에도 해당한다면, 학생 또는 보호자에 대하여 폭행, 모욕 등으로 고소를 하면 된다. 고소를 하면 수사를 거쳐 가해자는 형사재판에서 형사처벌을 받거나, 소년이라면 가정법원 소년부 판사로부터 보호처분을 받을 수 있다.

다. 민사상 손해배상청구

보호조치에 필요한 비용 등은 보호자가 부담하는 것이 원칙이다. 이에 더하여 재산상 손해, 정신적 손해 등을 입었다면 별도로 손해배상청구소송을 제기할 수 있다.

라. 교육청의 교원 보호·지원

① 민·형사 사건 소송비용 지원(교원보호공제)

　(ex. 아동학대로 피소된 경우, 변호인 선임비용)

② 상해치료비 및 심리상담 비용 지원(교원보호공제)

　(ex. 학생의 폭행으로 발생한 상해치료비, 정신적 피해 치유에 필요한 심리상담 비용)

③ 재산상 피해 비용 지원(교원보호공제)

　(ex. 학생이 교사의 휴대전화를 손괴했을 경우 그 수리비)

④ 분쟁조정 서비스(교원보호공제)

　(ex. 학부모와의 분쟁을 학교안전공제회 전문가가 조정)

⑤ 법률상담 및 심리상담 지원(교육활동보호센터)

　(ex. 교육활동보호센터 변호사와 법률상담, 전문상담사와의 심리상담 등 치유지원)

사례로 보는 교육활동 침해 대응 사례 1(학생에 의한 교육활동 침해)

사례

중학교 3학년 학생 S(만 15세)는 2024. 12. 4. 다른 학생들이 보고 있는 가운데 교육활동 중인 교사 T에게 "씨×놈, 왜 나한테 ×랄이야. 니가 뭔데. 이 개×끼야."라고 말하여 공연히 T를 모욕하였다.

이 경우, 교사 T는 어떻게 대응할 수 있을까?

가. 모욕에 의한 교육활동 침해 신고

피해교원 보호조치를 받고, 침해학생 S에 대해서 조치를 요청한다.

나. 모욕죄 형사 고소

고소를 하여 학생에 대한 형사처벌 또는 소년 보호처분을 받게 한다. 다만, 모욕죄는 친고죄로서 수사단계나 형사 1심 단계에서 합의하여 고소취소를 한다면, 공소권없음 또는 공소기각 판결로 사건이 종결된다.

다. 민사상 손해배상청구

보호조치에 필요한 비용(치료비, 심리상담비 등), 위자료 등을 학생 S의 보호자에게 청구하여 손해를 보전한다.

라. 교육청의 지원

교원보호공제를 통하여 ① 변호사 선임비, ② 심리상담 비용을 지원받을 수 있고, ③ 교육청 내 교육활동보호센터에서 변호사, 상담사로부터 법률상담, 심리상담 등의 치유와 회복을 위한 프로그램을 지원받을 수 있다.

사례로 보는 교육활동 침해 대응 사례 2(학부모에 의한 교육활동 침해)

사례

공립학교 학생의 학부모 P는 2025. 3. 20. 담임교사 T가 자신의 딸에게 아무런 관심을 기울여 주지 않았다는 이유로 화가 나 사과를 받기 위해 수업 중인 교실에 갑자기 들어가 주먹으로 T의 머리를 1회 때리고, 오른 손바닥으로 T의 왼쪽 얼굴을 2회 때리는 등 폭행하여 T의 정당한 수업 업무를 방해함과 동시에 2주간 치료가 필요한 두피 표재성 손상, 타박상 등을 가하였다.

이 경우 교사 T는 어떻게 대응할 수 있을까?

가. 공무집행방해 및 상해로 인한 교육활동 침해 신고
피해교원 T에 대한 보호조치와 침해 보호자 P에 대한 조치가 이루어질 수 있다.

나. 공무집행방해, 상해죄로 형사 고소
형사 고소를 하면 수사를 거쳐 법원을 통해 학부모 P가 형사처벌될

수 있다. 모욕죄와는 달리 공무집행방해나 상해죄는 친고죄나 반의사
불벌죄가 아니기 때문에 수사단계나 형사소송 단계에서 합의하고 고
소를 취소한다고 하더라도, 사건이 종결되는 것은 아니고 양형참작 사
유로서만 작용한다.

다. 민사상 손해배상청구

보호조치에 필요한 비용(치료비, 심리상담 비용 등), 위자료 등을 학부모
P에게 청구할 수 있다.

라. 교육청의 지원

교원보호공제를 통하여 ① 변호사 선임비, ② 심리상담 비용, ③ 상
해치료비를 지원받을 수 있고, ④ 교육청 내 교육활동보호센터에서 변
호사, 상담사로부터 법률상담, 심리상담 등의 치유와 회복을 위한 프
로그램을 지원받을 수 있다.

2

무고성 아동학대나 업무상과실치상 등으로 신고·고소를 당했다면?

(1) 아동학대로 신고 · 고소를 당했다면?

사례

교사의 생활지도 방법에 불만을 품은 학생의 학부모 P는 허위임을 알면서도 교사 T를 형사처벌 받게 할 목적으로 "교사 T가 자신의 아이의 뺨을 때려 학대하였다."는 취지로 경찰에 아동학대로 신고하였다.

무고성 아동학대 신고를 당한 교사 T는 어떻게 대응할 수 있을까?

가. 수사단계 (경찰 · 검찰)

정보공개청구 제도를 통해 학부모가 제출한 고소장을 입수하여 어떠한 내용으로 고소가 되었는지 구체적으로 확인하고, 그 내용에 따라 방어전략을 수립한 후, 필요한 자료를 수집하여야 한다. 변호인의 조력을 받는 등으로 ① 경찰의 혐의없음 의견 송치, ② 검사의 불기소 처분(혐의없음)을 받는 것이 최상의 결과를 얻는 것이다.

나-A. 검사가 기소하였을 경우(구공판, 구약식)

형사소송에서 무죄판결을 받거나, 사안이 경미하여 낮은 형이 예상되는 사건이라면 형사처벌보다는 보호처분이 필요하다는 점을 적극적으로 소명하여 보호사건으로 송치될 수 있도록 하여 형사처벌만큼은 피해야 한다.

나-B. 검사가 기소유예 처분을 한 경우

기소유예로 불기소되었지만, 혐의를 인정한 만큼 불이익한 처분으로 징계처분까지 갈 수 있으므로, 혐의없음을 받을 가능성이 있다면 헌법재판소에 검사의 기소유예 처분을 취소하는 내용의 헌법소원심판청구를 하여야 한다.

나-C. 검사가 아동보호사건으로 송치한 경우

다행히 형사처벌만큼은 피했지만, 사회봉사나 수강명령을 받는 것보다는 불처분 결정을 받는 것이 추후 징계절차에서 유리하게 작용할 수 있다.

다. 교육청의 교원 지원·보호

① 정당한 사유 없이 직위해제 불가

② 정당한 생활지도 여부에 대한 교육감의견서 제출

③ 변호사 선임비용 지원(교원보호공제)

④ 심리상담 비용 지원(교원보호공제)

⑤ 법률상담, 심리상담 등(교육활동보호센터)

라. 무고로 인한 교육활동 침해 신고, 무고죄로 고소

만약 교사를 형사처벌 받게 할 목적으로 허위사실임을 알면서도 고소한 경우, 무고로 인한 교육활동 침해로 신고하고, 무고죄로 형사 고소도 가능하다.

마. 민사상 손해배상청구

학부모의 교육활동 침해나 불법행위가 인정된다면 보호조치에 필요한 비용, 위자료 등 손해배상청구도 가능하다.

(2) 업무상과실치상 등으로 신고 · 고소를 당했다면?

———

아동학대가 아닌 기타 형사범죄에 대해서는 경찰의 전건 송치 규정이 적용되지 않아 경찰 단계부터 불송치 결정을 받을 수 있고, 아동보호사건 절차가 존재하지 않는다는 점을 제외하고는 앞선 사례와 동일하게 대응하면 된다.

3

학부모의 악성민원이
반복적으로 제기된다면?

사례

학부모 P는 담임교사 T의 정당한 생활지도에 대하여 단지 마음에 들지 않는다며 불만을 품고, 담임을 교체해 달라는 내용의 부당한 민원을 반복적으로 제기하였다.

학부모의 반복적인 악성민원 제기에 대하여 교사 T는 어떻게 대응할 수 있을까?

가. 교육활동 침해 신고

목적이 정당하지 않은 민원을 반복적으로 제기한 경우에 해당하므로 교육활동 침해가 성립한다. 피해교원 보호조치와 침해 보호자 조치 등이 이루어질 수 있다.

나. 형사범죄에 해당한다면, 고소

악성민원 그 자체만으로는 바로 형사범죄에 해당한다고 단정할 수는 없으나, 폭행이나 협박이 수반되었다면, 이에 대해서는 별도의 범죄가 성립하므로 형사 고소하여 처벌받게 할 수 있다.

다. 민사상 손해배상청구

학부모에 대해서 보호조치 필요한 비용, 정신적 손해 등 손해배상청구가 가능하다.

라. 교육청의 지원 · 보호

① 민 · 형사 사건 소송비용 지원(교원보호공제)

② 심리상담 비용지원(교원보호공제)

③ 분쟁조정서비스(교원보호공제)

④ 변호사 법률상담, 전문상담사 심리상담 등 치유지원(교육활동보호센터)

4

학부모가 불법
비밀녹음을 했다면?

사례

학부모 P는 담임교사 T의 아동학대가 의심되어 자녀 몰래 가방에 녹음기를 숨기는 방법으로 담임교사 T의 대화내용을 동의 없이 녹음하였다.

이 경우, 학부모의 불법 비밀녹음에 대하여 교사 T는 어떻게 대응할 수 있을까?

가. 교육활동 침해 신고

「교원지위법」 제19조 제1호 라목에 해당하는 다른 법률에서 형사처벌 대상으로 규정한 범죄행위에 해당하므로 교육활동 침해가 될 수 있다. 피해교원 보호조치, 침해 보호자 조치를 받을 수 있다.

나. 형사 고소

대화 당사자 아닌 제3자의 동의 없는 불법 비밀녹음은 「통신비밀보호법」위반에 해당하므로 형사 고소하여, 가해자를 형사처벌 받게 할 수 있다.

다. 민사상 손해배상청구

학부모에 대하여 보호조치에 필요한 비용, 재산상 손해를 청구할 수 있을 뿐만 아니라 목소리가 자신의 동의 없이 타인에 의하여 침해된 것으로 음성권 및 인격권 침해에 해당하여 정신적 손해에 대해서도 손해배상청구를 할 수 있다.

라. 증거능력의 제한

설사 아동학대로 신고되었다고 하더라도 불법 비밀녹음으로 취득한 내용은 유죄의 증거로 사용할 수 없다(대법원 2024. 1. 11. 선고 2020도1538 판결).

마. 교육청의 교원 지원 · 보호

① 민 · 형사 사건 소송비용 지원(교원보호공제)
② 심리상담 비용 지원(교원보호공제)
③ 변호사 법률상담, 상담사 심리상담 등 치유 지원(교육활동보호센터)

Part 3

교권보호
실제

제1장
형사판결로 보는 교육활동 침해

교원에 대한 교육활동 침해로 고소가 되어 실제 형사처벌을 받은 사례를 학생, 보호자로 나누어 소개하고자 한다. 범죄사실과 그에 대한 형사처벌 결과를 보면서 적정한 형량이 선고되었는지 함께 생각해 보자.

1

학생 형사처벌 사례

아무래도 학생에 대해서는 비교적 중대한 사안이 아니라면 소년 보호사건 절차로 송치되는 경우가 많으므로, 형사처벌 사례가 적은 편이고 그마저도 고등학생이 대부분이다.

① 경남 창원시 소재 고등학교(상해, 명예훼손, 폭행)

― 가해자: 고등학생
― 피해자: 교사(여, 20대)

범죄사실

가. 상해

다른 학생들과 이야기를 나누고 있던 교사 곁으로 다가가 다리를 잡은 뒤 바닥으로 넘어뜨려 뇌진탕 등의 상해를 입혔다.

나. 명예훼손

교실에서 다른 학생들과 이야기 중이던 교사에게 "임용도 안 된 게 왜 여기 있냐. 임용됐으면 여기 없겠지."라는 취지로 3차례 명예훼손하였다.

다. 폭행

수학여행 중 함께 물놀이하던 교사에게 물에 담갔다가 들어 올리는 행위를 반복하면서 물 밖으로 나오지 못하게 하는 방법으로 폭행하였다.

결과

징역 6월, 집행유예 1년

② 제주 소재 고등학교(「성폭력처벌법」위반(카메라등이용촬영) 등)

— 가해자: 고등학생(퇴학처분)

범죄사실

고등학교 여자 화장실과 부모가 운영하는 식당의 화장실 등에서 235회 불법촬영, SNS를 통해 10회 유포하였다.

결과

1심: 징역 4년
2심: 징역 6년 + 성폭력 치료프로그램 40시간 + 아동 · 청소년 · 장애인 기관 취업제한명령 10년

③ 대전 소재 고등학교(「성폭력처벌법」 위반 (카메라등이용촬영) 등)

– 가해자: 고등학생[A(남, 18세), B(남, 19세)](퇴학처분)

범죄사실

교실에서 볼펜형 카메라를 이용하여 교사의 신체부위를 40여 차례 촬영하고, 여교사 전용 화장실에도 카메라를 달아 불법촬영하였으며, 촬영물 중 일부를 다른 사람에게 전달하였다.

결과

A: 징역 장기 2년 6월, 단기 2년
B: 징역 1년 6월

COMMENT

A는 장기, 단기로 구분하여 받는 부정기형을 선고받았고, B는 정기형을 받은 이유가 무엇일까? 어떤 차이가 징역형의 선고 형태를 달리 만들었을까?

그 이유는 바로 판결선고 당시 A는 「소년법」상 소년이었고, B는 생일이 지나 더 이상 소년이 아니었기 때문이다. 「소년법」 제60조 제1항에 따라 소년에 대해서는 부정기형을 선고하게 되어 있다. 비록 범행 당시에는 19세 미만이었을지라도 '판결선고 시 기준' 19세가 되어 더 이상 「소년법」상 소년이 아니게 된다면 부정기형 선고가 불가능하다(대법원 2013. 9. 26. 선고 2013도9137 판결).

② 보호자 형사처벌 사례

보호자의 대부분이 학부모에 해당하나, 조카에 대한 사랑이 지독한 이모도 있었다. 공무집행방해, 상해, 모욕이 차지하는 비중이 큰 편이고, 협박이나 퇴거불응죄도 종종 발생하였다. 중·고등학교보다 초등학교에서의 발생비율이 비교적 높은 편이다.

[1] 유치원

① 경기 광주시 소재 초등학교 병설유치원(상해, 모욕)

— 가해자: 어머니
— 피해자: 교사(여, 43세)

범죄사실

가. 상해

피고인은 2019. 9. 20. 09:40경 초등학교 교장실에서, 피해자가 피고인의 아이를 학대한 사건과 관련하여 피해자의 수업 배제를 교장에게 요구하던 중 피해자가 위 교장실에 경위서를 제출하기 위해 들어오는 것을 보고 화가 나, 손으로 피해자의 머리카락을 수회 잡아당겨 피해자에게 약 2주간의 치료를 요하는 두부 타박상 등을 가하였다.

나. 모욕

피고인은 위 일시, 장소에서, 위와 같이 피해자가 교장실에 들어오는 것을 보고 화가 나 피해자에게 "씨발년", "개 같은 년", "뼛가루를 만들어도 아까운 년" 등 수회 욕설을 하여 위 초등학교 교장 및 직원들이 듣고 있는 가운데 공연히 피해자를 모욕하였다.

결과

벌금 100만원

② 서울 송파구 소재 유치원(업무방해, 협박)

― 가해자: 어머니
― 피해자: 유치원장(여)

범죄사실

가. 업무방해

딸의 얼굴에 난 상처에 대한 유치원 측의 해명이 마음에 들지 않는다는 이유로 남성 2명과 함께 찾아가 여성 보육교사들과 종일반 원생 등이 있는 자리에서 "CCTV 영상을 달라. 지우지 말라."라고 말하며 큰 소리로 소리치는 등 소란을 피워 위력으로써 피해자의 유치원 운영 업무를 방해하였다.

나. 협박

피해자가 피고인의 요청에 따라 CCTV 자료를 열람할 수 있도록 해주겠다고 하였음에도 불구하고 피해자의 태도가 마음에 들지 않는다는 이유로 휴대폰으로 "어제처럼 저희 친척 몰고 다닐 겁니다. 어떻게 하실래요? 어제처럼 경찰 자주 불러드릴게요…"라는 문자메시지를 송신하여 피해자를 협박하였다.

결과

벌금 70만원

[2] 초등학교

① 서울 강동구 소재 초등학교(공무집행방해, 상해)

――

- 가해자: 학부모(초1 학생)
- 피해자: 담임교사(여, 34세)

범죄사실

학교폭력 관련으로 담임교사에게 앙심을 품고, 교실에서 업무를 하던 담임교사의 뺨을 때리고 머리를 3회 밀어버리는 등의 폭행을 하여 공무원의 직무집행방해 및 4주간의 상해를 입혔다.

결과

징역 6월

② 대전 유성구 소재 초등학교(상해, 공무집행방해)

――

- 가해자: 학부모(초6 학생)
- 피해자: 1. 담임교사(여, 43세), 2. 교장, 3. 교감

범죄사실

가. 상해

졸업식 중 교실로 들어와 담임교사에게 폭언, 몸을 여러 차례 밀어 2주 간의 상해를 입혔다.

나. 공무집행방해

교장실에서 교장에게 폭언, 폭행하고, 대바늘이 꽂혀 있는 실뭉치를 담임교사에게 던져 가슴에 맞게 하였으며, 교감이 있는 교무실에서 "무릎 꿇고 빌면 용서해 주겠다. 부모에게 뭘 배웠냐. 내가 죽어버리겠다. 죽을 때 유서에다 교감하고 담임의 이름을 쓰겠다." 등 약 1시간 동안 협박하여 공무집행을 방해하였다.

결과

징역 1년, 집행유예 2년 + 160시간 사회봉사, 40시간 폭력치료 강의 수강

③ 전북 고창군 소재 초등학교(공무집행방해, 상해, 모욕)

— 가해자: 어머니(초6 학생)
— 피해자: 담임교사(여, 43세)

범죄사실

가. 공무집행방해 및 상해

수업 중인 교실을 찾아가 주먹으로 담임교사의 머리를 1회 때리고, 오른 손바닥으로 담임교사의 왼쪽 얼굴을 2회 때리는 등 폭행하여 공무를 방해함과 동시에 2주간 치료를 요하는 상해를 입혔다.

나. 모욕

학생과 교사 여러 명이 있는 가운데 담임교사에게 "네가 애를 안 낳아봐서 그래. 이 애도 못 낳는 년아."라고 큰 소리로 말하여 공연히 모욕하였다.

결과

징역 8월, 집행유예 2년 + 200시간 사회봉사

④ **울산 남구 소재 초등학교**(공무집행방해, 상해)
——

– 가해자: 학부모(초2 학생)
– 피해자: 담임교사(여, 42세)

범죄사실

학생이 무단결석을 하여, 담임교사가 학부모에게 문자를 보내자, 이에 화가 난 학부모가 수업 중인 교실을 찾아와 욕설을 하며 머리카락을 잡아 바닥에 넘어뜨리는 등 공무집행을 방해하고 4주간의 치료를 요하는 급성 스트레스 반응 상해를 가하였다.

결과

1심: 징역 6월
2심: 징역 6월, 집행유예 2년

⑤ 충남 천안시 소재 초등학교(퇴거불응)

－ 가해자: 학부모

범죄사실

피고인의 아들이 재학 중인 초등학교 교무실에 찾아가 "교장선생님 상담하겠습니다."라고 언성을 높이다가 학교 교감인 피해자로부터 "사전 약속이 되어야 하며 행정실을 경유해서 방문증을 발급받으셔야 합니다. 이렇게 무단으로 들어오시면 공무집행에 방해되니 안 된다."라고 학교에서 나가달라는 요구를 받았다. 그러나 피고인은 이에 응하지 아니하고 같은 날 14:39경 피해자의 신고로 출동한 경찰관이 도착할 때까지 학교 교무실에서 나가지 않아 정당한 이유 없이 피해자의 퇴거 요구에 불응하였다.

결과

벌금 200만원

⑥ 경기 군포시 소재 초등학교(모욕, 상해)

- 가해자: 어머니(초4 학생)
- 피해자: 담임교사(여, 40세)

범죄사실

가. 모욕

담임교사가 자신의 아들에게 부당한 대우를 한다고 생각하여 "합창부 선생과 같은 유괴범에게 우리 아들을 보냈다. 그러니 그 쌍년도 유괴범이다. 실력이 없으면 인격이라도 좋아야 하는데 두 가지 다 없다. 담임이 아니라 쌍년이다."라고 말한 것을 비롯하여 총 10회에 걸쳐 공연히 모욕하였다.

나. 상해

담임교사의 모둠수업 방식에 항의하던 중 "야 이년아, 내가 모둠수업 시키지 말랬잖아, 이년이 아직도 정신 못 차리나. 이 개년아, 너도 당해봐라."라고 소리치며 손으로 담임교사의 머리카락을 움켜쥐고 흔들고, 교감의 제지로 교무실을 나가면서 담임교사의 다리 부위를 1회 걷어차 담임교사에게 약 2주간의 치료를 요하는 상해를 가하였다.

결과

징역 8월, 집행유예 2년

⑦ 경기 수원시 소재 초등학교(퇴거불응)

─

- 가해자: 어머니(초5 학생)
- 피해자: 담임교사

범죄사실

피고인은 2022. 3. 7. 08:30경 자녀와 함께 초등학교 5학년 3반 교실에 들어가 큰소리로 자녀의 자리가 어디인지를 물어보는 등 소란을 피워 피해자가 피고인에게 "어머니, 학부모님들께서는 함부로 교실로 들어오면 안 되니, 나가주시면 좋겠다."는 취지로 이야기하면서 피고인에게 수차례에 걸쳐 교실에서 나가줄 것을 요청하였다.

그럼에도 불구하고 피고인은 같은 날 08:50경 피해자의 신고를 받고 출동한 경찰관이 현장에 도착할 때까지 약 20분 동안 피해자에게 "선생님 하이클래스를 왜 열지 않냐? 1반하고 2반하고는 다 했는데. 그리고 안심번호 공개를 왜 하지 않냐?", "선생님이 저한테 하는 게 교권 침해예요", "뭐, 이런 걸 가지고 경찰을 부르냐? 자기 할 일, 안 할 일 구분도 못 하면서 무슨 애들을 가르친다고."라는 등으로 큰소리를 치고 교실을 돌아다니는 등 소란을 피우면서 교실에서 나가지 않았다.

이로써 피고인은 정당한 이유 없이 피해자의 퇴거 요구에 불응하였다.

결과

징역 4월, 집행유예 1년

⑧ 경남 김해시 소재 초등학교(특수공용물건손상)

― 가해자: 학부모

범죄사실

피고인은 2020. 2. 16. 김해시에 있는 공무소인 초등학교에 피고인의 자녀에 관한 학교폭력 문제 처리방식에 불만을 품고 술에 취한 상태로 찾아가, 고성을 지르며 화단에 놓여 있던 위험한 물건인 나무 받침대(길이 약 1m, 두께 약 5cm)를 집어 들고 학교 돌봄교실의 외부 유리창을 향해 휘둘러 유리창 1개를 깨뜨리고, 방충망 2개 및 학교 경비실의 방충망 1개를 손으로 잡아당겨 훼손하는 등 수리비 합계 15만원이 들도록 손괴하였다.

이로써 피고인은 위험한 물건을 휴대하여 공무소에서 사용하는 물건을 손상하였다.

결과

징역 10월*

[3] 중학교

① 경남 거제시 소재 중학교(특수협박)

- 가해자: 아버지(중1 학생)
- 피해자: 1. 교사(남, 32세), 2. 교사(남, 43세), 3. 담임교사(여, 26세)

범죄사실

최근 자신의 아들이 학교폭력 피해를 입었는데 학교 측에서 아무런 조치를 해주지 않는다는 생각에 학교 교무실에 전화하여, 담임교사에

---

* 별개의 사건인 특수상해, 업무방해와 병합하여.

게 "우리 아들이 다른 학생한테 피해를 줬을 때는 조치를 하더니 우리 아들이 피해를 입었을 때는 아무런 조치를 해주지 않는다. 기자를 데리고 14:30경까지 학교에 가겠다."라고 말한 후, 근처 매장에서 회칼을 구입한 후 택시를 타고 학교에 찾아갔다.

학교 운동장에서 농구수업을 지도하고 있던 교사 1에게 다가가 회칼을 세워 들고 "교장실이 어디냐?"라고 물었고, 회칼을 든 채 뒤따라가는 행동을 하여 교사 1을 위협하였다.

중앙현관으로 들어가 자신을 제지하는 교사 2에게 회칼을 들이밀며 "교장이 어디 있냐, 담임이 어디 있냐?", "죽기 전에 비키라, 너하고 말할 필요 없다. 꺼져라. 담임 선생을 불러와라."라며 말하며 위협하였다.

담임교사가 진정시키려고 하자 다가오지 못하게 회칼을 휘두르며 위협하였다.

결과

징역 10월, 집행유예 2년 + 보호관찰, 120시간 사회봉사

② 경기 시흥시 소재 중학교(공무집행방해)

—

– 가해자: 학부모

– 피해자: 체육교사(남, 46세)

범죄사실

피고인은 2016. 11. 1. 12:25경 시흥시에 있는 중학교에서, 술에 취한 채로 아들을 만나기 위하여 위 학교 담을 넘어 학교 안으로 들어간 후 현관 앞에서 담배를 피우고 체육 수업 중인 여학생들에게 말을 거는 등의 행동을 하였고, 이에 학생들이 불안해하는 것을 본 위 학교 체육교사인 피해자로부터 학교 방문 경위에 대한 질문을 받자, 피해자에게 갑자기 "신경 쓰지 마라, 씨발놈아, 선생이면 선생답게 하고 다닐 것이지 선글라스나 끼고 다니냐, 개새끼야."라고 욕설을 하며 왼쪽 손바닥으로 피해자의 오른쪽 뺨을 때려 폭행하여 교사의 교육 및 학교관리에 관한 정당한 직무집행을 방해하였다.

결과

징역 6월, 집행유예 2년 + 보호관찰, 40시간 사회봉사[*]

③ 경기 평택시 소재 중학교(공무집행방해, 모욕)

––––

– 가해자: 어머니

––

[*] 별개의 사건인 공용물건손상과 병합.

– 피해자: 담임교사

범죄사실

담임교사가 자신의 딸의 휴대전화를 수거한 것에 화가 나, 수업 중이던 교실을 찾아가 담임교사에게 욕설하고, 교사를 향해 휴대전화를 집어 던졌다.

결과

징역 1년, 집행유예 3년 + 보호관찰, 200시간 사회봉사

양형 이유

피고인은 교칙을 어긴 자신의 자녀를 교육하기보단 수업 중인 교실에 무단으로 침입해서 교사와 학생들을 향해 분노를 퍼부어 심각한 범행을 저질렀다. 학교 내부 또는 그 근처에서 아동 인권과 교권을 심각하게 훼손하였다.

COMMENT

이 사건은 학생이 학칙을 어기고 수업 시작 전 휴대전화를 내지 않았다가 담임교사에게 전화기를 수거당했고, 이에 친구에게 휴대전화를 빌려 어머니에게 이 같은 사실을 알림으로써 발단이 된 사건이다. 교

육청은 학부모의 행위가 교육활동 침해로 보고 경찰에 고발하여 형사처벌까지 이어진 사례이다.

〔4〕 고등학교

① 울산 북구 소재 고등학교
(공무집행방해, 모욕, 특수공무집행방해, 「정보통신망법」위반)

- 가해자: 고1 학생의 이모
- 피해자: 전문상담교사(여, 40세)

범죄사실

가. 공무집행방해 및 모욕
학교 현관에서, 학생들과 다른 교사들이 지켜보는 가운데 "사람 죽여놓고, 야 미친개야. 니가 무슨 상담사야. 병신아."라고 소리 지르고 이를 피하려는 교사의 손을 붙들었다.

나. 특수공무집행방해
과도, 식칼 등 12자루의 칼을 줄로 이어 허리에 매달고 교사에게 "머릿결 좋네?"라고 말하면서 머리채를 잡아당겼다.

다. 「정보통신망법」위반

"왜 엄청난 잘못과 거짓말은 니가 해서 귀한 남의 자제를 죽음의 지경까지 몰아넣고 정작 너는 오리발만 내밀고…"라는 문자메시지 등을 17차례 보내 공포감, 불안감을 유발하는 문언을 반복적으로 보냈다.

결과

1심: 징역 10월
2심: 징역 6월

② 경기 성남시 소재 고등학교(공용물건손상, 상해)

― 가해자: 학부모
― 피해자: 상담교사(여, 44세)

범죄사실

가. 공용물건손상

피고인은 2015. 5. 22. 16:30경 성남시에 있는 고등학교 3층 상담실에서 아들이 체육대회에 참가하지 못한 채, 상담실에 갇혀 있다는 생각에 화가 나 그곳에 있던 시가 불상의 화분 2개, 의자, 유리 탁자를 던져 공무소에서 사용하는 물건의 효용을 해하였다.

나. 상해

피고인은 같은 날, 같은 장소에서 전항과 같은 이유로 화가 나 고등학교 상담교사인 피해자의 머리채를 잡아 흔들고 피해자의 오른쪽 눈 부분을 손톱으로 할퀴고 피해자의 목 부분을 손으로 밀면서 피해자의 얼굴 부분을 주먹으로 수회 때려 피해자에게 2주간의 치료를 요하는 안면부좌상 등을 가하였다.

결과

징역 10월, 집행유예 2년 + 보호관찰

제2장

교권보호 법원 판결례

교육활동 침해로 교권보호위원회 심의 · 의결을 거친 사안에서 법적 쟁점이 되는 부분을 살펴본다

1

교사 입장에서 '교육활동 침해행위 아님' 판단에 대해서 불복하고 싶어요

교사가 교육활동 침해를 신고했음에도 교권보호위원회에서 '교육활동 침해행위 아님'으로 결정했을 경우, 교사가 이에 대해서 불복을 할 수 있을까?

사실관계

경기 소재 초등학교
– 가해자: 1. 학생의 어머니 M, 2. 교감 G
– 피해자: 1학년 담임교사 T

(1) 교사 T는 아래와 같은 사실로 교육활동 침해 신고를 하였다.

어머니 M의 교육활동 침해행위

① M은 학부모 단체카톡방에서 "자신의 아들이 친구들로부터 놀림을 당했음에도 T는 이를 방임했다."는 허위사실을 게시하여 명예훼손하였다.

② M은 교감 G를 만난 자리에서 "당장 T를 담임에서 배제하고 학교에서 보이지 않도록 하라. 그렇지 않으면 기관에 신고하겠다."라고 말하며 T를 협박하였다.

③ M은 전화로 G에게 "T가 직접 나와 사과문을 읽고 그 문서에 서명하라. 그렇지 않으면 기자를 부르겠다."고 말하며 T를 협박하였다.

교감 G의 교육활동 침해행위

① G는 T에게 "사실 여부는 따질 필요도 없다. 일단 불부터 꺼야 하니, 이 학교 주변에는 얼씬거리지 말라."고 말하며 직무에서 물러난 뒤 휴직할 것을 권고하였다.

② G는 M을 만난 자리에서 "T가 모든 것을 인정하고 반성하는 마음으로 병가에 들어갔다. 우울감 때문에 정신적으로 문제가 있다."고 말하며 T의 명예를 훼손하였다.

(2) 교권보호위원회는 회의를 개최하여 해당 각 행위가 교육활동 침해행위에 해당하지 않는다고 결론을 내렸다.

(3) T는 교육활동 침해 불인정 처분의 취소를 구하는 행정소송을 제기하였다.

법원의 판단

이에 대해서 법원은 교사 T가 '교육활동 침해행위 아님' 결정에 대해서 불복할 수 있음을 전제로, 실체적 판단에 나아갔으나, 여러 가지 사정과 법리를 종합하여 볼 때 범죄에 이르렀다고 보기 어렵고, 달리 교육활동 침해로 인정할 증거가 부족하다고 하여 T의 청구를 기각하였다.

교육활동 침해학생에 대한 조치 성격 및 처분권자의 재량권

사실관계

울산 소재 중학교
– 가해자: 중3 학생 S
– 피해자: 교사 T

(1) 교사 T는 아래와 같은 내용으로 학생 S를 교육활동 침해행위로 신고하였다.

S는 수업이 시작되었음에도 같은 반 학생에게 창문을 열라고 소리를 지르고 욕설을 하였다. 이를 제지하는 T의 지시를 무시하고 지속적으로 욕설을 하였고, "더우면 복도에 잠시 나가 있어라."는 지시에도

계속하여 다른 학생에게 욕설을 하며 수업 진행을 어렵게 하였다. 복도 밖에서 T가 지도를 하자, 흥분한 상태로 "씨발, 좆같잖아요, 어떻게 참아요." 등의 욕설을 하였다.

⑵ 교권보호위원회는 위 행위에 관하여 교육활동 침해를 인정하고, S에 대하여 학급교체 및 특별교육 5시간 조치를 심의·의결하였다.

⑶ S는 항의 발언 1회가 다소 과격하게 표현되었다는 사정으로 학급교체가 이루어지는 것은 과도한 처분이라는 이유로 학급교체 처분의 취소를 구하는 행정소송을 제기하였다.

법원의 판단

해당 발언은 모욕에 해당하는 것으로서 교육활동 침해에 해당하고, 학급교체 조치가 재량권 일탈·남용이라고 볼 수 없으므로 학생 S의 청구를 기각한다.

또한 교육활동 침해학생에 대한 징계는 **행위에 대한 제재의 성격**을 가짐과 아울러 학생에 대하여 적절한 훈육과 선도를 통하여 모범적인 사회인으로 성장할 수 있는 기회를 부여하려는 **교육적인 성격**도 가지는 것인 만큼, 조치권자가 침해학생에 대하여 어떠한 조치를 할 것인지 여부는 그의 판단에 따른 **재량행위**에 속하고, 침해행위에 대한 조치가 사회통념상 현저하게 타당성을 잃어 재량권을 일탈·남용하였는지 여부는 침해행위의 내용과 성질, 조치를 통하여 달성하고자 하는 목적 등을 종합하여 판단하여야 한다.

이 사건 학급교체 등 처분이 사회통념상 현저하게 타당성을 잃을 정도로 지나치게 과중하여 그 재량권을 일탈·남용한 것이라고 볼 수 없다. 따라서 S의 이 부분 주장은 이유 없다.

S의 행위로 인하여 T는 상당한 모욕감을 느꼈을 뿐 아니라 교사로서의 권위가 실추되고 교직에 대한 회의감을 느끼는 등 정신적 고통을 받았을 것으로 보이는 점, 당시 S의 행위로 수업 진도를 나가지 못한 점 등에 비추어 이 사건 행위로 인한 교육활동 침해의 정도는 중하다고 보인다.

COMMENT

교육활동 침해학생에 대한 조치의 성격은 단순히 제재적 성격만 가지는 것이 아니라 교육적 성격도 아울러 가진다.

침해학생에 대해서 어떠한 조치를 내릴 것인가는 처분권자의 재량행위에 해당하고, 그 조치가 사회통념상 현저하게 타당성을 잃었다고 보기 어려운 이상 위법하지 않다고 하여 법원은 처분권자의 재량권을 존중하는 입장이다.

침해학생에 대하여 심리치료 조치처분을 하였으나, 학생이 이를 이행하지 않고 졸업한 경우

사실관계

경기 소재 고등학교
- 가해자: 학생 S(장애 1급)
- 피해자: 특수교사 T

(1) 특수교사 T는 아래와 같은 사실로 학생 S를 교육활동 침해행위로 신고하였다.

① S는 수업 중인 T의 팔을 긁고, 꼬집었으며 소리치고 화를 냈다.
② 약을 쥐여주는 T의 가슴을 만지고 팔을 꼬집고 때렸다.
③ T의 발목을 차고 가슴을 마구 때렸다.

④ T가 S에게 가방을 챙기라고 하니 S가 T의 가슴을 때리고 몸을 마구 쳤다.

⑤ 등굣길 발열체크 과정에서 S가 보건교사의 가슴을 만지려 하였고, T가 이를 말리러 다가오자, T의 가슴을 양손으로 만졌다.

(2) 교권보호위원회는 해당 사안에 대해서 상해, 폭행, 성폭력(강제추행)에 따른 교육활동 침해로 인정하였고, 심리치료 4회(보호자 4회 참여 포함) 조치를 심의·의결하였다.

(3) S는 자신에 대한 심리치료 4회 처분의 취소를 구하는 행정소송을 제기하였다.

법원의 판단

1심: S는 비록 장애 1급의 특수아동이기는 하나, 행위 당시 충분한 인식과 의사가 있었다고 보는 것이 타당하므로 책임능력이 없다고 보기 어렵다. 따라서 S의 행위는 교육활동 침해행위에 해당한다고 판단하였다.

2심: S는 심리치료 4회 처분을 받았으나 이를 이행하지 않은 채 항소심 진행 중 졸업을 하여 더 이상 소속 학생의 신분에 있지 않게 되었다. 실제로 집행되지 않았다면 더 이상 그 처분을 강제할 근거가 없다. 결국 졸업과 동시에 이 사건 처분의 효력이 소멸하였으므로 처분의 취소를 구하는 소송은 소의 이익이 없다는 이유로 각하하였다.

3심: 상고기각으로 판결이 확정되었다.

COMMENT

교육활동 침해를 인정하고 심리치료 조치를 하였으나, 실제로 집행이 이루어지지 않고 있는 사이 졸업을 하였다면, 이를 강제할 수 없다는 판결이다.

다만, 사안을 달리하여 부과된 처분이 심리치료 조치가 아니라 출석정지 조치라면 미인정 결석으로 생기부 출결사항에 기재되었을 것이고, 졸업 후에도 그 출결기록이 보존되기 때문에 여전히 출석정지의 취소를 구할 소의 이익이 있다고 봄이 타당하다(서울고등법원 2024. 8. 21. 선고 2023누63491 판결).

소송을 제기하면 자동으로 처분 집행이 정지된다고 많이들 생각하지만, 사실은 그렇지 않다. 소송을 제기하였더라도 별도의 집행정지 결정이 없는 이상 처분의 집행은 정지되지 않기 때문에 그대로 이행하여야 한다.

이 사건 당시에는 미이행 시 조치를 가중하는 규정이 없었기 때문에 조치의 실효성이 미약하여 S가 이행을 하지 않아도 불이익이 없었으나, 현재는 간접적으로나마 이행을 강제할 수 있는 수단을 마련하였다. 조치를 받은 학생은 이를 반드시 이행하여야 하고, 이행을 거부하거나 회피하면 더 가중된 처분을 받을 수 있다.

4

중학생의 최초 교육활동 침해행위로
바로 전학 조치를 할 수 있나요?

사실관계

전북 소재 중학교
- 가해자: 학생 S₁, S₂, S₃(중1)
- 피해자: 담임교사 T

⑴ 교사 T는 학생 S₁, S₂, S₃에 대해서 아래와 같은 사실로 교육활동
침해 신고를 하였다.

① S₁은 휴대폰 카메라로 원피스를 입은 T의 뒷모습 사진 3장을 몰
래 촬영한 후 카카오톡으로 S₃에게 공유하고, S₃와 함께 T에 대
한 성희롱 발언을 수차례 하였다.

② S₂는 휴대폰 카메라로 T의 뒷모습, 하반신 등 사진 10장을 몰래 촬영한 후 카카오톡으로 S₃에게 공유하고, S₃는 위 사진들을 저장한 후 S₁에게 공유하였다.

③ S₂는 휴대전화 카메라로 T의 하반신 및 얼굴이 나오는 동영상을 32초간 몰래 촬영, 카카오톡으로 S₃에게 공유하고, S₃와 함께 T에 대한 성희롱적 발언을 수차례 하였다.

④ S₂는 휴대전화 카메라로 T의 하반신이 나오는 동영상을 43초간 몰래 촬영하였다.

⑵ 교권보호위원회는 위 행위들에 대해서 교육활동 침해를 인정하고 전학 및 심리치료 3시간 조치를 심의·의결하였다.

⑶ 학생들은 최초 침해행위로 바로 전학 조치를 하는 것은 위법하다는 등의 주장을 하며 행정소송을 제기하였다.

법원의 판단

학생들의 청구를 기각하였다.

「교육활동 침해 고시」 기준에 따라 원칙적으로 최초 침해행위로 바로 전학이나 퇴학조치는 불가능하고, 동일교 재학기간 중 교육활동 침해행위로 출석정지 또는 학급교체 처분을 받은 학생이 다시 교육활동을 침해한 경우에 한하여 전학, 퇴학이 가능하다. 다만, 예외적으로 최초 침해행위가 상해·폭행, 「성폭력처벌법」상 성폭력범죄, 「정보통신망법」상 불안감 조성행위인 경우에는 최초 침해행위일지라도 바로 전학, 퇴학조치가 가능하다.

S_1, S_2, S_3의 행위는 카메라 등을 이용하여 성적 수치심을 유발할 수 있는 다른 사람의 신체를 촬영하고 이를 타인에게 제공한 것으로 「성폭력처벌법」 제14조 제1항 및 제2항에 따른 성폭력범죄에 해당하므로 최초 침해행위임에도 전학 조치가 가능하다. 따라서 기준에 위반되지 않으므로 학생들의 주장은 타당하지 않다.

학생들은 1심 판결에 대해서 불복하였으나, 항소와 상고도 모두 기각되어 확정되었다.

5

교육활동 침해행위로 인한 조치로
출석정지 60일을 부과할 수 있나요?

사실관계

서울 소재 고등학교

– 가해자: 고3 학생 S

– 피해자: 옆 반 담임교사 T

(1) 교사 T는 아래와 같은 사실로 학생 S에 대해서 교육활동 침해 신고를 하였다.

① S는 T가 게시한 게시물을 임의로 훼손하였다.

② 3학년부 교무실에 대고 T를 향해 "돼지 비린내"라는 욕설을 하고, "쟤는 파묻혀 있겠지."라는 말을 하며 비웃었다.

③ T가 지속적인 스트레스로 3일간 병가를 사용하여 학교에 출근하지 않은 사실을 알면서도 주위 학생들에게 "T가 징계를 받아서 출근을 못 하고 있는 것이다."라고 말하였다.

⑵ 교권보호위원회는 위 행위에 관하여 교육활동 침해를 인정하고, S에 대하여 출석정지 60일 조치를 심의 · 의결하였다.

⑶ S는 출석정지 60일의 조치의 취소를 구하는 행정소송을 제기하였다.

법원의 판단

학생 S의 청구를 인용하였다.

재물손괴, 모욕, 명예훼손으로 인한 교육활동 침해행위에는 해당하나, 출석정지 60일 처분은 재량권 일탈 · 남용한 것으로 위법하다. 출석정지 기간을 60일로 정한 것은 징계사유에 비해 S에 대하여 지나치게 가혹하다. 이 사건은 교육활동 침해로 「교원지위법」에 따라 조치가 이루어지는 것이기는 하나, 「초 · 중등교육법」상 징계조치에서 출석정지 기간이 1회 10일 이내, 연간 30일 이내로 한정된다는 점을 고려할 필요가 있다. 이 사건 처분으로 최소 출석일수를 충족하기 어렵게 되어 사실상 유급에 준하는 조치라는 이유로 출석정지 60일 처분을 취소하는 판결을 선고하였다.

COMMENT

교육활동 침해행위로 인한 출석정지에 대해서 1회 또는 연간 일수 제한은 별도로 규정하고 있지 않다. 다만, 「초·중등교육법」상 징계조치에서는 그 기간을 1회 10일 이내, 연간 30일 이내로 제한하고 있다. 해당 사안은 교육활동 침해로 인한 출석정지 조치이므로 「초·중등교육법 시행령」상 일수 제한이 직접적으로 적용되지 않으나, 출석정지 60일이라는 기간은 사실상 유급에 준하므로 너무나 가혹하다고 하여 S의 청구를 인용한 것이다.

「교원지위법」

제25조(교육활동 침해학생에 대한 조치 등) ② 지역교권보호위원회는 제1항 및 제28조에 따라 교육활동 침해행위 사실을 알게 된 경우에는 교육활동 침해행위를 한 학생에 대하여 다음 각 호의 어느 하나에 해당하는 조치를 할 것을 교육장에게 요청하여야 한다. 다만, 퇴학처분은 의무교육과정에 있는 학생에 대하여는 적용하지 아니한다.

1. 학교에서의 봉사
2. 사회봉사
3. 학내외전문가에 의한 특별교육 이수 또는 심리치료
4. 출석정지
5. 학급교체
6. 전학
7. 퇴학처분

「초·중등교육법 시행령」

제31조[학생의 징계 등] ① 법 제18조 제1항 본문의 규정에 의하여 학교의 장은 교육상 필요하다고 인정할 때에는 학생에 대하여 다음 각 호의 어느 하나에 해당하는 징계를 할 수 있다.

1. 학교 내의 봉사

2. 사회봉사

3. 특별교육이수

4. 1회 10일 이내, 연간 30일 이내의 출석정지

5. 퇴학처분

6

교사 폭행, 차량 파손한 특수학생에 대한 출석정지 처분의 정당성

사실관계

충북 소재 특수학교

- 가해자: 특수학교 학생 S
- 피해자: 교사 T_1, T_2, T_3

(1) 교사들은 학생 S에 대하여 아래와 같은 내용으로 교육활동 침해 신고를 하였다.

① S는 수업 중 교실에서 T_1에 대하여 유리컵을 던지고, 등을 때렸다.

② 학교에 주차되어 있던 T_2의 차량을 파손하였다.

③ 교실에서 T_3에 대하여 신발을 던지고, 어깨와 허벅지를 손과 발

로 때려 멍이 들게 하였다.

⑵ 교권보호위원회는 위 행위에 관하여 교육활동 침해를 인정하고, S에 대하여 출석정지 5일 및 특별교육 6시간 조치를 심의·의결하였다.

⑶ S가 장애인이자 특수학생인 점을 고려하면 「형법」상 상해나 폭행의 주관적 구성요건이 충족되었다고 볼 수 없고, 비례의 원칙에 위반된다고 주장하며 행정소송을 제기하였다.

법원의 판단

학생 S의 청구를 기각하였다.

S의 장애 등의 정도 등을 고려하여 볼 때, S에게는 이 사건 행위에 대한 충분한 인식과 의사가 있었다고 보는 것이 타당하다.

「교원지위법」은 교육활동 침해행위에 대한 조치나 교육활동 침해학생에 대한 조치를 규정하면서 특수학교 학생에 대하여 이 사건 처분과 같은 조치를 배제하는 조항을 별도로 두고 있지 않다.

S에 대하여 출석정지 5일 및 특별교육 6시간의 조치를 한 이 사건 처분의 양정이 지나치게 무거워 재량권을 일탈·남용하였다고 볼 수 없다고 판시하였다.

COMMENT

해당 학생은 교권보호위원회 심의를 통해 기준 점수가 17점이 산출되었고, 이 점수로는 원칙적으로 전학 또는 퇴학 처분을 하는 것이 맞으나, 교육활동 침해학생에게 장애가 있는 경우에 1단계 감경할 수 있다는 기준을 근거로 시혜적으로 출석정지로 감경하여 부과한 것이므로 이를 과중하다고 보기 어렵다고 법원은 판단하였다.

즉, 침해학생이 장애가 있다고 하더라도 이는 감경사유가 될 뿐, 특별한 사정이 없는 한 교육활동 침해 조치에서 완전히 배제되는 것은 아니다.

자폐성 장애 학생에 대한
사회봉사 처분의 적법성

사실관계

충남 소재 중학교
- 가해자: 중2 학생 S(자폐성 장애)
- 피해자: 교사 T

⑴ 학생 S가 다른 학생과 다툼을 벌이자, 교사 T가 이를 지도하였고, S가 그 지도에 반항하며 T의 명치 부분을 주먹으로 1회 때렸다. 이와 같은 내용으로 T는 S에 대하여 교육활동 침해 신고를 하였다.

⑵ 교권보호위원회는 상해, 폭행으로 인한 교육활동 침해를 인정하고, S에게 사회봉사 5일 및 특별교육 3시간 조치를 심의 · 의결하였다.

③ S는, 사건 당시 T가 S를 놀리듯이 때리려고 하자 이에 무서움을 느낀 S가 도망치는 과정에서 우발적으로 발생한 것으로서 위법성이 없는 데다가, 심한 자폐성 장애를 가지고 있는 S의 상태를 고려할 때 위와 같은 행위는 책임능력이 없는 상태에서 이루어진 것으로 보아야 하는 사정을 고려하면 교육활동 침해행위라고 보기 어렵다는 이유로 사회봉사 처분 등의 취소를 구하는 행정소송을 제기하였다.

법원의 판단

학생 S의 청구를 기각하였다.

S는 자신에게 다가오는 교사를 단순히 손으로 밀친 것이 아닌 주먹으로 교사의 명치 부분을 때렸고, 특히 명치 부분이 급소임을 알면서도 위와 같은 행위를 하였음을 고려하면, 이 사건 행위를 S가 교사로부터 도망치는 과정에서 한 우발적인 행동이라 보기는 어렵다.

S 측은 이 사건이 발생하기 전까지 학교 측에 'S가 심한 자폐성 장애를 가지고 있다'라는 사실을 명확히 알리지 않은 것으로 보이고, 이에 S는 이 사건 학교의 특수학급이 아닌 일반학급에서 학교생활을 하여 왔으며, S의 장애정도결정 및 지능검사 결과를 보더라도 S는 자신이 한 행동의 의미를 어느 정도 인지한 상태에서 이 사건 행위를 저지른 것으로 봄이 타당하다.

8

장애 초등학생의
교사 폭행 사건

사실관계

경기 소재 초등학교
– 가해자: 초1 학생 S(중증 자폐성 장애)
– 피해자: 담임교사 T

⑴ 교사 T는 학생 S에 대해서 아래와 같은 내용으로 교육활동 침해
   신고를 하였다.

S는 다른 학생들이 보는 가운데 점프를 해서 주먹으로 T의 입술을
때려 상처를 입게 하였다. 이에 T는 학교 보건실에서 구강 내 찰과상
으로 응급처치를 받았다. S는 이 사건 발생 후 학교로 찾아온 S의 어

머니에게 "제가 조금 더 점프해서 세게 때렸으면 피가 더 철철 났을 텐데."라고 말하였다.

⑵ 교권보호위원회는 S의 행위에 관하여 교육활동 침해를 인정하고, S에 대하여 특별교육 10시간 조치를 심의·의결하였다.

⑶ S는 "자폐성 장애 등으로 인하여 극도로 흥분한 상태에서 발버둥 치다가 발생한 사고일 뿐, 고의로 T를 폭행한 것이 아니다."는 등의 주장을 하며 행정소송을 제기하였다.

법원의 판단

학생 S의 청구를 기각하였다.

S의 행동은 「교원지위법」 제19조 등에서 규정하고 있는 「형법」 상해 및 폭행에 해당하고 담임교사의 교육활동을 침해한 것으로 볼 수 있으므로 처분사유가 존재하지 않는다는 S의 주장은 받아들이지 아니한다.

목격자들의 진술도 대체적으로 T의 진술과 부합하고 있으며, T가 당시 치료받은 내역도 확인되고 있어 T의 진술의 신빙성을 뒷받침하고 있다. S는 이 사건 당시 점프를 해서 T의 입술을 때렸던 점, S도 "제가 조금 더 점프해서 세게 때렸으면 피가 더 철철 났을 텐데."라고 말하였던 점, T는 당시 놀랍고 당황스러웠으며, 많은 아이들 앞에서 맞아서 교사로서의 자괴감과 상실감이 컸고, 담임으로서 마음의 상처도 많이 받았다고 진술하고 있는 점에 비추어 보면, S의 장애 상태나 나이를 고려하더라도 이 사건이 S의 주장처럼 단순히 방어를 위하여 발버둥 치다가 우발적으로 일어난 사고라거나 S에게 고의가 없었다고 보기 어렵다.

S의 이 사건 행위는 많은 학생들이 보는 앞에서 주먹으로 담임교사의 입술을 때려 상해를 가한 것으로 이 사건 경위, S의 장애 상태와 나이를 고려하더라도 담임교사의 교육활동을 침해하는 정도가 결코 가볍다고 볼 수 없다.

9

유치원생 어머니의
명예훼손 사건

사실관계

전남 소재 유치원
– 가해자: 유치원생의 어머니 M
– 피해자: 담임교사 T

⑴ 교사 T는 원생의 어머니 M에 대해서 아래와 같은 내용으로 교육
  활동 침해 신고를 하였다.

  M은 T의 행동에 불만을 품고, 학교장, 관할 교육청에 민원을 제기하
고 2019. 6.경부터 2019. 10.경까지 같은 유치원의 다른 학부모들에
게 "담임교사 T를 아동학대로 신고하였다. 다른 어린이집으로 전원하

려고 했으나 학교 측(교육청)에서 다른 어린이집에 전화를 하여 다른 어린이집에서 아이를 받아주지 않았다. T는 아이들을 가르칠 자격이 없다. 내가 내는 세금이 얼만데 T에게 월급 주는 것이 아깝다. 아이를 돌볼 능력이 없어 아이 하나 돌보지 못하고 시시콜콜 전화나 문자로 아이의 행동에 대한 이야기를 한다. 선생님을 잘못 만나서 아이가 문제행동을 한다. T는 올해까지만 이 유치원에서 근무하고 내년에는 다른 유치원에 가게 될 것이고, 다른 곳으로 가지 않으면 세종시 교육부까지 찾아가서 다른 곳으로 보내달라고 할 것이다."는 등의 말을 하였다.

(2) 교권보호위원회는 위 행위에 관하여 교육활동 침해를 인정하였다.

(3) M은 "자신은 아이에 대한 정신적 · 신체적 학대행위에 대하여 항의하거나 피해를 호소하였을 뿐, T에 대해서 허위사실을 유포하여 명예를 훼손하거나 모욕한 사실이 없다."는 등의 주장을 하며 행정소송을 제기하였다.

법원의 판단

어머니 M의 청구를 기각하였다.

아동에 대한 교사의 학대가 의심되는 경우, 소속기관의 장, 관할 교육청 등에 민원을 제기하는 것은 학부모의 정당한 권리라고 볼 수도 있다. 그러나 학대를 가하였음을 의심할 만한 사정을 전혀 찾아보기 어렵고, 소속기관의 장, 관할 교육청에 민원을 제기하는 것을 넘어 다른 학부모에게까지 확인되지 않은 사실을 유포하여 교사의 평판을 훼손하는 것까지 허용된다고 보기는 어렵다. T는 M과의 관계에서 겪는 어려움으로 인해 수면장애를 겪는 등 상당한 정신적 고통을 겪고 있는 것으로 보인다.

M은 다른 학부모들에게 허위사실을 유포하여 T의 명예를 훼손하거나 모욕하고, 지속적으로 민원을 제기하는 등 T의 교육활동을 침해하였다고 봄이 상당하다.

제3장
교권보호 5법 주요 개정 내용

1

교권보호 5법은 무엇인가?

    교권보호 5법이란, 「교육기본법」, 「교원지위법」, 「초‧중등교육법」, 「유아교육법」, 「아동학대처벌법」을 말한다. 처음에 2023. 9. 27. 앞의 4개의 법이 먼저 개정이 되어 교권보호 4법으로 불리다가, 2023. 12. 26. 「아동학대처벌법」이 후속적으로 개정되어 교권보호 5법이라 불리게 된 것이다.

    교권보호 5법 개정으로 2023. 8. 23. 수립한 '교권 회복 및 보호 강화 종합방안'의 후속 조치를 제도적으로 완성할 수 있는 법률적 근거가 마련되었다. 교권보호 5법에는 교육현장의 정상적인 교육활동을 위축시키는 사항을 해결할 수 있는 내용들이 다수 포함되어 있고, 선생님이 교육활동에 전념할 수 있도록 법령상 미비점을 보완하였다.

2

교권보호 5법 주요 개정 내용

다양한 부분에서 개정이 이루어졌는데, 주요 내용을 요약하면 아래와 같다.

(1) 교권보호위원회 이관: 학교 → 교육지원청

(2) 교육활동 침해행위 유형 추가: 무고, 일반 형사범죄, 악성민원 등

(3) 침해 보호자 등에 대한 조치 신설: '서면사과 및 재발방지 서약', '특별교육 · 심리치료'

(4) 아동학대 신고 시 정당한 사유 없이 직위해제 금지

(5) 아동학대 신고 시 교육감의견 제출 의무화 + 수사 · 조사기관에 대한 교육감의견 참고 의무 부과

(6) 교원의 정당한 생활지도는 아동학대로 보지 않음

(7) 가해자 – 피해교원 즉시 분리제도 도입

(8) 교육활동 침해행위 즉시 신고의무 및 신고자 불이익 금지

(9) 교권보호위원회 회의 비공개, 비밀누설금지 및 위반 시 형사처벌

(10) 보호자 의무 명시(교직원, 다른 학생 인권침해 금지, 교육활동 존중, 적극
협력)

3

그 밖의 교권보호 법령 개정 내용

(1) 학교장의 민원처리 책임

학교장에게 민원처리 책임을 부과하여 교사가 악성민원에 대해 혼자 참고 견디는 상황이 반복되지 않도록 하였다(「초 · 중등교육법」 제20조 제1항, 「유아교육법」 제21조 제1항).

(2) 교원 개인정보보호 조치의무

학교와 학교의 장으로 하여금 교원의 전화번호, 주민등록번호 등 개인정보가 「개인정보 보호법」 및 「공공기관의 정보공개에 관한 법률」 등 관계 법률에 따라 보호될 수 있도록 필요한 조치를 하여야 한다는 규

정을 신설하였다(「초·중등교육법」 제20조의3, 「유아교육법」 제21조의5).

(3) 교육활동 침해행위 축소·은폐 금지 및 위반 시 징계

학교장으로 하여금 교육활동 침해행위를 축소하거나 은폐해서는 안 된다는 의무를 부과하고, 교원이 교육활동 침해행위의 경과 및 결과를 보고하면서 축소 또는 은폐를 시도한 경우에는 징계위원회에 징계의결을 요구하여야 한다고 규정하였다(「교원지위법」 제27조).

한편, 「학교폭력예방법」 제11조 제11항에도 학교폭력이 발생한 때에 교원이 그 경과 및 결과를 보고하면서 축소 및 은폐를 시도한 경우 징계위원회에 징계의결을 요구하여야 한다는 내용의 규정이 있다.

학교폭력 축소·은폐로 징계의결을 요구했을 경우, 징계위원회에서는 「교육공무원 징계양정 등에 관한 규칙」 [별표] 징계기준에 따라 징계를 의결하게 되어 있는데, 학교폭력 축소·은폐의 경우 '1. 성실의무 위반 – 아. 「학교폭력예방법」에 따른 학교폭력을 고의적으로 은폐하거나 대응하지 아니한 경우'와 같이 별도의 독립된 비위의 유형으로 규정되어 있다.

그러나 교육활동 침해행위 축소·은폐의 경우에는 비위의 유형으로 규정하지 않아 '1. 성실의무 위반 – 러. 그 밖의 성실의무 위반'에 따라 징계의결을 할 수밖에 없다. 이 경우 징계기준이 학교폭력 축소·

은폐보다 징계양정기준이 낮은 편이다. 별도의 징계사유에 해당함에
도 그 징계기준의 유형으로 추가하지 않은 것은 입법의 미비로 보인
다. 하루빨리 독립된 비위 유형으로 추가하여 예측가능성을 증대시키
고, 합당한 징계양정 체계를 갖출 필요가 있다.

■ 교육공무원 징계양정 등에 관한 규칙 [별표]

징계기준(제2조제1항 관련)

비위의 정도 및 과실 / 비위의 유형	비위의 정도가 심하고 고의가 있는 경우	비위의 정도가 심하고 중과실인 경우 또는 비위의 정도가 약하고 고의가 있는 경우	비위의 정도가 심하고 경과실인 경우 또는 비위의 정도가 약하고 중과실인 경우	비위의 정도가 약하고 경과실인 경우
1. 성실의무 위반 아.「학교폭력예방법」에 따른 학교폭력을 고의적으로 은폐하거나 대응하지 아니한 경우	파면	해임	해임–강등–정직	감봉–견책
러. 그 밖의 성실의무 위반	파면–해임	강등–정직	감봉	견책

(4) 교원의 정당한 학교폭력사건 처리 또는 학생생활지도 민·형사상 책임 면제 규정 신설

해당 규정은 「학교폭력예방법」의 개정에 따른 것으로 교권보호 5법
에는 포함되지 아니하나, 그 취지와 목적이 교원의 교육활동 보호를
위한 것으로 실질적인 교권보호 규정이라고 할 것이다.

학교의 장 및 교원이 학교폭력 예방 및 대응을 위하여 「초 · 중등교육법」 등 관계 법령에 따라 학생생활지도를 실시하는 경우 해당 학생생활지도가 관계 법령 및 학칙을 준수하여 이루어진 정당한 학교폭력사건 처리 또는 학생생활지도에 해당하는 때에는 학교의 장 및 교원은 그로 인한 민 · 형사상 책임을 지지 아니한다(「학교폭력예방법」 제11조의4 제3항).

학교폭력 사안 처리에 대한 불만으로 교육활동 침해나 아동학대 신고 등 각종 분쟁이 발생하는 경우가 많다는 점을 고려하면, 학교폭력 담당 교원에게 실질적으로 도움을 줄 수 있는 규정이 될 것이다. 즉, 학교폭력 처리 과정에서 고소나 소송이 들어오더라도, 법령에 따른 정당한 처리였다는 점을 소명하면 면책된다고 선언한 규정이라고 할 수 있다.

「학교폭력예방법」
제11조의4(학교폭력 업무 담당자에 대한 지원 및 면책) ③ 학교의 장 및 교원이 학교폭력 예방 및 대응을 위하여 「초 · 중등교육법」 등 관계 법령에 따라 학생생활지도를 실시하는 경우 해당 학생생활지도가 관계 법령 및 학칙을 준수하여 이루어진 정당한 학교폭력사건 처리 또는 학생생활지도에 해당하는 때에는 학교의 장 및 교원은 그로 인한 민사상 · 형사상 책임을 지지 아니한다.

---

(5) 학교안전사고 민·형사상 책임 면제 규정 신설

———

해당 조항은 「학교안전법」 규정으로, 형식적으로는 교권보호 5법은 아니지만, 실질적인 교권보호 역할을 할 것이다. 학교 내에서나 현장체험학습 중 안전사고가 발생했을 때 교사가 업무상과실치사상의 형사책임과 학교안전사고의 민사적 배상책임에 대한 불안을 떠안고 교육활동을 하고 있는 상황을 개선하기 위해 「학교안전법」 규정이 개정된 것이다.

2022년 강원도 속초로 현장체험학습을 떠난 초등학생이 버스에 치여 사망한 사건에 관한 2025. 2. 11.자 1심 판결에서 담임교사가 업무상과실치사로 금고 6개월에 집행유예 2년의 유죄판결을 받아 논란이 되고 있다. 이 사건을 계기로 현장체험학습 추진 여부를 둘러싼 학교 내 갈등이 빚어지고 있다. 학생이 불의의 사고를 당한 것은 매우 안타까운 일이기는 하다. 그러나 언제 어떻게 일어날지 모르는 사고에 대해서 교원에게 책임을 묻는다면, 교원은 막대한 불안감과 부담감을 느끼게 되고, 결국 교육활동이 위축되는 결과를 초래할 것이다.

교육활동이 위축되는 것을 방지하고자 학교장 및 교직원이 학생에 대한 학교안전사고 예방 및 안전조치의무를 다한 경우에는 학교안전사고에 대하여 민·형사상 책임을 지지 않도록 하여 학교안전사고 면책 규정을 신설하였다(「학교안전법」 제10조 제5항).

그 밖에 안전한 학교 밖 교육활동 보장을 위한 보조인력 배치 및 행정적·재정적 지원에 관한 사항도 함께 신설하였다(제10조의4).

해당 규정은 2024. 12. 20. 개정되었고 6개월이 경과한 후인 2025. 6. 21.부터 시행될 예정이다. 비록 선언적 의미의 조항에 불과하다고 볼 수도 있겠지만, 해당 규정의 신설로 불의의 안전사고로부터 교사를 보호할 수 있는 단초가 마련되었다고 볼 수 있다.

「학교안전법」
제10조(안전조치 및 안전사고관리 지침 등) ⑤ 학교장 및 교직원은 학생에 대한 학교안전사고 예방 및 안전조치의무를 다한 경우에는 학교안전사고에 대하여 민사상·형사상 책임을 지지 아니한다.

제10조의4(학교 밖 교육활동에 대한 안전 관리 및 지원 등) ① 학교장은 학생들의 안전한 학교 밖 교육활동을 보장하기 위하여 필요한 경우 학교 밖 교육활동이 이루어지는 장소 및 시설 등을 사전에 답사하는 등 관련 교육활동을 준비하는 단계부터 인솔교사를 보조하는 인력(이하 이 조에서 "보조인력"이라 한다)을 배치할 수 있다.
② 교육감은 보조인력의 배치에 필요한 행정적·재정적 지원을 하여야 한다.
③ 그 밖에 보조인력의 배치 기준·방법 등에 관한 세부적인 사항은 시·도의 조례로 정한다.

Part 4

교권보호 완성

제1장
문제로 풀어보는 교권보호 사례

이 책에서 배운 내용을 제대로 이해하였는지 확인하는 차원에서 문제를 함께 풀어보기로 하자. 이 책을 충실히 읽었다면, 대부분의 문제를 맞힐 수 있을 것이다. 문제는 총 15문제이고, 유형은 OX, 객관식, 주관식 등 다양하게 준비하였다. 15문제 전부 맞히면 '완벽', 맞힌 문제가 11~14개면 '매우 우수', 7~10개면 '우수'에 해당한다.

이제 문제를 시작한다.

1

교육활동 침해학생에 대해서
서면사과 조치를 할 수 있을까?

문제 1

---

* 교육활동 침해 피해교원은 침해학생으로부터 정식으로

사과를 받고 싶어 한다. 교육장은 지역교권보호위원회 심의를 거쳐

침해학생에 대한 조치로 '서면사과' 조치를 할 수 있는가?

정답
——
X

    학생에 대한 서면사과 조치는 학생의 양심의 자유 및 인격권을 제한하고 의무를 부과하는 처분으로 법률상 근거가 있어야만 할 수 있으나, 「교원지위법」에서는 침해학생에 대한 서면사과 규정이 존재하지 않으므로 교육활동 침해학생에 대한 서면사과 조치는 불가능하다.

    「학교폭력예방법」에 따른 학교폭력 가해학생에게 서면사과 조치가 가능하다는 점과 혼동하지 않도록 유의하여야 한다.

「행정기본법」
제8조(법치행정의 원칙) 행정작용은 법률에 위반되어서는 아니 되며, 국민의 권리를 제한하거나 의무를 부과하는 경우와 그 밖에 국민생활에 중요한 영향을 미치는 경우에는 법률에 근거하여야 한다.

[대법원 2022. 12. 1. 선고 2022두39185 판결]

학생징계 과정에서 「초·중등교육법」상 교내봉사 처분을 하면서 '교사에 대한 사과편지 작성'을 명한 부분은 법률상 근거가 없어 위법하다.

학생 징계사유에 따른 사안처리 방법

구분	학교폭력	교육활동 침해	학생선도
관련 법령	「학교폭력예방법」	「교원지위법」	「초·중등교육법」
징계 사유	학교폭력	교육활동 침해	학칙 위반
소관위원회	교육지원청 학교폭력대책심의위원회	교육지원청 지역교권보호위원회	학교 학생선도위원회 (생활교육위원회)
처분권자	교육장	교육장	학교장

조치 종류	1. 서면사과
	2. 접촉, 협박 및 보복금지
	3. 교내봉사
	4. 사회봉사
	5. 특별교육·심리치료
	6. 출석정지
	7. 학급교체
	8. 전학
	9. 퇴학
		1. 교내봉사
		2. 사회봉사
		3. 특별교육·심리치료
		4. 출석정지
		5. 학급교체
		6. 전학
		7. 퇴학
			1. 교내봉사
			2. 사회봉사
			3. 특별교육
			4. 출석정지
			   (1회 10일 이내,
			   연간 30일)
			5. 퇴학

불복 방법	행정심판, 행정소송	행정심판, 행정소송	−퇴학의 경우
			  재심, 행정심판, 행정소송
			
			−그 밖의 조치
			  국공립학교: 행정심판,
			            행정소송
			  사립학교: 민사소송

②

교육활동 침해 보호자에게
서면사과 및 재발방지 서약 조치를
할 수 있을까?

문제 2

———

교사 T는 2025. 3. 24. 교육활동 중 학교를 찾아온 학부모 P로부터 폭행을 당해 전치 2주의 상해를 입었다. 이에 T는 P로부터 사과를 받고 싶어 한다.

* 교육장은 지역교권보호위원회 심의를 거쳐 학부모 P에게

'서면사과 및 재발방지 서약' 조치를 할 수 있는가?

정답

———

O

2024. 3. 28.자 개정 「교원지위법」 제26조에 따라 침해 보호자에게 서면사과 및 재발방지 서약 조치를 할 수 있다.

3

허위사실을 신고하였다면, 명예훼손으로 인한 교육활동 침해가 성립하는가?

문제 3

___

학부모 P는 2025. 3. 20. 교사 T를 형사처벌, 징계처분 받게 할 목적으로 그러한 사실이 없음을 알면서도 "교사 T가 학생들의 뺨을 때려 학대하였다."라는 취지의 허위사실을 경찰에 신고하고, 같은 내용으로 관할 교육청에 감사, 징계를 요청하는 비공개 민원을 제기하였다.

* ⑴ 이 경우 교육활동 침해에 해당하는가?

* ⑵ 침해에 해당한다면 그 유형은?

___

정답

___

(1) O: 학부모 P의 행위는 교육활동 침해에 해당한다.

(2) **침해행위 유형: 무고에 해당한다**(「교원지위법」 제19조 제1호 가목).
명예훼손이라고 생각할 수도 있으나, 이 경우는 단순히 관공서에
신고한 것이어서 전파가능성(공연성)이 없으므로 명예훼손에는 해
당하지 않는다.

제재처분의 근거 법령 신설 시
그 기준점은?

문제 4

___

학부모 P는 2024. 3. 22. 교사 T에 대해서 교육활동 침해행위를 하였다. 이에 T는 2024. 6. 4. P를 교육활동 침해행위로 신고하였다.

* 교육장은 2024. 6. 20. 지역교권보호위원회심의를 거쳐

　학부모 P에게 「교원지위법」 제26조 제2항 제1호

　'서면사과 및 재발방지 서약' 조치를 할 수 있는가?

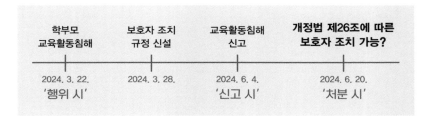

① 불가능하다. '행위 시'인 2024. 3. 22. 당시에는 침해 보호자 조치 규정이 없었기 때문이다.

② 가능하다. '신고 시'인 2024. 6. 4. 당시 침해 보호자 조치 규정이 있기 때문이다.

③ 가능하다. '처분 시'인 2024. 6. 20. 침해 보호자 조치 규정 있기 때문이다.

정답

---

①

제재처분은 법령 등에 특별한 규정이 있는 경우를 제외하고 위반행위 당시 법령 등에 따른다(「행정기본법」 제14조 제3항)('행위시법주의').

위반행위 당시(2024. 3. 22.)는 「교원지위법」 침해 보호자에 대한 조치 규정이 신설(2024. 3. 28.)되기 전이므로 행위시법주의에 따라 보호자에 대한 '서면사과 및 재발방지 서약' 조치가 불가능하다.

추후 교권 법령상 제재처분 규정이 신설되거나 강화될 경우에도 위와 같은 제재처분에 관한 행위시법주의 법리가 적용되므로 유념하여 보아야 한다.

5

최초 침해사안이 성희롱인 경우,
바로 전학 조치를 할 수 있는가?

문제 5

___

남학생 S는 수업 중인 여교사 T에게 성적인 말을 하여, T로 하여금 성적 굴욕감, 혐오감을 느끼게 하였다.

⑴ 이 사안이 교육활동 침해에 해당하는가?

⑵ 그 유형은?

___

⑶ 최초 교육활동 침해 사안으로 S에 대하여 전학 조치가 가능한가?

정답

(1) O: 교육활동 침해에 해당한다.

(2) 침해 유형: 교원에 대한 성희롱이 성립한다(「교육활동 침해 고시」 제 2조 제2호).

(3) X: 「교육활동 침해 고시」 [별표] [전학·퇴학 조치 결정 시 준수 사항] 제1항에 따라 최초 침해사안에 대하여 전학 조치가 불가능 하다. 성희롱은 「성폭력처벌법」 성폭력범죄에 포함되지 않기 때 문에 제3항 예외사유에도 해당하지 않는다.

[전학·퇴학 조치 결정 시 준수사항]

1. 최초 발생한 교육활동 침해행위에 대하여 전학 또는 퇴학 조치를 결정할 수 없음
2. 전학 또는 퇴학 조치는 동일교 재학기간 중 교육활동 침해행위로 출석정지 또는 학급 교체 처분을 받았던 학생이 다시 교원의 교육활동을 침해한 경우에 한하여 결정할 수 있음
3. 위의 1항, 2항에도 불구하고 「형법」 제2편 제25장(상해와 폭행의 죄) 및 「성폭력범죄의 처벌 등에 관한 특례법」 제2조 제1항, 「정보통신망 이용촉진 및 정보보호 등에 관한 법률」 제44조의7 제1항 제3호에 따른 불법정보 유통행위에 해당하는 행위는 최초 발생한 사안이라도 전학 또는 퇴학 조치 가능

최초 침해사안이 「정보통신망법」 불안감 조성에 따른 불법정보 유통행위인 경우, 바로 전학 조치를 할 수 있는가?

문제 6

학생 S는 2024. 11. 25.부터 12. 6.까지 약 67회에 걸쳐 교육활동 중인 교사 T에게 공포심이나 불안감을 유발하는 문자메시지를 반복적으로 보냈으나, T가 S의 전화번호를 수신차단하여 스팸 처리되었다.

〔1〕 이 사안이 교육활동 침해에 해당하는가?

〔2〕 그 유형은?

〔3〕 최초 교육활동 침해 사안으로 S에 대하여 전학 조치가 가능한가?

정답

———

(1) O: 교육활동 침해에 해당한다.

(2) **침해 유형**: 교원에 대한 「정보통신망법」 불법정보 유통행위(불안감 조성)(「교원지위법」 제19조 제1호 다목, 「정보통신망법」 제44조의7 제1항 제3호). 비록 수신차단으로 인하여 스팸보관함에 저장되었더라도, 해당 문자메시지는 별다른 제한 없이 접할 수 있는 상태였으므로 도달한다는 구성요건을 충족한다(대법원 2018. 11. 15. 선고 2018도14610 판결).

(3) O: 2024. 8. 30. 시행된 개정 「교육활동 침해 고시」에 의하면 「정보통신망법」 불법정보 유통행위(불안감 조성)도 예외사유에 포함되어, 최초 침해사안에 대하여 전학 조치가 가능하게 되었다.

7

아동학대범죄 사건의
검찰 송치

문제 7

학부모 P는 교사 T가 학생생활지도 과정에서 자신의 아들인 학생 S를 정서적 학대하였다는 이유로 경찰에 고소하였다. 이에 대해서 경찰에서 아동학대범죄로 수사가 개시되었고, 경찰은 T에게 사건이 검찰로 송치되었다는 통지를 하였다.

검찰로 송치되었다는 통지를 받은 T는 두려운 마음에, 평소 법학에 관심이 많던 친구 F를 찾아가 이 사실을 알리고 조언을 구하였다.

이에 친구 F는 "① 2021년 「형사소송법」 개정으로 경찰이 1차 수사 종결권을 갖게 되어, ② 일반적으로 형사사건에서 경찰은 혐의가 인정되면 검찰에 송치하고, 혐의가 인정되지 않으면 검찰에 사건을 송치하

지 않고 자체 종결하는데, ③ 아동학대범죄 사건에서도 마찬가지로 적
용되며 교사 T의 사건이 검찰에 송치된 것을 보면 경찰이 아동학대 혐
의를 인정한 것으로 보인다."라고 조언하였다.

* 친구 F의 조언에서 틀린 부분은?

정답

---

③

아동학대범죄 사건은 전건 송치 규정에 따라 혐의 인정 여부와 관계 없이 반드시 검사에게 송치해야 한다(「아동학대처벌법」 제24조).

따라서 검찰에 송치되었다고 해서 아동학대 혐의가 인정되었다고 단정할 것은 아니다.

「형사소송법」
제245조의5[사법경찰관의 사건송치 등] 사법경찰관은 고소·고발사건을 포함하여 범죄를 수사한 때에는 다음 각 호의 구분에 따른다.
1. 범죄의 혐의가 있다고 인정되는 경우에는 지체 없이 검사에게 사건을 송치하고, 관계 서류와 증거물을 검사에게 송부하여야 한다.
2. 그 밖의 경우에는 그 이유를 명시한 서면과 함께 관계 서류와 증거물을 지체 없이 검사에게 송부하여야 한다. 이 경우 검사는 송부받은 날부터 90일 이내에 사법경찰관에게 반환하여야 한다.

「아동학대처벌법」
제24조[사법경찰관의 사건송치] 사법경찰관은 아동학대범죄를 신속히 수사하여 사건을 검사에게 송치하여야 한다. 이 경우 사법경찰관은 해당 사건을 아동보호사건으로 처리하는 것이 적절한지에 관한 의견을 제시할 수 있다.

8

아동학대에서 말하는
'아동'이란?

문제 8

---

(1) 고등학교 3학년 학생 S₁(남, 2007. 3. 10.생)은 "교사 T로부터 2025. 4. 3. 폭언 등으로 아동학대(정서적 학대)를 당했다."고 경찰에 신고하였다.

(2) 고등학교 3학년 학생 S₂(여, 2007. 11. 10.생)는 "교사 T로부터 2025. 4. 3. 폭언 등으로 아동학대(정서적 학대)를 당했다."고 경찰에 신고하였다.

* 학생 S₁, S₂에 대하여 아동학대범죄 적용이 가능한가?

정답

학생 S_1: X

학생 S_2: O

「아동복지법」 제3조 제1호에서 "아동"은 '18세 미만인 사람'을 말한다. 행위 당시(2025. 4. 3.) 기준으로 학생 S_1은 18세이고, 학생 S_2는 17세이다.

따라서 더 이상 아동이 아닌 학생 S_1에 대해서는 아동학대범죄의 적용이 불가능하고, 아동인 학생 S_2에 대해서는 아동학대범죄 적용이 가능하다.

'아동': 만 18세 미만의 사람(「아동복지법」 제3조 제1호)

cf. 「소년법」 '소년', 「아동·청소년의 성보호에 관한 법률」 '아동·청소년', 「민법」 '미성년자': 만 19세 미만인 자

※ 일반적인 고등학교 3학년 학생의 경우: 만 17세 또는 18세

법령에 따라 기준 나이가 다르므로 적용되는 법률의 정의 규정을 찾아보는 것이 중요하다.

아동, 소년 연령 관련 법률

「아동복지법」
제3조(정의) 이 법에서 사용하는 용어의 뜻은 다음과 같다.
1. "아동"이란 18세 미만인 사람을 말한다.

「소년법」
제2조(소년 및 보호자) 이 법에서 "소년"이란 19세 미만인 자를 말하며

「아동·청소년의 성보호에 관한 법률」
제2조(정의) 이 법에서 사용하는 용어의 뜻은 다음과 같다.
1. "아동·청소년"이란 19세 미만의 자를 말한다.

「민법」
제4조(성년) 사람은 19세로 성년에 이르게 된다(미성년자: 19세 미만인 자).

「형법」
제9조(형사미성년자) 14세 되지 아니한 자의 행위는 벌하지 아니한다(14세 미만인 자).

아동, 소년 연령 관련 법률

구분	연령	근거법률
영유아	7세 이하의 취학 전 아동	「영유아보육법」 제2조 제1호
유아	3세부터 초등학교 취학 전까지의 어린이	「유아교육법」 제2조 제1호
아동	18세 미만인 사람	「아동복지법」 제3조 제1호
아이	12세 이하 아동	「아이돌봄 지원법」 제2조 제1호
어린이	13세 미만인 사람	「도로교통법」 제2조 제23호
청소년	9세 이상 24세 이하인 사람	「청소년 기본법」 제3조 제1호
청소년	19세 미만인 사람 (다만, 19세가 되는 해의 1월 1일을 맞이한 사람은 제외)	「청소년 보호법」 제2조 제1호
아동 · 청소년	19세 미만의 사람	「아동 · 청소년의 성보호에 관한 법률」 제2조 제1호
소년	19세 미만인 자 (촉법소년: 10세 이상 ~ 14세 미만) (범죄소년: 14세 이상 ~ 19세 미만)	「소년법」 제2조 제1호, 제4조
미성년자	19세 미만인 사람	「민법」 제4조

9

피해교원 보호조치

문제 9

———

피해교원 보호조치에 대한 설명으로 가장 옳지 않은 것은?

① 교육활동 침해 피해교원은 5일의 범위에서 특별휴가를 사용할
수 있다.

② 관할청은 교육활동 침해행위가 관계 법률의 형사처벌 규정에 해
당된다고 판단하면 관할 수사기관에 고발할 수 있다.

③ 관할청과 학교의 장은 교육활동 침해행위 사실을 알게 된 경우 특
별한 사유가 없으면 즉시 가해자와 피해교원을 분리하여야 한다.

④ 피해교원의 보호조치 필요한 비용은 침해학생의 보호자 등이 부
담하여야 한다. 다만, 피해교원의 신속한 치료를 위하여 피해교

원 등이 원하는 경우 관할청이 부담하고 이에 대한 구상권을 행사할 수 있다.

⑤ 관할청과 학교의 장은 교육활동 침해 사실을 알게 된 경우 피해교원에 대하여 지역교권보호위원회 심의·의결을 거친 후에 심리상담 및 조언, 치료 및 치료를 위한 요양 등의 보호조치를 하여야 한다.

정답

⑤

「교원지위법」제20조 제1항에 의하면 교육활동 침해행위 사실을 알게 된 경우 피해교원에 대하여 '즉시' 보호조치를 하여야 한다. 지역교권보호위원회의 심의 · 의결을 거쳐야 한다는 부분이 옳지 않다.

풀이

① 「교원지위법」제23조, 「교원휴가에 관한 예규」제8조 제1항
② 「교원지위법」제20조 제4항
③ 「교원지위법」제20조 제2항
④ 「교원지위법」제20조 제5항

10

침해학생, 보호자 등에 대한 조치

문제 10

다음 중 지역교권보호위원회 조치 의결이 불가능한 것은?

① 침해학생: 학교에서의 봉사 8시간
② 침해학생: 출석정지 5일, 특별교육 4시간
   침해학생의 보호자: 특별교육 4시간
③ 침해학생: 특별교육 4시간
   침해학생의 보호자: 특별교육 4시간
④ 침해 보호자: 서면사과 및 재발방지 서약
⑤ 침해 보호자: 서면사과 및 재발방지 서약, 특별교육 4시간

정답

---

⑤

   침해학생과는 달리 침해 보호자에 대해서는 특별교육을 병과하는 규정이 별도로 존재하지 않기 때문에, 특별교육 조치를 함께 부과할 수는 없다.

풀이

① 「교원지위법」 제25조 제2항 제1호(학교에서의 봉사)
② 「교원지위법」 제25조 제2항 제4호(출석정지), 제3항(특별교육 병과조치 의무), 제5항(보호자와 함께)
③ 「교원지위법」 제25조 제2항 제3호(특별교육), 제5항(보호자와 함께)
④ 「교원지위법」 제26조 제2항 제1호(서면사과 및 재발방지 서약)

11

담임선생님
개인 전화번호를 알려주세요

문제 11

___

학부모 P는 학교에 전화를 걸어 아들과 관련하여 상의할 내용이 있으니, 담임교사 T의 개인 휴대전화번호를 알려달라 요구하였다.

* [1] 학교는 학부모 P의 요구를 거부할 수 있는가?

* [2] 만약 거부할 수 있다면, 그 근거 규정은?

정답

———

(1) O

(2) 거부 근거 규정: 초 · 중 · 고등학교는 「초 · 중등교육법」 제20조의3이고, 유치원은 「유아교육법」 제21조의5이다.

「초·중등교육법」
제20조의3(교원 개인정보의 보호) 학교와 학교의 장은 교원의 전화번호, 주민등록번호 등 개인정보가 「개인정보 보호법」 및 「공공기관의 정보공개에 관한 법률」 등 관계 법률에 따라 보호될 수 있도록 필요한 조치를 하여야 한다.

「유아교육법」
제21조의5(교원 개인정보의 보호) 유치원과 원장은 교원의 전화번호, 주민등록번호 등 개인정보가 「개인정보 보호법」 및 「공공기관의 정보공개에 관한 법률」 등 관계 법률에 따라 보호될 수 있도록 필요한 조치를 하여야 한다.

12

침해학생이 행정심판을 청구한 경우, 전학 조치의 집행이 정지되는가?

문제 12

중학교 학생 S는 교육활동 침해행위로 교권보호위원회 심의 · 의결을 거쳐 전학 조치를 받았다. 전학 조치에 따라 다른 중학교로 전학을 앞둔 S는 전학 조치에 대해서 행정심판을 청구하였다.

이에 S의 학부모 P는 행정청에 "전학 조치에 하자가 있어 불복하고자 행정심판을 청구했기 때문에 전학 절차를 진행하면 안 된다. 행정심판 결과가 나올 때까지 절차 진행을 보류해달라."고 요구하였다.

* 행정청은 학부모 P의 요구에 응해야 하는가?

O X

정답

—

X

행정청은 학부모 P의 요구에 응할 필요가 없다. '집행부정지 원칙'에 따라 행정심판을 청구한 것만으로는 처분의 집행에 영향을 주지 않기 때문이다(『행정심판법』 제30조 제1항).

전학 조치의 집행을 정지하려면, 별도로 행정심판위원회의 집행정지 결정이 있어야 한다.

행정소송도 마찬가지로 '집행부정지 원칙'에 따라 행정소송 제기만으로는 처분이 정지되지 않고, 처분의 집행을 정지하려면 별도로 법원의 집행정지 결정이 있어야 한다(『행정소송법』 제23조 제1항).

『행정심판법』
제30조〔집행정지〕 ① 심판청구는 처분의 효력이나 그 집행 또는 절차의 속행(續行)에 영향을 주지 아니한다.

『행정소송법』
제23조〔집행정지〕 ① 취소소송의 제기는 처분등의 효력이나 그 집행 또는 절차의 속행에 영향을 주지 아니한다.

당연퇴직 사유가 있는 자의 해임처분 취소소송

문제 13

　교사 T가 아동학대범죄를 저질러, 검사는 T를 불구속 구공판으로 기소하였다. 검사는 징역 2년을 구형하였으나, 1심 재판부는 2023. 11. 2. 유죄를 인정하여 벌금 2,000만원을 선고하였고, 이에 검사와 T는 항소하였다.

　한편, 행정청은 2023. 11. 28. 징계위원회 의결을 거쳐 T에 대하여 해임처분을 하였다. T는 2023. 12. 22. 해임처분의 취소를 구하는 교원소청심사청구를 하였으나 기각되었고, 2024. 1. 17. 행정소송을 제기하였다.

　이후 형사사건 항소심 재판부는 2024. 5. 30. T에 대해서 원심판결을 파기하고 징역 1년, 집행유예 3년을 선고하였으며, 이에 T가 상고하였으나, 대법원은 2024. 11. 29. T의 상고를 기각하여 형사판결이 확정되었다(징역형의 집행유예는 당연퇴직 사유에 해당함).

2024. 12. 9. 해임처분의 취소를 구하는 행정소송에서, 피고 행정청은 "설령 T가 승소하여 해임처분이 취소된다고 하더라도, 형사판결의 효력으로 당연퇴직 사유가 있기 때문에 T는 교사로서의 신분을 회복할 수 없다. 따라서 행정소송은 소의 이익이 없으므로 각하되어야 한다."라고 재판부에 주장하였다.

* 피고 행정청의 주장은 타당한가?

O X

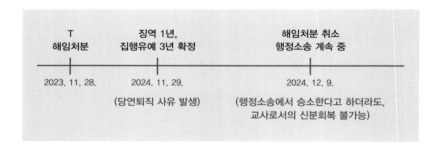

정답

———

X

    교사 T가 해임처분 이후 당연퇴직 사유가 발생하여 원직에 복직하는 것이 불가능하게 되었더라도, 해임처분일인 2023. 11. 28.부터 당연퇴직 사유 발생일인 2024. 11. 29.까지의 보수 지급을 구할 수 있으므로 해임처분의 취소를 구할 소의 이익이 있다(대법원 2024. 2. 8. 선고 2022두50571 판결).

침해학생 조치,
소년 보호처분 및 형사처벌

문제 14

———

(2025. 3. 26. 기준) 초등학교 3학년 학생 A(만 9세), 초등학교 6학년 학생 B(만 12세), 중학교 2학년 학생 C(만 13세), 중학교 3학년 학생 D(만 15세), 고등학교 2학년 학생 E(만 17세)는 2025. 3. 26. 각 교육활동 중인 교사를 폭행하여 4주간의 치료를 요하는 상해를 입게 하였다.

* 학생 A, B, C, D, E에 대한 조치 내용 중 가능하지 않은 것은?

	교육활동 침해학생 조치	형사처벌 or 소년 보호처분
① 학생 A (만 9세)	전학 처분 + 특별교육 4시간	–
② 학생 B (만 12세)	출석정지 5일 처분 + 특별교육 4시간	소년 보호처분 (1호 보호자 감호위탁)
③ 학생 C (만 13세)	출석정지 10일 처분 + 특별교육 4시간	형사처벌 (벌금 300만원)
④ 학생 D (만 15세)	전학 처분 + 특별교육 4시간	소년 보호처분 (4호 단기 보호관찰)
⑤ 학생 E (만 17세)	퇴학 처분	형사처벌 (징역 장기 6월, 단기 4월)

정답

---

③

만 13세 학생 C는 형사처벌을 받지 않는 형사미성년자, 촉법소년에 해당한다. 따라서 C에 대한 '형사처벌(벌금 300만원)'은 불가능하다.

학생 A	학생 B, C	학생 D, E
10세 미만 〈범법소년〉	10세 이상 ~ 14세 미만 〈촉법소년〉	14세 이상 ~ 19세 미만 〈범죄소년〉
형사처벌 X	형사처벌 X	형사처벌 O
소년 보호처분 X	소년 보호처분 O	소년 보호처분 O

15

모욕죄와 고소

문제 15

———

학교에서, ⑴ 보호자 A는 2024. 5. 9. 공연히 교사 T를 명예훼손하였고, ⑵ 보호자 B는 2024. 5. 14., ⑶ 보호자 C는 2024. 6. 28., ⑷ 보호자 D는 2024. 12. 2., ⑸ 보호자 E는 2024. 12. 6. 공연히 교사 T를 모욕하였다. 이에 교사 T는 2024. 12. 13. 보호자 A를 명예훼손으로, B, C, E를 모욕죄로 각 형사 고소하였다(D에 대해서는 고소하지 않음).

이후 보호자 E가 교사 T에게 자신의 행동에 대해 진심으로 반성하고 사과하여, 교사 T는 합의금의 절반을 지급받고 나머지 절반은 2개월 후에 받기로 합의하고 2024. 12. 27. 보호자 E에 대한 고소를 취소하였다.

* 현재 상황에서, 보호자 A, B, C, D, E에 대해서

명예훼손 또는 모욕죄로 형사처벌이 가능한가?

(1) 보호자 A:

(2) 보호자 B:

(3) 보호자 C:

(4) 보호자 D:

(5) 보호자 E:

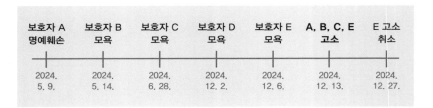

보호자 A 명예훼손	보호자 B 모욕	보호자 C 모욕	보호자 D 모욕	보호자 E 모욕	A, B, C, E 고소	E 고소 취소
2024. 5. 9.	2024. 5. 14.	2024. 6. 28.	2024. 12. 2.	2024. 12. 6.	2024. 12. 13.	2024. 12. 27.

정답

모욕죄는 친고죄이므로 적법한 고소가 있어야 형사처벌할 수 있다.

※ 친고죄: 피해자의 고소가 있어야 검사가 기소할 수 있는 범죄

    (ex. 모욕죄, 사자명예훼손죄, 비밀침해죄, 비동거친족간 재산범죄 등)

※ 반의사불벌죄: 피해자가 가해자의 처벌을 원하지 않으면 형사처
벌할 수 없는 범죄

    (ex. 폭행죄, 협박죄, 명예훼손죄, 과실치상죄 등)

(1) 보호자 A: O. 명예훼손죄는 반의사불벌죄에 해당한다. 고소기간
6개월 제한은 친고죄에만 적용되고, 반의사불벌죄에는 적용되지
않으므로 형사처벌 가능하다.

(2) 보호자 B: X. 친고죄의 고소기간(6개월) 도과로 적법한 고소가 아
니어서 형사처벌 불가하다.

(3) 보호자 C: O. 고소기간 내 적법한 고소가 있었으므로 형사처벌
가능하다.

(4) 보호자 D: X. 처음부터 고소가 없었으므로 형사처벌 불가하다.

(5) 보호자 E: X. 고소기간 내 적법한 고소를 하였으나, 이후 고소를
취소했으므로 형사처벌 불가하다.

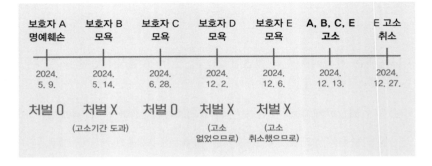

결국 보호자 A(명예훼손)와 C(모욕)에 대해서만 형사처벌 가능하다.

※ 보너스 문제

문제

만약 보호자 E에 대한 고소 취소 후에 E가 "합의금 나머지 절반을 지급 못 하겠다."라고 한다면, 교사 T는 E를 모욕죄로 다시 고소할 수 있을까?

정답

X. 「형사소송법」 제232조 제2항에 따라 고소를 취소한 자는 다시 고소할 수 없으므로 E가 아무리 괘씸하더라도, 동일한 범죄사실인 모욕죄로는 고소할 수 없다. 다만, E가 처음부터 지급능력 또는 지급의사 없음에도 마치 합의금을 지급할 것처럼 기망한 것이라면 사기죄가 성립될 여지는 있다. 즉, 모욕죄로 고소할 수는 없어도, 별도의 범죄인 사기죄로는 고소할 수 있다.

[대법원 2001. 12. 14. 선고 2001도4283 판결]

피고인이 합의서를 수사기관에 제출한 이상 피해자의 처벌불원의사가 수사기관에 적법하게 표시되었으며, 이후 피고인이 피해자에게 약속한 치료비 전액을 지급하지 아니한 경우에도 민사상 치료비에 관한 합의금 지급채무가 남는 것은 별론으로 하고 처벌불원의사를 철회할 수 없다.

제2장
교권보호 법령

1

교권보호 법령

    교권보호 관련 법령은 「교육기본법」, 「교원지위법」 등 다양하게 있고, 간접적으로 적용되는 법령도 존재한다. 아래 법령은 약칭을 쓰지 않고, 원 제명을 기재하였다. 법령의 자세한 내용은 '법제처 국가법령정보센터' 홈페이지를 통해 확인할 수 있다.

관련 법령

○ 「대한민국헌법」
○ 「교육기본법」
○ 「교원의 지위 향상 및 교육활동 보호를 위한 특별법」
○ 「초 · 중등교육법」

○ 「유아교육법」

○ 「아동학대범죄의 처벌 등에 관한 특례법」

○ 「아동복지법」

○ 「교육활동 침해 행위 및 조치 기준에 관한 고시」

○ 「교원의 학생생활지도에 관한 고시」

○ 「유치원 교원의 교육활동 보호를 위한 고시」

○ 「교육공무원법」

○ 「사립학교법」

○ 「학교안전사고 예방 및 보상에 관한 법률」

○ 「학교폭력예방 및 대책에 관한 법률」

시·도별 교권보호 자치법규

앞서 본 법령뿐만 아니라, 각 시 · 도에서 지역의 특성에 맞게 교권 보호를 위한 자치법규(조례, 규칙 등)를 마련하였는데, 17개 시 · 도별 교권보호 자치법규는 아래와 같다.

서울특별시
- 「서울특별시교육청 교원의 예우 및 교육활동 보호를 위한 조례」

부산광역시
- 「부산광역시교육청 교원의 교육활동 보호에 관한 조례」
- 「부산광역시교육청 교원법률지원단 구성 및 운영에 관한 규칙」
- 「부산광역시교육청 교육활동 보호를 위한 법률지원에 관한 규정」

대구광역시
- 「대구광역시교육청 교원의 교육활동 보호 등에 관한 조례」
- 「대구광역시교권보호위원회 구성 및 운영에 관한 규칙」
- 「대구광역시교육청 교육활동 보호 법률지원단 구성 및 운영에 관한 규칙」

인천광역시
- 「인천광역시교육청 교원의 교육활동 보호를 위한 조례」
- 「인천광역시 교권확립헌장 운영 조례」
- 「인천광역시교육청 교육활동 보호 법률지원단 구성 및 운영에 관한 규칙」
- 「인천광역시교육청 교권보호위원회 구성 및 운영에 관한 규정」

광주광역시
- 「광주광역시 교권과 교육활동 보호 등에 관한 조례」
- 「광주광역시교육청 교육활동 보호 및 학교폭력 예방 법률지원단 구성 · 운영에 관한 규칙」

대전광역시
- 「대전광역시교육청 교권과 교육활동 보호에 관한 조례」
- 「대전광역시 교권보호위원회 설치 · 운영에 관한 규칙」
- 「대전광역시교육청 교육활동보호법률지원단 구성 및 운영에 관한 규칙」

울산광역시
- 「울산광역시교육청 교원의 교육활동 보호 등에 관한 조례」
- 「울산광역시교육청 법률지원단 구성 및 운영에 관한 규칙」

세종특별자치시
- 「세종특별자치시교육청 교육활동 보호 조례」
- 「세종특별자치시교육청 교권보호위원회 설치 · 운영에 관한 규칙」
- 「세종특별자치시교육청 교육활동 보호 법률지원단 구성 및 운영에 관한 규칙」

경기도
- 「경기도교육청 교원의 교권과 교육활동 보호에 관한 조례」
- 「경기도교육청 교육활동보호 법률지원단 구성 및 운영에 관한 규칙」

강원특별자치도
- 「강원특별자치도교육청 교원의 교권과 교육활동 보호에 관한 조례」
- 「강원특별자치도교육청 법률지원단 구성 및 운영에 관한 규칙」
- 「강원특별자치도교권보호위원회 구성 및 운영 규칙」

충청북도
- 「충청북도교육청 교원의 교육활동 보호에 관한 조례」
- 「충청북도 교권보호위원회 구성 및 운영에 관한 규칙」
- 「충청북도교육청 교권법률지원단 구성 및 운영에 관한 규칙」

충청남도
- 「충청남도교육청 교원의 교권과 교육활동 보호 등에 관한 조례」
- 「충청남도교권보호위원회 구성 및 운영 규칙」
- 「충청남도교육청 교육법률지원단 구성 및 운영에 관한 규칙」

전북특별자치도
- 「전북특별자치도교육청 교권침해로부터 안전한 교육활동 보호 조례」
- 「전북특별자치도교권보호위원회 구성 및 운영에 관한 규칙」
- 「전북특별자치도교육청 교육활동 보호 법률지원단 구성 및 운영에 관한 규칙」

전라남도
- 「전라남도교육청 교원의 교육활동 보호 등에 관한 조례」
- 「전라남도교육청 법률지원단의 구성 및 운영에 관한 규칙」
- 「전라남도교권보호위원회 구성 및 운영에 관한 규칙」

경상북도
- 「경상북도교육청 교육활동 보호 및 학습권 보장 조례」
- 「경상북도교육청 교권보호위원회 설치 및 운영 규칙」
- 「경상북도교육청 교육활동 보호 법률지원단 구성 및 운영 규칙」

경상남도
- 「경상남도교육청 교원의 교육활동 보호 등에 관한 조례」
- 「경상남도교육청 교권보호위원회 설치 및 운영에 관한 규칙」
- 「경상남도교육청 법률지원단 구성 및 운영에 관한 규칙」

제주특별자치도
- 「제주특별자치도교육청 교원의 교육활동 보호 등에 관한 조례」
- 「제주특별자치도교권보호위원회 설치 · 운영에 관한 규칙」
- 「제주특별자치도교육청 교육활동 보호 법률지원단의 구성 및 운영에 관한 규칙」

제3장
입법론적 제언

「교원지위법」 등 교권보호 관련 법령은 아직은 불완전하고, 미비한 점이 많다. 학교폭력처럼 관련 사례가 풍부하지 않고, 교권보호 5법이 개정된 지 얼마 지나지 않았기 때문에 이제 막 걸음마를 뗀 단계이다. 때문에 곳곳에 입법적 공백이 보이는바, 교원의 교육활동 보호의 빈틈이 있어서는 안 된다는 생각에 입법론적으로 개선이 필요한 부분에 대해서 진솔하게 의견을 개진하고자 한다.

1

「아동복지법」 정서적 학대

　「아동복지법」제17조 제5호의 정서적 학대 부분은 명확하지가 않아 수범자의 예측가능성을 떨어뜨리고 있어 논란의 대상이 되고 있다. 비록 헌법재판소에서 세 차례나 명확성 원칙에 반하지 않는다고 하여 합헌 결정을 하였으나, 무분별한 아동학대 신고로부터 교원을 보호하고, 교육활동이 위축되는 것을 방지하고자 구체적인 행위를 나열하는 방식 등과 같이 명확하게 규율할 필요가 있다.

교육활동 침해 주체의 범위

　「교원지위법」 제19조에서는 교육활동 침해의 주체를 '소속 학교 학생 또는 그 보호자 등'으로 규정하고 있는데, '등'의 범위가 어디까지인지 명확하지 않은 점이 실무상 문제가 되고 있다. 학생, 학부모가 아닌 기타 지역주민이나, 동료교원 등이 침해행위를 하였다면, 교육활동 침해 성립 여부에 대한 논란이 발생할 수 있다. 결국 학생, 보호자 등으로 규정한 현행 법률조항을 개정하여 침해의 주체를 일일이 열거하거나, 「학교폭력예방법」처럼 주체의 제한을 두지 않는 것도 하나의 방법이 될 것이다.

3

'교육활동 중' 정의 규정 신설

「교원지위법」 제19조에서 교육활동 침해행위의 대상은 '교육활동 중인 교원'임에도, 이에 대한 정의 규정이 「교원지위법」에는 존재하지 않는다. 이로 인해 부득이하게 「학교안전법」의 '교육활동' 정의 규정을 참고하여 적용하는데, 「교원지위법」과 「학교안전법」은 입법취지와 목적이 서로 상이하기 때문에, 그대로 적용하는 것은 타당하지 않다. 따라서 「교원지위법」에 별도로 교육활동 중의 정의를 마련하여야 할 것이다.

또한 「교육활동 침해 고시」에서는 교육활동에 원격수업을 포함하고 있음에 반해, 「교원지위법」 제19조에서는 교육활동에 대해서 원격수업을 포함하는지에 관한 규정이 존재하지 않아, 다양한 해석의 여지를 주어, 분쟁이 증대해질 수 있으므로 이에 대한 명시적인 정의 조항이 필요하다.

'교육활동 중인 교원'에서 '교육활동 중'이라는 문구를 제외하는 것도 좋은 방법이 될 것이다. 휴일 중, 일과 이후 SNS를 통한 명예훼손 행위가 있다고 본다면, 해당 교원이 당시 교육활동 중이었는지가 문제가 되어 침해행위가 인정되지 않을 수 있다. 따라서 '교육활동 중'이라는 문구를 삭제하거나 개정하여 법적 공백을 미리 메꿀 필요가 있다.

4

침해 보호자 등
조치 기준표 법제화

「교육활동 침해 고시」에서는 침해학생 조치별 적용 기준만 나와 있을 뿐, 침해 보호자 등에 대한 조치 기준이 별도로 규정되어 있지 않다. 이로 인해 교권보호위원회에서 침해 보호자 등에 대한 조치는 법령에 근거한 기준이 아닌, 매뉴얼상의 기준으로 심의·의결하고 있는 것이 현실이다. 침익적 법률행위를 하기 위해서는 법령에 따라 이루어져야 하지만, 침해 보호자 등 조치 기준에 대한 법률적 근거가 부족하다. 따라서 「교육활동 침해 고시」[별표]로 침해 보호자 등 조치 기준을 새로이 마련하여야 할 것이다. 다만, 그 전제조건으로 「교원지위법 시행령」에서 침해 보호자 등 조치 기준을 대략적으로나마 세워놓고, 구체적인 기준에 대해서는 교육부장관이 정하여 고시한다는 취지의 규정을 두어야 한다*.

---

* 침해학생 조치 기준의 경우 「교원지위법 시행령」 제22조에 그 근거를 두고 있다.

5

교권보호위원회 위원
회피 사유 개정

「교원지위법 시행령」제13조 및 제16조 제1항에서 교권보호위원회 위원의 회피 사유에 관해서 규정하고 있다. 그런데 다른 법률에서는 회피 사유로 제척 사유와 함께 공정한 심의·의결을 기대하기 어려운 사정이 있는 경우도 포함하고 있는 데 반해, 해당 조항에서는 회피 사유로 제척 사유에 해당하는 경우만을 규정할 뿐, 공정한 심의·의결을 기대하기 어려운 경우를 포함하고 있지 않다. 위 사유를 제외할 타당한 이유를 찾아보기 어려워 보이므로 단순한 입법적 실수로 보이는바, 이를 추가하여 바로잡을 필요가 있다.

6

교육활동 침해 시효 문제

침해학생, 침해 보호자 등에 대한 조치는 불이익한 처분으로 공소시효나 징계시효와 같이 별도의 시효규정이 필요해 보인다. 시효는 법률이 권리 위에 잠자는 자의 보호를 거부하고 사회생활상 영속되는 사실 상태를 존중하여 여기에 일정한 법적 효과를 부여하기 위하여 마련한 제도로서 교육활동 침해행위의 경우에도 도입하지 않을 특별히 이유를 찾아보기 어렵다. 법적 안정성이라는 측면에서 시효제도를 도입하는 것이 바람직하다.

7

교원의 불복신청권
명시적 규정 도입

    학교폭력의 경우, 피해학생이 가해학생에 대한 조치에 대해서 행정심판, 행정소송을 할 수 있다는 내용이 명시적으로 규정되어 있다(「학교폭력예방법」 제17조의2 제1항 및 제17조의3 제1항).

    그러나 「교원지위법」에는 피해교원이 침해학생(보호자 등)에 대한 조치에 대해서 불복할 수 있다는 내용이 존재하지 않는다. 이로 인해 피해교원이 "침해학생에 대한 조치가 너무 경미하다."는 이유로 행정쟁송(행정심판, 행정소송)에 나아가는 것을 주저하고 있는 실정이다. 침해학생 조치처분의 상대방은 침해학생(보호자 등)이지, 피해교원은 직접적인 처분의 상대방이 아니다. 결국 별도의 법률상 이익이 인정되지 않는 경우, 행정쟁송에서 청구인적격이나 원고적격이 문제가 되어 각하될 위험이 있다.

따라서 학교폭력 사건에서의 피해학생과 같이 침해학생(보호자 등)조치*에 대한 피해교원의 불복신청권 명문화를 통해 '교육활동 침해행위 아님' 결정이나 "침해자에 대한 조치가 미흡하다."는 이유로 이의를 제기할 수 있게 하여 피해교원의 권리를 실질적으로 보장할 필요가 있다.

---

* 「교원지위법」제25조 침해학생 조치, 제26조 침해 보호자 등 조치.

8

교원보호공제사업에서
손해배상금 지원 요건

「교원지위법」 제22조 제2항 제1호에서는 교원보호공제사업에 대하여 "교원의 교육활동으로 발생한 손해배상금을 지원하나, 교원에게 고의 또는 중과실이 있는 경우에는 지원 대상에서 제외한다."라고 규정하고 있다.

앞서 살펴본 바와 같이 국공립학교 교원에게 고의·중과실이 있는 경우에는 손해배상책임은 있으나, 법률 규정과 약관에 의해 지원 제외 대상에 해당하고, 경과실만 있다면 면책되어 손해배상금의 지원을 받을 필요가 없으며, 고의·중과실·경과실이 모두 없는 경우에는 처음부터 배상책임이 존재하지 않기 때문에 교원보호공제사업의 지원이 불필요하다. 결국 국공립학교 교원은 어느 경우에도 손해배상금 지원을 받지 못하게 되는 사태가 발생하게 된다. 손해배상금 지원 제도의 존재의의와 실효성 측면에서 문제가 될 수 있는바,「교원지위법」제22조 "교원에게 고의·중과실이 있는 경우 지원을 제외한다."라고 되어 있는 부분을 "교원이 고의로 손해배상책임을 야기한 경우 지원 대상에서 제외한다."로 개정하여 중과실이 있는 교원에게도 손해배상금을 지원할 수 있도록 한다면, 교원보호공제사업의 실효성을 보다 더 확보할 수 있을 것이다.

9

「아동학대처벌법」
전건 송치 규정

앞서 설명한 바와 같이 「아동학대처벌법」 제24조는 "사법경찰관은 아동학대범죄를 신속히 수사하여 사건을 검사에게 송치하여야 한다. 이 경우 사법경찰관은 해당 사건을 아동보호사건으로 처리하는 것이 적절한 지에 관한 의견을 제시할 수 있다."고 규정하고 있다(참고로 「가정폭력처벌법」 제7조에도 동일한 취지의 규정이 있어 가정폭력범죄 역시 전건 송치의 대상이다). 아동학대범죄나 가정폭력범죄 외에 다른 일반적인 범죄는 2021년 수사권 조정으로 개정된 「형사소송법」 제245조의5에 따라 혐의가 인정되는 경우에 검사에게 사건을 송치하고, 혐의가 인정되지 않는다면 경찰 단계에서 불송치 결정으로 종결하게 된다. 그러나 아동학대범죄의 경우에는 전건 송치 규정의 존재로 인하여 경찰 단계에서 사건이 끝나지 않고, 혐의가 없다고 판단해도 검찰에 반드시 송치하게 되므로 검찰의 판단이 나올 때까지 아동학대범죄 피의자라는 불안정한 지위가 신속하게 해소되지 않고, 계속 이어지게 된다. 결국 아동학대로 피소된 것만으로 검찰 수사까지 반드시 받아야 하므로 최종 결론이 나올 때까지 더 오랜 기간 두려움과 불안감에 떨게 된다.

「아동학대처벌법」 제24조 규정은 2014년 「아동학대처벌법」 신설 시부터 존재하던 규정이고 단 한 차례도 개정이 이루어지지 않았다. 당시에는 수사권이 조정되기 전이어서 경찰이 모든 사건을 검찰에 송치하게 되어 있었기 때문에, 애초부터 '전건 송치'가 목적이 아니라 '신속히 수사', '아동보호사건 처리에 관한 의견 제시'에 방점이 찍혀 있었다. 수사권 조정에 맞추어 해당 규정이 함께 개정되어야 했으나 그러지 못해 처음의 입법취지와 의도가 변질되고야 만 것이다.

따라서 아동학대범죄로 신고된 교원의 불안정한 지위를 조속히 해소하기 위해서는 전건 송치에 관한 부분을 삭제하거나 교육감의견을 제출한 사안에 대해서는 경찰 단계에서 조기 종결이 가능한 방향으로 입법적 개선이 필요해 보인다.

10

중대사항 긴급
등교정지 규정 신설

「교원지위법」제20조 제2항에서 가해자와 피해교원 간의 분리조치에 대해서 규정하고 있으나, 일반적으로 교내 분리만 이루어지므로 동선이 겹친다거나 학교 사정상 가해자와 피해교원이 마주칠 수밖에 없는 상황이 발생할 수 있기에 피해교원 보호의 미흡한 부분은 여전히 남아 있다.

따라서 상해·폭행이나 성폭력범죄와 같이 중대한 교육활동 침해인 경우, 사안의 심각성과 피해교원 보호의 필요성 등을 고려하여 침해학생의 등교를 일시정지시키는 긴급 등교정지 규정을 신설할 필요가 있다. 학생이 학교에서 교사를 대상으로 불법촬영 등을 한 경우, 해당 학생이 계속 학교에 등교하게 하는 것은 피해교원의 충격과 불안감을 증대시키고 2차 피해의 우려가 크므로 이 같은 경우에는 등교를 정지시킬 필요성이 매우 높다고 할 것이다. 물론 학생의 학습권이 전면적으로 침해되어서는 안 되므로 별도의 학습 방안은 마련되어야 하고, 긴급 등교정지 조치 이후 지역교권보호위원회의 추인을 받는 형식을 취한다면 긴급 등교정지 제도의 악용·남용을 예방하여 제도의 완전성도 확보할 수 있을 것이다.

이 책이 내 손안의
든든한 변호사가 되기를
소망하며

교권보호 이야기는 여기까지입니다. 저의 이야기가 여러분의 교직 생활에 큰 도움이 될 거라 굳게 믿습니다. 교원 여러분을 응원합니다.

교권보호 5법이 개정된 지 얼마 지나지 않았습니다. 보완되어야 할 법령과 법리가 아직도 많은 것이 사실입니다. 지금은 완벽하지는 않지만, 교원의 교육활동 보호를 위해 점차 나아가는 단계에 있다고 볼 수 있습니다. 개선이 필요한 부분에 대해서는 소신껏 이야기를 풀어나갔습니다.

교육활동 침해 사안에 관한 심의·의결 기구인 교권보호위원회가 2024. 3. 28. 학교에서 지역교육지원청으로 상향 이관되었습니다. 학교폭력에서 학교 내 학교폭력대책자치위원회가 2020. 3. 1. 교육지원청 학교폭력대책심의위원회로 이관된 것처럼 교권보호 절차가 학교폭력 절차의 길을 따라가고 있는 양상을 보입니다.

학교폭력에 따른 가해학생 조치처분은 특별한 사정이 없는 한 생기부에 기재가 되기 때문에 불리한 기록으로 남게 되는 것을 피하려 행정쟁송으로 불복하는 경우가 많습니다. 그러나 교육활동 침해 사안에 대해서는 침해학생에 대한 조치는 생기부에 직접적으로 기재가 되지 않습니다. 이러한 이유로 행정심판이나 행정소송으로 가는 건수가 학교폭력에 비해서 매우 적은 편입니다.

만약 교육활동 침해학생 조치도 생기부에 기재된다면, 침해학생 조치의 실효성 확보뿐만 아니라 학생에게 직접적 불이익을 예고함으로써 미래의 침해를 미리 막을 수 있는 예방적 효과를 달성할 수 있을 것입니다. 그러나 그 대신 생기부 기재의 불이익을 피하려고 과도한 행정쟁송이 남발될 것이고 이는 학교, 교원, 교육청의 부담을 가중시키는 결과를 초래할 수 있습니다. 또한 소송 과정에서 교원이 법정에 증인으로 출석하여 진술하는 등의 2차 피해의 우려도 큽니다. 그뿐만 아니라 소송이 계속됨으로써 침해학생에 대한 조치가 취소될지도 모른다는 불안감은 재판이 끝날 때까지 해소되지 않을 것입니다. 침해학생 조치를 생기부에 기재하여야 하는지는 기재를 통해 달성하고자 하는 공익과 그 반대급부로 교원의 불안감과 위험의 증대라는 양자의 가치를 비교형량하고, 어느 것이 교권보호에 더 도움이 되는지를 중점으로 하여 종합적으로 판단하고 함께 고민해야 할 문제입니다.

이 책이 교원 여러분의 든든한 변호사가 되기를 소망합니다. 이 책을 읽었다면, 더 이상 막연한 두려움이나 불안감을 느끼지 않고, 당당히 교단에 설 수 있을 것입니다. 교육활동 침해 없이 교원이 안심하고 교육활동에 전념할 수 있는 교육현장이 되기를 기원하면서 저의 교권보호 이야기를 마칩니다.